U0515050

权威·前沿·原创

皮书系列为
"十二五"国家重点图书出版规划项目

上海蓝皮书

BLUE BOOK OF SHANGHAI

总 编／王 战 于信汇

上海文化发展报告 （2016）

ANNUAL REPORT ON CULTURAL DEVELOPMENT OF SHANGHAI (2016)

全球文明城市： 未来上海城市发展的文化愿景

主 编／荣跃明
副主编／郑崇选

社会科学文献出版社
SOCIAL SCIENCES ACADEMIC PRESS（CHINA）

图书在版编目（CIP）数据

上海文化发展报告.2016：全球文明城市：未来上海城市发展的文化愿景/荣跃明主编.—北京：社会科学文献出版社，2016.1
（上海蓝皮书）
ISBN 978 - 7 - 5097 - 8662 - 8

Ⅰ.①上… Ⅱ.①荣… Ⅲ.①文化事业 - 研究报告 - 上海市 - 2016 Ⅳ.①G127.51

中国版本图书馆 CIP 数据核字（2015）第 313806 号

上海蓝皮书
上海文化发展报告（2016）
——全球文明城市：未来上海城市发展的文化愿景

主 编/荣跃明
副 主 编/郑崇选

出 版 人/谢寿光
项目统筹/郑庆寰
责任编辑/陈晴钰

出 版/社会科学文献出版社·皮书出版分社（010）59367127
地址：北京市北三环中路甲29号院华龙大厦 邮编：100029
网址：www.ssap.com.cn
发 行/市场营销中心（010）59367081 59367090
读者服务中心（010）59367028
印 装/北京季蜂印刷有限公司

规 格/开 本：787mm × 1092mm 1/16
印 张：19.75 字 数：303 千字
版 次/2016 年 1 月第 1 版 2016 年 1 月第 1 次印刷
书 号/ISBN 978 - 7 - 5097 - 8662 - 8
定 价/79.00 元

皮书序列号/B - 2006 - 047

上海蓝皮书编委会

总　编　王　战　于信汇

副总编　王玉梅　黄仁伟　叶　青　谢京辉　王　振
　　　　　何建华

委　员（按姓氏笔画排序）

王世伟　石良平　刘世军　阮　青　孙福庆

李安方　杨　雄　杨亚琴　肖　林　沈开艳

季桂保　周冯琦　周振华　周海旺　荣跃明

邵　建　屠启宇　强　荧　蒯大申

摘　要

　　《上海文化发展报告（2016）》以"全球文明城市：未来上海城市发展的文化愿景"为主题，聚焦2016年乃至更长时段上海文化发展的重要问题，在准确把握2015年上海文化发展最新态势的基础上，系统梳理当前上海文化建设面临的新背景，预测展望上海文化发展的新趋势，进而指出未来上海加快国际文化大都市建设、进一步提升上海文化软实力的主要路径和具体举措。全书内容分为总报告、公共文化与文化产业篇、城市空间与社区营造篇、城市文化交流篇、国际比较与个案研究篇、抗战历史与城市记忆篇六个部分。

　　"总报告"立足于充分发挥文化发展促进经济增长、城市转型和社会和谐的积极作用，在上海全面实施创新转型战略背景下，把握未来30年上海全球城市建设愿景，分析未来30年上海文化发展面临的新形势、新情况、新问题，重点梳理和分析未来30年上海城市文化建设面临的机遇和挑战；在比较借鉴国际经验基础上，提出未来30年上海全球城市文化发展战略、对策和思路。"公共文化与文化产业篇"关注2016年上海文化发展的最新动态，对"一带一路"与上海文化产业、上海戏曲艺术中心的探索与实践、上海区县文化馆建设、公共文化服务功能的提升、东方艺术中心的运作机制等问题进行深入的探讨。"城市空间与社区营造篇"聚焦曹杨新村的社区更新和上海民间淮剧团对于地方性文化的保存，试图阐释在全球化的背景下，如何激发当地文化的生机与活力。"城市文化交流篇"从对港澳台文化交流、对外文化交流、文化外宣等几个层面，较为系统地梳理了上海对外文化交流的现状、问题，并提出一些可行的对策和建议。"国际比较与个案研究篇"聚焦上海在知识经济和科技创新方面的优势与不足，选取知识经济与

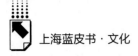

科技创新排名中的核心指标——知识竞争力进行关联研究，同时还有香港中环永利街的文化形象塑造、韩国企业的海外文化推进战略，在比较研究的视野中提供上海文化发展可资借鉴的经验。

2015 年是中国人民抗日战争暨世界反法西斯战争胜利 70 周年，为此，本年度蓝皮书特别设立"抗战历史和城市记忆"篇，以上海抗战历史地图的研制与发布、四行仓库纪念馆的历史与研究、上海南市难民区的纪念活动、上海犹太难民研究四个个案回顾上海在抗战历史研究方面的最新进展，再现上海城市深厚的人文积淀，突出近代上海城市的文化性格，进而在纪念与研究中传承上海城市抗战的历史记忆。

Abstract

With the theme of "to be a civilized city of the world: the cultural vision of Shanghai in the future", *Shanghai Cultural Development Report* 2016 focuses on important questions faced by Shanghai's cultural development in 2016 and later in the future. Laying its foundation on a thorough understanding of the latest condition of Shanghai's cultural development in 2015, this book makes a systematical investigation into the new historical background faced by Shanghai's cultural development, forecasts its future development trend, and thus points out the main directions and specific measures which can be taken to speed up the development of Shanghai into an international cultural metropolis, and thus strengthen Shanghai's cultural soft power. The book consists of the following parts: a general report, studies on public culture and cultural industry, urban spaces and community building, urban cultural interchange, public culture, comparative studies and case studies, wartime history and city memory.

Based on the active roles played by culture in economic promotion, urban transformation and social harmony enforcement, and on the vision of turning Shanghai into a world city in the future 30 years, the General Report analyzes the new condition, new occurences, new questions and especially the new opportunities and challenges faced by Shanghai in developing its urban culture in the future 30 years against the new background in which Shanghai would fully carry out its new strategy for innovation and transformation. It also puts forward the possible strategy, corresponding measures and ideas for the development of urban culture by way of comparative studies of international cities. Essays in the part one 'Public Culture and Cultural Industry' focus on the latest trend of Shanghai's culture, making deep researches into 'one belt and one road', Shanghai's cultural industry, the probe and practice of Shanghai Center of Chinese Operas, the construction of cultural centers in the districts and counties in Shanghai, the

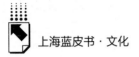

functional promotion of public culture, and the management of Shanghai Oriental Art Center, and so on. Part three 'Urban Spaces and Community Construction', by studing the new construction of the community of Cao Yang Xincun, and the protection made by Shanghai's folk Huai Opera Troupe, tries to elaborate how to generate the dynamics and vitality of local culture in the process of globalization. Part 4 'Urban Cultural Exchange' makes a systematic study on the present condition and questions of the urban cultural exchange via studies in fields such as cultural exchange between cities of Hongkong, Macao and Taiwan, as cultural propaganda of Shanghai, making corresponding proposals that could be put into practice. Part 5 'Comparative Study and Case Studies' focuses on the advantages and disadvantages of Shanghai's intellectual economy and technological innovation, taking intellectual competitiveness as the core index to make comparative studies. This part also studies how Yong Li street in Hongkong shapes its cultural image, how Korean enterprises promote its culture oversee, all of which provide experience for Shanghai's cultural development. The last part of this book is a special one since 2015 is the 70th anniversary of the victory of the war of China's resistance against Japan. It includes essays on the making and publishing of Shanghai's wartime history map, on the history and studies of Si Hang Storehouse Museum, on the refugee area in the south of Shanghai in the period of wartime, and on the studies and memorial activities of Jewish refugees in Shanghai. These essays, in order to inherit the city memory by studies its history, demonstrate the latest progress achieved in the area of historical studies on Shanghai in the wartime, represent the profound cultural history of Shanghai and highlight the cultural character of the city.

目　录

Ⅰ　总报告

Ⅱ　公共文化与文化产业篇

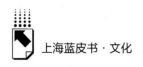

Ⅲ　城市空间与社区营造篇

Ⅳ　城市文化交流篇

Ⅴ　国际比较与个案研究篇

Ⅵ　抗战历史与城市记忆篇

皮书数据库阅读**使用指南**

CONTENTS

I General Report

II Public Culture and Cultural Industry

III   Urban Spaces and Community Construction

IV   Urban Cultural Exchange

V   Comparative Study and Case Studies

VI   Wartime History and City Memory

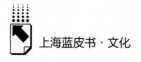

总 报 告

General Report

B.1

全球文明城市：未来上海城市
发展的文化愿景

荣跃明*

摘　要：　党的十八大提出中国特色社会主义经济、政治、文化、社会、
生态五位一体同步建设的总方略。本报告着眼于文化与经济、
政治、社会和生态环境协调发展、相互促进的关系，在上海全
面实施创新转型战略背景下，把握未来30年上海全球城市建
设愿景，立足于充分发挥文化发展促进经济增长、城市转型和
社会和谐的积极作用，分析未来30年上海文化发展面临的新
形势、新情况、新问题，重点梳理和分析未来30年上海城市
文化建设面临的机遇和挑战；在比较借鉴国际经验基础上，提

* 荣跃明，上海社会科学院文学研究所副所长、研究员、博士生导师，主要研究领域为文化经
济学、文化理论、区域经济学等。

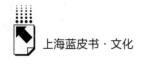

出未来 30 年上海全球城市文化发展战略、对策和思路。

关键词： 全球文明城市　上海　文化愿景

未来 30 年，全球范围的文化竞争将呈现一系列新特征。认识和把握这些特征，是建立文化自觉和自信的重要前提。历史经验表明，在全球资本积累体系进入周期更替阶段，文化产业将呈现繁荣景象，其中一个重要特征是文化金融化趋势。一方面，文化金融化反映了资本极限和全球化的周期循环性质：文化发展除实现其自身（观念和审美）价值外，可以借助金融化，使文化艺术所具有的经济、政治、社会等其他价值得以充分显现，这就为推动经济社会发展提供了更多手段；另一方面，由于文化金融化，文化活动不再纯粹，而往往与经济、政治、社会和科技等其他领域的活动形成跨界融合，文化活动也因文化金融化而蕴涵多种风险，如经济、政治和社会风险。在全球竞争中的文化时代，就文化而论文化的思维方法和认知模式已不再契合文化发展本身，而对于上述文化基本特征的认知，将推动文化观念的更新和转变。

一　人类文明正在经历由工业社会向信息社会的深刻转型

（一）世界经济政治秩序调整和重塑

当今世界正处在全球生产体系、全球资本积累体系和世界经济政治秩序深刻变化调整时期。2008 年美国次贷危机引发全球金融危机，依赖于全球资本积累体系的全球生产体系因这场危机遭受重创，全球生产体系由此进入由新技术发展应用引导的结构调整时期；而支撑全球生产体系运行的全球资本积累体系开始其周期更替，因此进入重建阶段，并正在寻找全球资本积累的新地理中心。目前来看，东亚地区是重建中的全球资本积累体系唯一可选的新地理中心。而东亚地区不仅是目前世界经济增长的重要引擎，也是最具经济活力和成长空间的地区。所有迹象表明，这一转移和重建过程正在加速，并将在 2050 年前完成。围绕这一转移和重建过程，全球各种势力正在展开争夺这一过程掌控权的生死博弈，这是影响未来国际经济政治格局秩序演变和重构的根本因素。美国因其霸权的逐渐衰落，对世界上重要战略资源和利益的掌控显得力不从心，并持续引发地缘政治动荡和战略力量失衡。未来 30 年，美国霸权势力逐步收缩和世界经济政治秩序格局向多极化方向进行深刻调整将成为常态模式。在东亚，有多个城市正在竞争成为这个正在转移中的全球资本积累体系新周期的地理中心，其中包括香港、新加坡和东京，当然也包括新兴国际金融中心城市上海。

进入 21 世纪第二个十年，人类社会的未来发展面临一系列重大挑战：除传统的经济发展、政治稳定和国家安全等重大问题外，一系列非传统安全挑战，如恐怖主义、宗教极端势力、重大传染病、有组织跨国犯罪、全球气候变暖、核扩散等非传统安全问题也同样威胁着各国的发展，并影响变化中的国际经济政治秩序重建走向。应对上述挑战，不仅需要国际合作，也考验着一个国家和民族的道德水准和文化力量。

冷战虽已结束 20 多年，作为新兴经济体的中国通过改革开放，成为 WTO 成员方，已融入全球生产体系，并在其中发挥积极作用，做出重要贡献。但西方从来没有放弃针对社会主义中国的意识形态攻击和文化渗透。实际上，冷战时期的美苏军事对峙随着冷战的结束而结束，但资本主义和社会主义两大制度形态之间的竞争从来没有停止过。"新冷战"是资本主义发达国家针对社会主义国家进行的有战略、有计划的意识形态战争和文化渗透：通过瓦解对方的文化根基，从意识形态和文化上摧毁对手，以实现遏制目的，从而长期维持霸权地位。未来 30 年，社会主义中国在意识形态和文化发展方面将面临长期挑战。

20 世纪的历史表明，无论是资本强权、意识形态对立还是西方文化中心论都无法给全世界带来普遍持久的和平、发展和幸福；新形势下，世界发展的未来需要新的文化实践和意识形态表达，从而凝聚国际社会共识，引领人类社会更好地实现自身的发展。主张多元文化共存，推进不同文明之间相互交流融合，反对以政治、经济、文化和军事强权推进所谓的普世价值，构建文化多样性为基本特征的人类社会新秩序，越来越得到世界大多数国家和人民的欢迎和认同。在发生变化的国际经济政治新格局中，正在崛起成为世界最大经济体的中国，以互信、包容、合作、共赢理念展现中国特色社会主义文明发展新模式，并将这种文明新理念以"一带一路""金砖银行""丝路基金""亚投行"等形式付诸实践，将中国的发展成果与世界各国人民共同分享。中国不仅积极参与全球治理，并将在国际经济政治秩序重建中发挥更大影响力。更重要的是，中国特色社会主义道路、制度和理论实践将为世界发展提供国际社会普遍期待的新理念、新思想和新文化，从而以人类文明的新形态影响世界发展。

（二）全球互联时代的城市与国家

世界经济政治秩序正处在深刻调整时期，全球范围城市化浪潮呈现出新特征，并日渐成为重塑世界经济政治新秩序的重要力量。一方面，在全球经济重心东移过程中，新兴市场国家都市经济在全球经济中的重要性和所占比重不断增加；另一方面，由城市要素联系和相互间紧密互动构成的全球城市网络正在持续经历新一轮结构性变化，新型城市空间形态的演化正在重塑全球城市网络结构，以巨型城市、复合型城市和城市群为空间形态特征的新兴市场国家大都市，尤其是在全球城市网络体系中的中国大都市，其全球城市地位和重要性将大幅跃升。

在网络通信技术广泛应用、万物互联和全球市场高度一体化的今天，由人流、资金流、信息流和物流构成的全球城市网络，支撑着全球生产、流通和消费的循环运行。在全球网络中，重要城市作为网络节点，其重要性完全不同于辖有一定疆域和代表一定人群的国家。全球网络中的重要节点城市正在代表其所在国家参与全球竞争，其意义和价值日益彰显。一方面，随着全球万物互联，作为战略资源，其流动性越高，其地位越重要（如资金、信息和人才作为战略资源其重要性已经超越土地、能源和矿产）；另一方面，作为全球网络重要节点的城市，全球资源的配置能力决定了这一城市在全球网络中的地位，同时也代表所在国家施展其全球影响力。未来30年间，全球城市将随着全球生产体系的结构调整、全球资本积累体系的周期更替和国际经济政治格局的秩序重建而重新排序。不断崛起的新兴大国的经济中心城市，将代表所在国家直接参与全球城市竞争。新兴大国的经济中心城市有较大机会通过比较借鉴，以跨越的方式跻身全球城市行列，并有可能以快速增长的全球资源配置能力和城市影响力，在全球城市重新排序中一跃而位于前列。

（三）网络信息时代的全球文化竞争

人类社会已进入网络信息时代。全球万物互联一体的网络，使高度分工的人类生产体系遍布世界各个角落；物质生产能力的普遍过剩正在改变经济竞争形式，品牌竞争是决定产品持续生产的关键；万物互联使任何物品凸显媒介化特征，网络技术的广泛应用使媒介进一步呈现社会化趋势；在这种新的时代条件下，所有竞争转变为文化影响力和传播力的竞争。无论是一个城市还是一个国家，如果没有发达的产业体系和基础设施等硬实力支撑，这个城市或国家的影响力将难以形成；但是，一个城市或国家仅仅依靠硬实力而不注重以文化传播体系构建为核心内容的软实力建设，其影响力将十分有限。

与上述趋势相关的价值取向和立场——是信任还是怀疑，是包容还是排斥，是合作还是单打独斗，将直接呈现为文化竞争力，也在相当程度上决定了一国或一个城市的文化和文明发展空间的大小。

二 上海全球城市文化建设：使命和基础

（一）中国的经济规模、影响力及全球地位

根据各种机构预测，2030年，中国经济总量规模将位列世界第一，届

时，中国的全球地位和影响力将进一步提升。2030 年是正在演变中的国际经济政治新秩序初步成形的重要时刻，美国的霸权地位将逐步终结，世界多极化格局进一步清晰。在多极化世界格局中，中国将与世界主要大国一起，发挥维护世界和平稳定发展的关键性作用。一方面，中国将坚定不移地走中国特色社会主义道路；另一方面，中国将在一体化全球生产体系调整过程中通过深化改革，发挥市场在资源配置中的决定性作用，同时更好地发挥政府作用，调整经济、产业、城乡、地区和财富分配结构，以形成具有中国特色的绿色、生态和低碳经济增长模式，在保持经济社会协调发展中实现中华民族的永续发展。

社会主义制度作为人类追求幸福的不同于资本主义制度的另一种发展模式，在与资本主义制度的长期竞争和对抗中，中国人民将以社会主义的中国实践、道路和模式，即完全不同于资本主义文明发展的鲜明特征，为人类社会提供具有中国特色和以社会主义为本质特征的文明发展新模式。

未来 30 年，中国特色社会主义文明发展新模式，将以更加高效的生产和更强的财富创造能力为全世界提供更多产品、资金和发展机会。同时也应当看到，中国特色社会主义文明发展新模式要在让全世界各国人民分享发展成果的同时，也为世界上更多人所认同和接受，这仍将是一个长期过程。一方面，西方关于中国的文化想象几乎与资本主义对外扩张史那样悠久，其中充满了对于中国和中国人根深蒂固的贬低和歧视；另一方面，社会主义中国不容于资本主义意识形态，诋毁和颠覆社会主义制度是资本主义阵营始终不变的宗旨。因此，随着中国经济规模不断扩大和全球影响力不断提升，伴随中国产品（商品和资金）"走出去"的，还应当有中国文化。中国文化的"走出去"，不仅仅要传播中国历史与文化，更重要的是展现中国特色社会主义文明发展新模式的精髓：社会主义中国如何通过改革开放，完成从计划经济向市场经济的体制转型，并利用市场更好地配置资源，以实现更快速、更高效、更公平的发展。事实上，未来 30 年里，随着中国在全球的地位进一步上升，还需要解决好社会主义中国与资本主义发达国家在相当长一段时期里如何相处的问题，以"各美其美、美美与共"① 的价值理念，寻求人类制度文明的多元共处、利益分享和合作共赢；在"和而不同"的基础上实现世界和谐，从而保障人类社会的长久和平与共同发展。

（二）民族复兴中国梦和两个"百年"

2030 年，全面建成小康社会的中国将进一步经历社会转型，并在 2050 年，即两个"百年"的第二个百年之际基本实现现代化。这将是民族复兴中国梦的最终实现。一方面，中国将全面形成与社会主义市场经济体制相适应的社会体制，并以依法治国为理念建成和谐社会；另一方面，中国社会将在思想观念、价值取向和艺术审美形态等方面完成从物质主义向后物质主义的文化转型。这一转型过程将在辽阔但发展不均衡的中国大地上同时展开，其所呈现的差异化格局必定在中国文化发展中形成持续性的内在张力，并成为中华文化创新创造和融合发展的不竭动力。

文化转型本质上是价值观转型，随着经济增长和生活水平的不断提高，人们的思想观念和生活方式将日趋多样化，社会主流价值观将因此完成由物质主义向后物质主义的转变②，金钱不再是衡量人生意义的唯一价值标准，以人为本的理念促使公共政策从效率优先转向既要有效率更要讲公平的价值追求。未来 30 年，由建立社会主义市场经济体制引发的社会秩序重建，将最终在中华文化的现代转型中全面完成。届时，中华民族将以勤劳、智慧、富裕、包容、谦和的现代文明新形象展现于世人面前。

党的十八大明确了中国特色社会主义经济、政治、文化、社会、生态五位一体同步建设的总体方略；社会主义核心价值观的倡导和践行，将贯穿于我国社会秩序的重建过程；未来 30 年，社会主义核心价值观将在我国经济、政治、社会、文化和生态发展的各个领域，获得具体的文化表征、意识形态话语和社会实践形式。从文化本身的层面看，未来 30 年，中华文化融合发

---

① 费孝通：《中国文化的重建》，华东师范大学出版社，2014，第 287～299 页。
② 〔美〕罗纳德·英格尔哈特：《发达工业社会的文化转型》，张秀琴译，社会科学文献出版社，2013。

展大趋势将进一步加强。"两岸四地"实行一国两制，中华民族 56 个民族文化及海外华人华侨文化在这一融合发展大趋势中，将充分展现各自特色和创新创造活力；同时，社会主义的现代公共文化服务体系建设将在保障国民基本文化权益的同时，承担并发挥整合社会多元文化价值的功能，促进广大人民群众对中国特色社会主义国家建设和文化发展的普遍认同，为实现"两个百年"目标和民族复兴中国梦奠定精神文化基础。

（三）2050年，上海迈向全球城市[①]

在全球经济政治秩序经历深刻调整和中国通过深化改革、扩大开放、保持经济持续平稳增长的大背景下，为积极应对国际国内形势变化，及时主动地调整上海城市经济结构和空间形态，"十二五"时期，上海确定了"创新驱动，转型发展"的经济社会发展战略。上海全球城市建设目标的提出，是上海"创新转型"发展战略在新的时代条件下的进一步展开。

第一，在新一轮经济全球化与信息化浪潮的交互作用下，世界各地的城市发展条件和环境正在发生变化。全球经济活动中的资金、劳动力、商品、服务和技术等资源要素的流动，正在借助网络信息技术的广泛应用，依托城市重新构筑一个全球性生产网络体系，原有等级化的世界城市体系也由此转变为网络化的城市体系。世界城市体系的转变是国际经济政治秩序重塑在地域空间上的反映。

第二，全球城市作为世界城市网络体系的基本节点和空间载体，通过城市与外部世界的各种联通，在全球生产体系中发挥资源配置、生产组织、商品交换等关键作用。不同于传统等级化的世界城市突出资源要素集聚和扩散的特征，全球城市更加强调在城市网络体系中以"流动空间"的形式，发挥承载和配置各种要素流动的功能，以促使要素在全球范围的快速流动中形成更优的生产配置和产生最大的经济效益。

第三，全球城市建设是新一轮经济全球化浪潮中国家间综合实力竞争在

---

① 周振华：《上海迈向全球城市：战略与行动》，上海人民出版社，2012。

城市发展上的新形式。发达国家原有世界城市向全球城市转变，已经成为世界城市体系演化的方向性趋势；而全球城市强调外部联通性和空间流动性的特征，正在消解传统资本主义全球生产体系的"中心－边缘"模式。这为发展中国家，尤其是社会主义中国通过全球城市建设，积极融入新一轮经济全球化，同时更加主动地参与国际经济政治秩序重塑，提供了难得机遇。

第四，上海正在全力推进经济、贸易、航运、金融中心建设，上海成为中国经济的"四个中心"城市是一项国家战略。近期，在国家战略层面上，党中央和国务院进一步明确上海还要建设成为在国际上有广泛影响的科技创新中心。一方面，上海四个中心建设已经取得很大成效，而科创中心建设也已起步。这为上海全球城市建设奠定了基调；另一方面，在推进"五个中心"建设过程中，国际国内经济政治宏观形势的变化，使上海城市发展原有模式遭遇新的挑战。在"创新转型"发展战略的指引下建设全球城市，既是新形势下上海城市发展目标内涵的进一步丰富，也是对支撑"五个中心建设"的城市发展模式和路径的重新调整和理性选择。

（四）上海全球城市文化建设的现实基础

上海早在 2007 年就提出国际文化大都市建设目标。上海国际文化大都市建设已历经多年实践，为全球城市文化建设奠定了重要基础。上海已经拥有一大批在世界上具有领先水平的文化艺术基础设施，如上海图书馆、中华艺术宫、上海博物馆、上海当代艺术馆、上海美术馆、上海城市规划展示馆、上海大剧院、上海音乐厅、上海科技馆、上海自然博物馆、上海文化广场、世博文化中心、东方艺术中心等，以及由各种节庆、展会和活动构成的文化艺术展示平台，如"上海之春"国际音乐节、上海国际电影节、中国上海国际艺术节、上海市民文化节、上海艺术博览会、国际动漫游戏博览会、上海书展等。同时，上海的公共文化服务网络体系已基本形成和渐趋完善，基本建成市、区、街镇、村（居委会）四级公共文化服务网络。全市文化设施总建筑面积约 312 万平方米，拥有博物馆（纪念馆、陈列馆）115 家，美术馆 32 家，公共图书馆 238 家，区级文化馆 26 家，社区文化活动中心 203 家，东方社区信息苑 349 家，村（居委）综合文化活动室 5245 个，农村数字电影放映点 1771 个，农家书屋 1514 个，完善了 15 分钟公共文化服务圈。在文化创意产业发展方面，统计数据显示，2013 年上海文化创意产业实现增加值 2500 亿元，同比增长 10.1%，占全市 GDP 总值约为 11.5%。"十二五"期间，上海文化创意产业产值及产业增加值基本保持两位数增长，增加值占全市 GDP 比重基本维持在 6% 左右，产业发展潜力得到有效释放。"十二五"期间，上海文化产业载体建设有序推进，逐步形成向"一轴、两河、多圈"集聚的空间布局。目前，上海拥有 118 家文化创意产业园区，覆盖全市 17 个区县，园区产业经济效益不断提升，初步形成产业地理空间上的规模聚集，呈现从规模扩张向质量提升的发展新趋势。产业主体日渐多元，民营资本占全市网络文化产业、文化创意产业、休闲娱乐产业资本量和生产总值的比重不断增加，其中，本市民营演出主体占总数的 81%，民营表演院团占比约 81%，民营广播电视节目制作机构占总数的 87.7%，以公有制为主体，多种所有制并存的文化产业格局基本形成。

从文化发展现状看，作为中国最大的经济中心城市，在全球城市建设中，未来 30 年上海城市社会还将经历深刻转型。经济转型推动人口结构变化，城市外来人口（包括内地来沪人员，在沪工作、学习和生活的境外人士）在城市人口中的比重将进一步提高；社会结构变化将推动社会文化的多元化发展，上海作为我国对外开放前沿和国际化程度最高的国际大都市，在对外开放不断扩大的背景下，中外古今各种思想思潮观念在上海相互激荡，交流交锋交融；传播新技术的广泛应用和新媒体不断涌现，在加强人们交流沟通和自由表达的同时，也将对社会主义主流意识形态舆论阵地带来严峻挑战和巨大冲击，并对文化生产方式造成巨大影响，人们精神文化需求和满足方式更趋多元、多样和个性化；在上海工业化城市化信息化深入推进和城乡人口大规模流动背景下，来自不同地域（包括境外）的人们的生活方式和文化习俗交汇相融，民间宗教和信仰日趋活跃，农村地区传统民俗活动呈复兴趋势，并随着人口流动影响城市文化；城市地区外来文化、流行文化、通俗文化成为时尚——价值冲突和文化碰撞无法回避。未来 30 年，在建设全球城市的背景下，上海城市文化呈现的日趋丰富多样性，一方面将进一步给上海城市文化发展带来活力，并支撑上海创新创意创造的持续迸发；另一方面，上海城市文化的这种丰富多样性需要通过各种文化载体和平台予以有效整合，进而形成被广大市民高度认同的城市文化价值，在此基础上凝聚起推动和支撑全球城市建设的精神力量。

按照目前世界城市文化指标评估体系①衡量，在"文化供应"和"文化消费与参与"两个维度上，上海与伦敦、纽约、巴黎、东京等国际文化大都市相比，尚有不小差距，但上海文化设施、活动平台和文化创意产业发展现状，已经具备作为国际文化大都市的全部要素和结构雏形，并为全球城市文化建设奠定了坚实的基础。未来 30 年，在全球城市建设目标下上海完全有条件通过持续推进国际文化大都市建设，完善现有文化设施和活动平台，做大做强文化创意产业，进一步丰富城市内涵和提升城市质量，提升上海作为中外文化交流展示中心的运营水平和能力；推动上海成为中国乃至全球原创文化创新创意创造中心；使上海成为展示中华文化的重要窗口和走向世界的桥梁。

三 上海全球城市文化发展战略和目标定位

（一）上海全球城市文化建设的目标定位

上海建设国际文化大都市要为上海全球城市建设愿景目标的实现提供精神文化支撑，按照全球城市建设的要求不断完善和充实未来 30 年上海文化发展战略的目标定位和功能内涵；上海文化发展要在始终坚持中国特色社会主义方向的同时，以更加开放的姿态，充分吸收世界各国文化的积极因素，更好借鉴纽约、伦敦、巴黎、东京等国际文化大都市的文化发展经验。

---

① 黄昌勇等：《上海国际文化大都市建设评估研究》，《上海文化发展报告（2015）》，社会科学文献出版社，2015，第 55～79 页。

当今世界经济政治秩序深刻调整和世界城市体系演化趋势表明，以资本循环积累作为内在驱动力的资本主义生产方式已经遭遇困境，全球经济在2008年经济危机后复苏困难、增长缓慢，有可能陷入长期低迷。资本主义生产方式长期积累的各种经济社会矛盾，如贫富分化、种族歧视、社会排斥等在危机后集中爆发并向政党政治、地缘政治领域扩散，如纽约的"占领华尔街"运动、巴黎的《查利》周刊事件、美国频繁发生的警察枪杀黑人事件、欧洲不少国家因债务问题引发政治动荡、乌克兰冲突以及在世界各地的各种教派纷争和局部战争等。

中国经济虽已深深融入一体化的全球生产贸易体系，但中国坚持走中国特色社会主义道路，坚持对外开放和深化改革，充分发挥了中国特色社会主义经济政治制度的优越性。2008年全球经济危机发生以来，中国经济不仅保持了高速平衡增长，而且作为全球经济增长的重要引擎，中国的发展对世界的贡献越来越大。中国特色社会主义的发展道路和制度模式在世界范围得到越来越多人的认同和赞成。

世界经济政治秩序深刻调整和世界城市体系演化大趋势表明，无论是在经济增长、社会治理，还是在文化发展或是在城市建设方面，资本主义和社会主义作为人类社会的两大制度形态，已经在制度模式和发展道路层面形成新的竞争态势。中国特色社会主义完全可以创造出体现社会主义文明形态的全球城市和国际文化大都市建设新模式。因此，上海建设国际文化大都市，绝不是要将上海复制成为中国的纽约、伦敦、巴黎或东京，上海不应成为纽约、伦敦、巴黎或东京等全球城市在太平洋西岸的"翻版"。上海是社会主义中国的上海，上海就是上海。

坚持走中国特色社会主义道路、坚持改革开放，是未来30年中国发展不可动摇的根本方向。把上海建设成为经济、贸易、金融和航运四个中心的国际化大都市，同时，上海还要建设成为具有国际影响力的科技创新中心城市。上海城市发展的上述目标是党中央国务院确定的国家战略。2050年，上海将在中国连接世界、推动中华文化现代转型、融合中外文化、建成全球城市等方面，当仁不让地承担起国家使命。从文化上看，这就是上海在中国与世界相互关系中和中国自身发展中所应扮演的角色。在推进国际文化大都市建设进程中，上海尤其要为持续推动中华文化融合发展发挥更大作用，充分利用自身的独特地位和优势，成为展示中国特色社会主义经济制度和政治制度优越性、中华文明新形态，推动中华文化走向世界的重要平台。

（二）建设新型全球城市：全球文明城市①

从人类城市发展史看，全球范围的城市发展在文化上可以概括为两种类型，一种是历史存在和现实中的城市，其发展受制于这座城市的经济基础、社会结构和外部环境，也体现了这座城市的历史积淀，比如 11～15 世纪的财富之城威尼斯②、20 世纪的资本之城纽约③和艺术之城巴黎④。另一种是人们在长期的城市历史发展中通过不断总结，在不同时期以文学、绘画或其他文本形式提出的梦幻理想城市，如表达人们乌托邦理想的太阳之城⑤、展现人与自然和谐关系的田园之城⑥等。

无论是历史中的城市还是现实中的城市，抑或是人们梦想中的虚幻城市，城市发展的空间形态最为典型地表达和呈现了一个国家、地域和居住其中的人的历史传统、精神风貌和文化特质。全球城市既是在经济全球化和信息化交互作用下世界城市体系演化发展的新趋势，又是世界经济政治秩序调整作用于城市空间的表现，中国必然要在继承人类文明全部成果的基础上，以超越资本主义生产方式局限性的社会主义制度和道路，即新的文明模式来推进全球城市建设。这就是上海全球城市文化建设的目标定位和必然选择。

上海要通过国际文化大都市建设，在文化上建设全球城市，成为在全球范围内有广泛影响的新文明之城，这是一种全新的全球城市，除了在经济上

---

① "全球文明城市"由王战院长首先提出，本课题采用这一提法并进行了初步阐发。
② 〔英〕罗杰·克劳利：《财富之城》，陆大鹏译，社会科学文献出版社，2015。
③ 〔美〕托马斯·科斯纳：《资本之城：纽约以及推动美国成为世界经济霸主的人们的故事》，万丹译，中信出版社，2007。
④ 〔美〕史蒂芬·柯克兰：《巴黎的重生》，郑娜译，社会科学文献出版社，2014。
⑤ 〔意〕康帕内拉：《太阳城》，陈大维、黎思复、黎廷弼译，商务印书馆，2007。
⑥ 〔英〕埃比尼德·霍华德：《明日的田园城市》，金经元译，商务印书馆，2010。

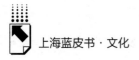

应具有全球城市的一般特征外，在文化上它应当呈现一种文明新形态，即以中国特色社会主义为本质特征的中华文明新形态①。

　　未来30年，在国际文化大都市建设中，上海既要在持续改善城市文化基础设施和优化空间布局的同时，形成文化生产主体多元化，真正激发文化创新创造活力，又要在多元多样、丰富多彩的上海城市文化发展中体现中国特色和上海特点，还要在与世界各国文化的交流、交融和互动中，显现出中华文化的自主、自立和自信。上海必须始终坚持社会主义先进文化的前进方向，以社会主义核心价值观凝聚人心，引领上海城市文化发展和国际文化大都市建设。为此，上海应进一步明确和清晰城市文化发展的战略目标，即建设全球文明城市，形成既能代表中华文化精髓，又能包容并蓄西方先进文化元素的城市文化新形态。这一城市文化新形态应当是中华文明新形态的城市表达。

　　新的全球文明城市应当充满文化魅力，不仅在城市基础设施和空间布局中得以呈现，也必须用创意创新创造的丰富多样文化产品加以表征，更应当在广大市民对于城市精神的深切体认和践行中得到反映。第一，未来30年上海将建成国际经济、贸易、金融、航运和科技创新中心，这一城市定位要求上海文化内涵丰富、多元多样和有包容性，能够吸引中外各界人士汇聚上海工作、学习和生活。第二，近代以来，上海文化就具有丰富性、多样性和包容性，形成"海纳百川"的上海城市文化品格和优秀传统。而这一文化品格和传统也是未来30年实现上海文化发展战略目标的最重要的基础。第三，上海文化"海纳百川"的品格和传统也蕴涵了开放包容的城市精神，上海市民崇尚的主流价值观，不仅是人生态度，也是文化认同，应当将其融入上海文化创意创新创造，成为城市竞争力的核心要素。第四，上海文化的多样性、丰富性和包容性必须获得艺术化、审美化的实践形式，不仅应当而且可以体现为文化创意、创新、创造活力的充分涌流和文化产业生产力竞争

---

① 提到中华文明，人们自然而然地联想到中华民族五千年绵延不断的历史。实际上，人们通常把中华文明看成是中华民族传统优秀文化，而当代意义的中华文明新形态还未形成。

力的强大，还可以在社会和谐关系、生活方式、城市景观和建筑样式上得到充分"展示"，使其成为具有新文明象征意义的城市文化符号。

（三）全球城市文化建设的功能内涵

未来30年，上海建设全球城市的愿景目标将推动城市经济的结构调整、产业升级和发展转型，同时还将持续推动社会进步、城市空间重塑和形态更新。从文化发展支撑和推动城市持续发展的相互关系来看，文化建设在城市经济增长和社会进步中的功能内涵可以主要概括为三个方面：一是在城市经济社会整体发展中，文化具有构建社会和谐关系的作用；二是文化发展作为生产、传播和消费过程以及由此构成的文化经济形态，本身是城市经济的重要组成部分，在城市经济的持续健康发展中始终占据举足轻重的地位；三是城市作为人类生产生活的空间集聚形式，是人类文明形态的历史凝结和当下展示，而文化具有美化城市空间环境和重塑城市空间形态的作用。

1. 文化构建社会和谐关系

上海建设全球文明城市的愿景目标，必将进一步吸引更多的中外人士集聚上海，必然要求各种不同的文化服务于多样化的精神生活需求和城市社会的发展。这些差异多样的文化经由横向传播和互相渗透，必将促进城市内部文化的不断交流、相互汲取、不断融合、共同繁荣，从而推动城市社会的和谐发展。未来30年，影响上海人口结构的变化因素，除人口规模增长和人口老龄化趋势外，还包括城市经济结构调整所引起的就业结构变化，来自四面八方的新上海人身份、背景、收入不同，必然呈现出生活习惯和文化需求的分异和差别，充满活力的社区文化是联结新的陌生人社会以及构建关联性、稳定性的邻里关系的黏合剂，是引导城市社区核心价值的发现、社区传统魅力的回归、建立真正宜居社区的重要途径。通过社区建设和文化活动，所有上海市民参与和共享城市文化，在思想和情感得到充分表达的同时，按照"和而不同"的价值理念，凝聚起社区社会整体，构建起社会和谐关系，以避免因收入和阶层地位的不同而形成社会排斥。人性化、专业化、社会化的城市公共文化服务，多元、丰富、多样的公共文化活动，是营造良好的城市整体文化氛围和优化城市文化生态的重要途径。作为无数追梦者的寻梦之地，上海文化发展既要为所有市民提供兼顾多样化消费习惯和需求的文化产品，又能通过惠及社会全体成员的文化消费和共享参与，留住越来越多的技能型人才，吸引更多知识型青年人群聚集，引导对优质文化产品的消费方向，不断提升市民素质和文明程度，上海城市公共文化建设就需要在全球城市目标下优化目标导向，进一步提升内涵质量，这必将对上海文化发展提出新的更高要求。在建设全球文明城市的进程中，随着社会结构日益丰富复杂，信息流通越来越快捷发达，文化的更新转型也日益加快，各种文化的发展均面临着不同的机遇和挑战，新的文化也将层出不穷，造就多元的文化生态。多元文化经过磨合、碰撞、再生和共存的嬗变，在培育、发展社会共识和城市认同中良性互动，进而实现在"共同价值观"引导下，多元文化的平等与尊重、圆融与和谐，最终构建起"一体多元"的城市文化体认模式，推进和谐社会的生存与发展，促进城市文明的全面演进。

2. 文化作为经济形态

全球城市建设是当前世界城市体系发展演化的重要趋势，其突出特征是依托现代信息技术建立起作为全球经济和城市网络体系节点的各种外部联系。而文化作为经济形态在全球城市建设中可以发挥更大的作用。一方面，由于文化资源是一种非物质的要素，具有高度流动性，更符合全球城市在网络体系中构建流动空间的要求。全球城市网络体系的构建和形成，是当下都市形式的最新演变，预示着先进服务业与制造业的新技术系统下核心经济活动的区位模式转化。随着全球经济的扩张与统一新市场，全球城市的资源配置功能越发突出，信息技术则给全球城市带来了"流动空间"。包括思想、观念、知识和科技、信息、人才在内的文化因素，正渗透流动到经济的各个领域、各个环节，成为这种流动空间构建的黏合剂，并推动其要素承载和全球配置功能的发挥。另一方面，随着网络信息技术的广泛应用，除影视、演艺、出版、报刊、娱乐、旅游等传统文化产业外，文化资源作为一种生产要素在经济活动中日益呈现出与制造业的研发设计和服务业的金融、科技、信息、通信、咨询等行业的融合，文化产业新业态层出不穷，可以极大地拓展全球城市的经济发展空间。以文化为核心要素的传统文化产业的快速发展，推动了全球城市产业结构调整升级，促进城市经济的绿色低碳发展和可持续发展。文化不仅是经济本身的组成部分和原发性因素，还能极为有效地赋予经济以思想力量、精神火焰与人文内涵，从而使经济从单一的"物"逐渐内化为"物"、"意"、"美"的统一构体，并以几何级的方式增加经济的资本价值和社会效益。随着互联网、物联网、大数据等新型业态对文化创意的推动，文化作为一种生产要素正在与制造业和服务业发生深度融合。文化与工业、制造业紧密结合，不仅在创新技术、材质、工艺方面提升了现代设计工业的经济效益和社会效益，还依托智能化制造和服务，推动工业和制造业向信息化、都市型、时尚产业的转型。文化与金融的融合，形成文化金融机构的大量集聚，服务功能的全面配套，文化金融消费接轨国际，发展成具有强大辐射力的文化金融核心业态。文化与科技、教育、信息、通信和咨询等行业的融合，将进一步推动文化产业和"四新"（新技术、新产业、新模式、新业态）经济的发展，极大地拓展全球城市经济发展的空间，大幅提升全球城市在全球城市网络体系中的层级和地位。

3. 文化重塑城市空间

未来30年，上海建设全球文明城市，要坚持以人为本的根本理念，在城市建设和管理中持续演绎上海世博会"城市——让生活更美好"的主题，充分发挥文化建设重塑城市功能和空间的独特价值，使上海城市文化设施的建设与运营和各种类型文化艺术活动的组织与实施成为城市功能转型重塑、城市空间环境美化和城市网络连接贯通的有力手段和途径。现代城市的社会、经济、文化、生态与技术功能在急剧变革之中，伴随而来的是城市空间与形态的更新和塑造。世界城市总是用大量的不同方式来表现自己，并有能力给自己所特有的空间做出定义，而文化建设在其中发挥着关键性作用。全球城市的文化建设将有力推动城市空间的合理布局、城市空间文化资源的合理配置以及城市公共文化服务体系的完善，既能为城市市民满足文化需求、保障文化权益提供公平、公正的空间，也能为城市文化产业可持续发展提供均衡、协调的发展空间，推动城市经济增长模式的转变，重塑城市社会的人性化空间、文化形态和社会价值，实现城市功能的转型重塑和能级提升。未来上海建设全球城市区域将根据城市的地理环境特质、人文环境特质、历史文化特质、经济环境特质来设计城市空间形态。其中，文化设施建设的规划和布局，不仅起到了丰富空间内容、协调城市空间整体布局的作用，还是凸显城市特色和个性、美化城市空间环境的重要手段。未来上海的城市空间形态将是基于全球城市区域网络型的大都会，城市中心城区将会进一步扩展，形成全球城市区域的核心圈，次圈层是新兴的卫星城市群，最外围是全球城市区域。在城市各个节点实现文化设施的易达性、均衡性布局，将辐射和凝聚全球城市区域各个人群，实现城市网络的连接贯通。各种层级和功能的文化设施和文化空间，展示了城市富有特色的历史文化资源，保持城市人与自然和谐的环境特点，凸显了高雅的城市文化形象和深厚的人文主题，更进一步方便了市民有选择地参加各种文化活动。

四　上海全球城市文化建设路径选择和实施策略

（一）上海全球城市文化建设的结构形态和实施策略

在全球城市建成目标下，上海全力推进国际文化大都市建设，即在文化上以中国特色社会主义的制度模式和发展道路来建设全球文明之城，必须把握全球城市发展趋势对全球城市文化发展的形态要求。全球城市作为全球城市网络体系中的空间节点，强调其外部连通性，而文化发展不仅影响全球城市的社会发展和城市空间形态，作为城市经济的重要组成部分，通过文化艺术、思想观念创新创意创造的空间集聚和扩散、文化交流融合活动平台构建、文化产品生产、流通和消费的各类市场建设和扩展，在全球城市连通外部世界的形态构建中可以发挥的作用尤其突出。

未来30年，上海国际文化大都市建设要在把握全球城市形态特征的基础上，在注重上海城市自身内在的文化产业、文化市场、文化设施、文化活动平台布局建设以及着力推进文化艺术内容创造和形式创新的同时，更加注重在开放环境下宏观文化环境的营造，进一步完善城市文化发展的结构形态和空间布局。在结构形态上要依托文化产业各行业门类和各类文化活动平台及载体，按照对内对外更加开放的原则，构建范围不一、对外联系紧密且广泛的多层次、综合性城市文化体系。

所谓多层次综合性城市文化体系，是指上海要在区域、国家和全球等不同空间尺度和层次上，完成文化结构形态的构建，才能达成国际文化大都市建设目标，进而作为新型全球城市呈现出文明之城的城市特征和文化特色。换言之，国际文化大都市建设在其连通外部世界的空间结构形态上，城市文化发展，即由文化产业、文化市场、文化设施、文化活动平台等城市文化结构要素构成的城市文化体系传播力和影响力的最终形成，有一个从城市自身到区域再到国家，最后到全球范围的循序渐进发展过程。

第一，在区域层面上，上海国际文化大都市建设要依托长三角区域经济一体化发展，尤其是要依托区域文化的一体化发展；随着我国经济结构的调整和体制改革的深入，以市场一体化发展为动力的区域一体化呈现为空间不断扩大的趋势，长江流域经济带建设的启动和展开，为上海构建连接长三角区域进而扩展到整个长江流域的城市文化体系带来新机遇、注入新内涵，也提供了更大的发展空间。

第二，在国家层面上，上海国际文化大都市建设不能也不会替代中国特色社会主义文化建设的全部内容，但可以发挥独特作用，将城市文化体系建设为内容丰富、形式多样且充满内在张力和活力的中华文化，进而为完成文明形态意义上的现代转型提供平台。在中华文化的当代发展中，上海国际文化大都市建设的这一独特作用，必定是在构建区域和国家的城市文化体系基础上才有可能。

第三，在全球层面上，作为社会主义国家的经济中心城市——上海，其城市文化已经在全球范围具有相当的影响力和吸引力，但要真正成为人类文明发展的典范城市即全球文明之城，上海城市文化体系建设还要在连通区域和国家层面的基础上，进一步完成在全球范围内与世界各国各种文化互动交流并产生巨大影响力和吸引力的城市文化体系构建。

未来30年，上海全球城市建设目标下的国际文化大都市建设目标和内涵，应按2030年、2040年、2050年三个不同时间节点完成，并按这三个时间节点的目标的不同特点，采用有针对性的实施策略予以推进。上述阶段性目标及实施策略，空间尺度上分属不同层面，理论上存在着循序渐进的逻辑，而在实践中应同时推进，使三个层面的文化体系建设形成互为支撑之势。

1. "新江南文化"：营造区域新文化（2030年前）

从2015年起到2030年，在城市文化建设上，上海要把握全球城市网络结构调整重塑趋势和机遇，进一步优化和完善特大型城市和综合复合型城市的空间形态，以长江三角洲城市群为依托，充分发挥上海作为长江三角洲城市群和都市圈首位（龙头）城市的作用，积极推进长江三角洲区域一体化发展，以统一、繁荣和发达的长江三角洲区域文化，为当今世界上最大的城市群和都市圈持续发展提供精神文化支撑。为此，上海在城市文化建设中应当义不容辞地承担起推进长江三角洲区域文化整合发展的责任，从而为上海城市的功能扩展、能级提升和全球文明之城的目标达成奠定扎实的基础。

改革开放以来，长江三角洲地区的经济增长和社会进步因率先改革开放而获得发展先机。随着这一地区增长方式的整体转型，长江三角洲区域经济融合增长趋势日渐强化，其空间形态也正朝着以城市群为内涵的区域结构转变。从经济与文化的相互关系来看，长江三角洲区域经济一体化进程正在推动区域内各地域文化融合；而区域文化的发展与成熟，将从精神层面进一步支撑这一地区的经济增长和社会进步。

从地理学意义上看，长江三角洲地区与中国的江南在地域上完全重合。历史上，"江南"不仅是一个地理概念，同时也是一个文化概念。江南文化的形成和发展经历了长期的历史过程。东汉末年至两宋时期，北方地区战乱频仍，民生凋敝，而江南却因位置偏僻相对稳定。历史上北方人民为避战祸，发生过三次自北向南大规模的移民潮。人口的大量南迁，为南方带来大批劳动力、先进生产工具和技术。他们同南方人民一起兴修水利，开垦良田，栽培水稻，推广小麦种植，普及牛耕。长江中下游经济因此得以迅速发展。大运河的开凿，进一步促进了长江流域经济发展。到唐朝，南方经济已经赶上并超越北方。至两宋，全国经济重心已由中原转移至江南，民谚"苏湖熟，天下足"，形象地印证了太湖流域地区在全国经济中所占的重要地位。早期"江南"一词所含的文化意蕴多为蛮荒落后之意。自隋唐时期其内涵开始发生变化，在原有朴野偏远的意蕴之外，南方又有了清丽超迈的意象。至两宋时期，江南文化日渐成熟，它在吴越文化的基础上，伴随着北方移民浪潮，与北方文化交融、冲撞、磨合，最终融合汇通，绵延700余年。"江南"之所以成为中华文化的主脉之一，除因经济发达、物产富庶的自然地理基础外，更因人文积淀的深厚悠久。与"讽诵之声不绝"的礼仪之邦相比，江南还多出几分"越名教而任自然"的审美气质。雅致浪漫的轻歌曼舞、曲径通幽的园林建筑、温婉别致的家居布置、悠闲自在的佛道寺观等，江南风物所呈现的诗性特征，或许可以用"三生花草梦苏州"来概括，它给日趋沉重的儒家伦理文化以长久的滋润，它把人们物欲追求积累的精神劳顿，消解在诗意盎然的辞章歌赋之中。民谚云："上有天堂，下有苏杭"，浸润其中的人文心理、风俗民情、生活方式、审美风尚自然而然地呈现出来，江南也因此成为许多中华儿女魂牵梦萦的对象和人们心目中的天堂。

宋元明清时期的江南经济中，粮、棉、丝、盐、茶等农产品生产在全国经济中占有重要地位。环太湖地区发达的农业和手工业形成高度分工的专业化生产，大宗物品生产的集散和商品交易的频繁，促进了江南地区各类城镇的发展和相互间的联系，整个江南地区的乡村与城镇之间、城镇与城镇之间，依托市场网络逐步结成相互依存、互为关联的有机整体，也为江南文化的繁荣提供了重要的物质基础。

文化的本质含义是指人们的生存方式。一个地区的文化特质归根到底取决于该地区地理环境所决定的人们的生存方式。从生存方式上升到经济形态和社会制度，必定同时也是某种特定的文化精神形成和确立的过程。因此，任何经济形态和社会制度都具有文化内涵；任何经济实践也都是在特定的文化精神前提下展开的。作为传统文化，江南文化融合了北方和南方文化的特征。其意义在于从经济生活的层面上实现了儒家道统与商品经济原则的结

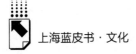

合。江南文化重商学而远霸业的事功原则，是两宋以降江南经济文化繁荣发展的观念内核，是中国式市民社会形成发展的精神土壤，也是引导中国社会向近代转型的重要思想基础。

从19世纪起，清王朝日渐衰落，1840年以后，江南地区连年战乱，民生凋敝。曾经辉煌的江南文化也随之衰落。自上海因开埠而成为华洋杂处的移民城市后，近代上海文化——海派文化的形成，成为衰落的江南文化的沉潜藏身之所，江南文化中的商业精神和事功原则，汇入海派文化。海派文化在民族文化传统的创新上，偏重于西方文化和时尚，因此，在它形成发展的百十年间，在现代文学艺术如绘画、戏剧、音乐、小说等方面成绩斐然，引人注目，而作为文化传播其影响并没有超出上海的地界。

作为文化概念，江南文化已是明日黄花。今天，尽管长三角地区的经济繁荣完全可以支撑着这一地区的融合文化发展，但因这一地区分属不同行政区，长江三角洲各地区文化发展是在各自行政区框架内进行。因自然地理、城乡结构、经济特点的不同，这一地区已形成差异化的地方文化发展模式和形态，还没有显现出这一地区经济一体化的融合趋势。有鉴于此，上海应联合长江三角洲区域内各地文化部门就联合构建统一的区域文化进行战略合作。新的区域文化可以"新江南文化"来命名。高举新江南文化旗帜，积极引导和推动长三角区域文化向一体化方向整合发展。

传统江南文化的各种样式和形态，从小说、诗歌、戏曲到音乐、绘画，从民居建筑、山水园林到自然风光，再到人们的日常生活方式和审美趣味，集中保留和传承了中华优秀传统文化的精髓。作为长江三角洲区域新文化的构建，"新江南文化"要在传承江南文化精致典雅的美学特征和文化气质的基础上，创造出既能体现中华优秀传统文化精髓，又能充分展示现代文明新气象的文化艺术新形态和新样式。为构建"新江南文化"，上海应当联合区域各部门在资源共享、交流互动和合作共建中发挥更加积极的主导作用，进一步向长三角区域各地区文化开放市场，为各地区文化在传播、交流和融合创新发展方面提供展示空间和平台。"新江南文化"发展战略应当纳入上海城市文化建设规划。

2. 中华文化融合发展平台（2040年前）

从 2015 年起到 2040 年，是我国实现民族复兴中国梦和两个"百年"目标的关键时期，也是上海建成以国际经济、金融、贸易、航运和科技创新中心为特色的全球城市的关键时期。民族复兴中国梦和两个百年目标的最终达成，在文化层面必须完成中华文化的现代转型，从而构建起以中国特色社会主义经济和社会制度为本质特征的文明新形态。这一时期，正在深入推进全球城市建设的上海，要在完成连接区域空间的城市文化体系构建的基础上，为民族复兴中国梦和两个"百年"目标的最终实现做出更大贡献，必须围绕中华文化的现代转型，在持续推进城市文化建设中积极主动地发挥更大作用。

当代中华文化不仅是大陆 13 亿多人民拥有的文化，而且包括港澳台地区的文化，还包括 5000 万海外华人华侨共同拥有的文化。因此，中华文化的当代核心价值不仅要全面体现社会主义制度的主体特征和主导地位，同时还要充分兼顾中华民族多元一体的结构特征和我国"一国两制"经济社会差异化发展现实，才能最终得到中华民族全体成员一致认同。

在中华民族伟大复兴进程中，当代中华文化正呈现前所未有纷繁多样而极具内在张力的发展景象。所谓极具内在张力是指在思想文化层面上，当代中华文化实际上充满了内在矛盾和冲突，其发展还处在缺乏共识的阶段。一方面，诚如姜义华所说，"直面中国堆积如山的大大小小各种各样问题，人们提出了互相矛盾的无数建议：从怀念一律公有、计划经济、吃大锅饭、所有人都只能凭票证得到有限供应的'平等'，到力主全盘私有化、不受限制的自由竞争，以及人人在市场交易契约关系中的平等；从倡导新权威主义，到倡导与之截然对立的新自由主义；从确保人们成为'经济人'实现利益最大化，到努力保障每个人都能自由而全面地发展；从法律至上、宪政至上的'公平'与'正义'，到理想至上、道德至上的'公平'与'正义'；如此等等，这些主张彼此完全抵牾，但每一主张都振振有词，似乎都真理在握"[1]；另一方面，港澳已回归祖国，但尚未完成台湾与

---

[1] 姜义华：《民族复兴的核心价值》，上海人民出版社，2012。

大陆的统一。而切实有效地落实"一国两制"，全面完成中华民族的统一大业，需要港澳台全体民众整体形成对中华文化和中华民族的国家认同①。上述两个过程都有赖于中华文化的现代转型。而完成中华文化的现代转型，势必要求当代中华文化在文明新形态层面上加快融合发展，即在推进马克思主义中国化、发展完善中国特色社会主义、继承中华民族优秀历史文化传统、广泛汲取西方现代文明优秀成果、维护国家和民族团结统一、全面回应中国崛起面临的现实挑战等方面，形成和凝聚中华文化的当代核心价值。

当代中华文化核心价值的形成和凝聚，不仅需要在观念层面上让各种思想观念充分交流和碰撞，促使各种思想观念在交锋和比较中去伪存真、去粗取精，并逐步汇聚成主流，进而凝聚成共识；同时需要在文化实践层面上，从人文社会科学各学科思想理论到各种社会思潮，从文学、戏剧、影视、音乐、舞蹈、美术、曲艺等各门艺术的传统经典和高雅形式，到大众文化、通俗文化、流行文化、民间民俗和信仰，积极推动各种样式和形态的文化艺术繁荣发展，使之在百花齐放的争奇斗艳中得到充分展示，进而促使我国各地域各民族优秀文化在融合发展中，形成足以表征当代中华文化的新形态和新样式。毫无疑问，这是一项极其艰巨的历史使命。

自开埠以来，上海一直是中国现代化进程中领风气之先的城市，"海派文化"就是上海在融合古今中外优秀文化基础上形成的具有上海城市特色的文化。作为上海城市精神的优秀传统，"海派文化"兼容并蓄、海纳百川，使上海有条件和优势在中华文化当代融合发展中发挥更大作用。上海可

---

① 汪晖认为，在当今世界经济政治格局深刻变化大背景下，大陆和台湾关系正在经历"去政治化"，两岸关系虽在经济层面上日益紧密并趋向一体化，但缺乏"文化政治"认同，给两岸关系进一步发展带来危机（如反服贸的"太阳花运动"）。汪晖认为，两岸关系的进一步发展离不开"文化政治"认同，但绝不是在传统中华文化意义上的认同（参见汪晖《当代中国历史巨变与全球危机中的台湾问题——从 2014 年的"太阳花运动"谈起》，《文化纵横》2014 年第 12 期）。新加坡学者郑永年认为，尽管香港回归已有 17 年，也与内地实现了法理上的统一，但香港"占中"运动和近期有关政改的泛民主张，表明统一过程还未完成。香港回归使香港有了"政治空间"，但因未经历"去殖民地化"，这一政治空间却滋生了香港所谓"本地意识"，甚至是"港独"诉求（参见〔新加坡〕郑永年《警惕"港独"危及香港未来》《南华早报》，2015 年 6 月 8 日）。

以而且必须充分利用城市文化发展现有基础，包括各种文化设施、文化节庆活动、对内和对港澳台文化交流机制、文化产业和文化消费市场，依托城市文化建设，完整构建起中华文化当代融合发展平台，并将这一目标纳入上海全球城市文化建设整体战略，使之成为全球城市文化建设战略实施的第二阶段的主要策略。

3. 世界文化交流展示中心（2050年前）

未来 30 年，上海要建成与全球城市相适应的国际文化大都市，关键在于形成体现中华文明当代形态的城市文化特色，我们把具有这种文化特色的全球城市概括为全球文明之城。这就必然要求上海作为国际文化大都市，在全球文化发展中具有显著影响力。国际文化大都市的全球影响力，以城市文化体系建设为基础，以城市文化特色为标志，通过城市文化在不同空间尺度上与外部世界交流和传播体系的构建，在文化传播可及范围内构成影响力。

城市文化体系是一个复杂的多层次结构实体，既有思想观点、价值理念和审美趣味等具有抽象特点的观念形态；也有按制度构建的文化组织和个体按一定原则开展活动的文化体制形态，其中有以文化公益服务和参与共享的文化场馆设施、组织机构和各种文化活动等公共文化体系，还有以各种业态方式进行文化生产、传播和消费的文化产业体系以及文化市场体系；还包括由各种载体呈现、可区分为不同种类和样式的文化，如文学、影视、戏剧、音乐、舞蹈、曲艺、美术等。城市文化形态和种类的丰富多样性，以及各种文化形态样式在一个体系内的相互平衡和充分发展，是城市文化体系发展成熟的重要标志。

城市文化特色经由两种路径形成，一是基于城市文化传统由历史积淀而成；另一种是在具有丰富多样性的现实文化基础上形成。无论城市文化特色经由哪种方式形成，从现有国际文化大都市文化现状来看，如世界艺术之都巴黎、世界时尚设计之都伦敦和世界文化中心纽约等，其城市文化的丰富多样性和高度繁荣，是城市文化特色形成并产生吸引力和影响力的最重要基础。

城市文化特色的影响力具体体现为内容生产力，并可以进一步区分为三种能力：一是思想理论的话语议题创新和设置能力；二是社会风尚和潮流的创意引导能力；三是占据人类道德高地的价值创造能力。一方面，内容生产力高度依赖以承载内容创新创意创造能力为核心、形态多样、内容丰富的城市文化的繁荣；另一方面，由内容生产力形成的城市文化特色和影响力，不仅体现在文化领域，也广泛渗透于城市经济社会各个领域，形成与城市经济空间和社会空间的深度融合和频繁互动。

2050年，上海国际文化大都市建设要在完成前述两个阶段性目标，即在2030年和2040年两个时间节点分别在区域和国家两个层面上完成城市文化体系建设的基础上，着力围绕上海城市文化特色形成全球影响力，进一步推进国际文化大都市建设。2050年是上海实现具有全球传播力和影响力的城市文化体系建设目标的时间节点，但推进实现这一目标的相关工作应当尽早设计和规划。我国政府倡导的"一带一路"战略，为上海全面启动建设具有全球传播力和影响力的城市文化体系提供了绝佳契机和路径。

"一带一路"战略的全面布局和实施，既为上海建设具有全球传播力和影响力的城市文化体系带来了新机遇，也提出新要求。"'一带一路'不仅是一条经济带，更是一条众多民族相处、多种宗教交织、不同文明交融的文化带。古丝绸之路鲜明体现出的'和睦、和谐、和平、多元、共荣'的文化交流特征，将通过'一带一路'发扬光大。'一带一路'把'中国梦'同各国人民过上美好生活的共同愿景对接起来，共同追求中国人民和各国人民的福祉。'一带一路'倡导各国通过文化交流、文明互鉴，实现和睦、和谐、和平的多元化发展。'一带一路'沿用古丝绸之路的历史符号，立足于相关国家多元文明的群体性复兴，通过提升文化的相互开放水平，推动不同文明交流、形成更具宽容精神的取向，汇聚和释放文化促进发展的强大正能量，进而形成推动人类进步的和平观、义利观、历史观、发展观。"①

上海应以自身城市文化建设为基础，充分利用现有文化产业、文化基础设施和体制机制，以文化交流和传播为先导，沿着"一带一路"加快推动

---

① 中国国际经济交流中心"一带一路"课题组《"一带一路"：全球共同的需要，人类共同的梦想》，《国际经济分析与展望（2014～2015）》。

文化"走出去"。一方面，积极投身和参与"一带一路"战略的全面实施；另一方面，在文化"走出去"过程中更加积极主动地构建上海城市文化的全球传播网络和体系，不断提升上海城市文化的全球影响力。

（二）新文明视角下上海全球城市文化建设的内涵拓展

文明是文化总体成果（物质文化和精神文化）的客观实在和外观显示；而文化是人类知识体系、价值体系和工具体系的创造、积累和传承[①]。从文明与文化的关系看，人作为文化的主体，正是在文化的创造、积累和传承中能动地推动了文明的进步和发展。当今时代，人类文明正在经历由工业社会向信息社会的全面深刻转型。未来 30 年，处在人类文明转型中的上海全球城市文化建设，必须深刻把握人类文明转型的主要趋势和特征，在人类新文明形态的意义上，构建新文明的城市样板，即全球文明城市。因此，上海要在以下四个维度着力拓展全球城市文化建设内涵。

一是信息文明维度，全球经济和社会的深度信息化正在加速和深刻改变人与人之间在生活和生产中的交往方式和关联程度，充分的信息化将极大地丰富人的社会性，极大地提高人的智能，培育大成智慧，从而把人际关系的文明提到新的高度，为克服工业文明的弊端提供必要的哲学理念、科学方法和技术手段。现实世界由物质、能量和信息三大要素构成，通过控制能量流来控制物质流是建立工业文明的思想基础，而强调物能的守恒性和独享性是形成工业社会弊端的深层根源。信息的特征是不守恒和可共享，建立信息社会的新文明意识，把信息置于三大要素之首，通过控制信息流来控制物质流与能量流，是信息社会超越工业社会局限与弊端，走向人类新文明的有效途径[②]。当前，人类社会信息化正在全面推进人类文明新形态的形成和展开，全球文明城市建设不仅要参与这一进程，更应成为展示人类新文明形态的典范。

二是生态文明维度。信息化和生态化是人类新文明不可分割的两翼。人

---

① 胡凡、马毅：《文化与文明的界定及其关系》，《学习与探索》2006 年第 2 期。
② 苗东升：《在文明转型中和平崛起》，《首都师范大学学报》（哲学社会科学版）2005 年第 3 期。

类发展的生态化,其本质就是使人与自然关系文明化。当今世界人类遭遇的资源环境困境,根本上是工业文明靠掠夺大自然致富,进而招致大自然报复的结果。通过经济绿色化和环境生态化超越工业社会的局限和弊端,确保人类发展的可持续性,是生态文明最重要的价值取向;而没有高度发达的信息技术和信息意识就不可能在世界范围建成生态文明①。中华文化历来具有"天人合一",即人与自然和谐相处的优秀传统。上海建设全球文明城市,就是要在继承民族文化优秀传统的基础上,在人类新文明意义上实现人与自然、城市与乡村、不同阶层、不同代际以及经济与社会的和谐可持续发展。

三是治理文明维度。20世纪80年代以来,经济全球化的迅猛发展和信息技术的广泛应用,既促进了经济社会发展,也对各国的政府管理提出严峻挑战。围绕既要保持经济增长,又要实现社会公平正义,一种主张多中心权力运行,即崇尚平等合作、强调责任、公共利益和公民参与的更有效率的治理新理念,推动现代治理实践在世界范围展开,从基层社区到国家再到全球层面,遍及经济、政治、文化、社会和生态等各个领域。文明转型时期,人类社会期待现代治理实践形成符合人类新文明的成果。贯穿于现代治理实践中的资本主义与社会主义的制度竞争,最终也将由现代治理实践的成效体现出不同社会制度的优劣。党的十八大明确提出国家治理体系和治理能力现代化的目标,上海建设全球文明城市,就是要以更高的城市治理能力展现中国特色社会主义制度、道路和模式的治理文明。

四是文化融合创新维度。当今时代,经济和社会的深度信息化正在催生新的生产方式和生活方式;信息技术的迅猛发展和广泛应用不断推动各种媒介跨界融合,并以巨大的革命性能量重塑社会结构和人们的交往形式。基于信息技术应用的人类交往的不断扩大和深化,必然带来多元文化的并存。但是,人作为文化的主体,多元文化的并存并不能从根本上改变人们之间的关系和地位,而因秉承不同价值和理念导致的文化冲突也不会自动消解。因

---

① 苗东升:《在文明转型中和平崛起》,《首都师范大学学报》(哲学社会科学版) 2005年第3期。

此，在文明转型时期，文化融合作为多元文化参与的交往形式，必然是人类新文明不断形成和展开的趋势和选择。上海建设全球文明城市，就是要在人类新文明意义上，坚持中国特色社会主义文化发展方向，以更加开放包容的心态，继承民族文化优秀传统，广泛吸收外来文化的优秀元素，在文化融合创新中为人类新文明做出更大贡献。

五　推进上海全球城市文化建设的重要举措

（一）深化文化体制改革，构建"全球文明城市"指标体系

未来 30 年，上海全球城市建设要体现中国特色社会主义制度模式和发展道路的优势，并基于中华文明当代形态形成上海城市文化特色，必须以全面深化文化体制改革为先导，加快推进国际文化大都市建设。

开埠以来，近代上海在经济和社会等各个方面的内蕴丰富和多元复杂性，造就了上海城市古今中外各种异质文化相互交会和交流融合的文化格局，由此也形成上海特有的城市文化传统和特色，并持续影响现代和当下的上海城市文化发展。因此，上海拥有极为丰富的历史文化资源，这为加快国际文化大都市建设提供了难得的基础和条件。但因文化原创能力不足导致产品供给不足，多样化文化需求受到抑制。为进一步提高文化生产、传播和消费在上海城市经济中的比重，推动上海文化繁荣发展，必须突破文化发展的瓶颈制约，进一步解放文化生产力，提高文化传播能力。

应当看到，社会主义市场经济体制的建立和文化产业的发展，使我国文化生产、传播和消费原有循环过程和格局发生重大变化，尤其是网络信息技术在文化生产、传播和消费中的广泛应用，加速了文化生产、传播和消费过程的结构重组。但从文化体制建设的滞后性来看，我国文化市场的培育和发展尚处在初级阶段，全国一体化文化市场还远未形成，文化市场地区分割比较严重，文化生产过程中市场配置资源的作用远未充分发挥，由新技术应用提供的提高文化生产、传播和消费效率的巨大空间还有待进一步打开。文化

资源具有非物质特性。文化资源转变为生产要素，以及文化资源作为生产要素在生产配置中的流动性，直接影响文化生产、传播和消费效率。事实上，影响和制约文化资源要素流动的主要障碍存在于体制机制之中。因此，上海深化文化体制改革应围绕和聚焦促进文化资源要素充分流动和进一步解放文化生产力，着力消除制约文化创新创造活力迸发的体制机制障碍，为加快推进国际文化大都市提供保障，进一步优化制度和政策环境。

上海文化体制改革历经十多年，始终走在全国前列，创造了许多好的经验。在新形势下和新的发展阶段，上海深化文化体制改革，应当确立以文化大发展大繁荣来引领和支撑上海全球城市建设的新理念，破除文化发展只属于宣传文化系统工作的传统观念，通过深化文化体制改革积极推进文化建设主体多元化，动员和凝聚全社会的力量共同参与城市文化建设；更好地把握文化与经济领域的金融、科技、信息行业等的融合发展趋势，加强各行各业和政府管理各部门之间的协调，整合各项文化政策，使之有效发挥作用；使分布在上海城市各领域各个角落的分散和潜在的各种文化资源得到发现、挖掘和开发利用，使之转变为文化资本和文化生产要素。

文化体制改革是一项综合性、系统性极强的社会工程，对其复杂性，人们应当有充分的认识。这种复杂性突出地表现在文化体制改革要涉及社会发展的各个层面，包括思想意识形态建设、各个行业和领域以及具体的文化企事业单位等。因此，文化体制改革的深化必须切实改变文化建设在宣传文化系统内部封闭运行的老办法，改变就文化抓文化的狭隘思路，把文化体制改革工作放在全局的视野中加以思考和定位。各部门应更加主动地联起手来，发挥各方优势，通力合作，把文化体制改革摆在工作的重要位置，共同协力加以推进，建立以各级党委政府为基础平台的更高层次的改革领导协调机制，并制定和落实相应的考核、评价和问责制度。

坚定不移地全面推进深化文化体制改革，上海应立足于"全球文明城市"建设的高度形成考核评价机制，围绕"全球文明城市"的文化建设目标，构建"全球文明城市"评价指标体系。一方面，通过"全球文明城市"评价指标体系检验和评估上海深化文化体制改革的实际成效，保障文化体制改革的不断深化始终能与上海国际文化大都市建设的目标相一致；另一方面，"全球文明城市"评价指标体系的构建将使"全球文明城市"建设目标进一步具体化，并成为扎实推进上海探索创建"全球文明城市"的有效激励机制。

目前世界上只存在世界城市或全球城市，而"全球文明城市"还只是一种新概念，还有待于通过全球城市文化建设的实践去创建。全球城市注重现代网络技术广泛应用环境下的城市经济功能和形态，而上海所要建设的"全球文明城市"，不仅要形成全球城市的经济功能和形态，更重要的是用中国特色社会主义制度、道路和模式去建设全球城市，并在文化上充分展现中华文明的现代形态和特色。因此，"全球文明城市"评价指标体系可围绕信息、生态、治理和城市文化四个核心要素进行设计和构建。毫无疑问，正如"全球文明城市"还只是社会主义中国的城市建设理想一样，构建"全球文明城市"评价指标体系同样也是一项前无古人的创新举措，需要在上海深化文化体制改革和推进国际文化大都市建设实践中探索前行。

（二）在文化繁荣中形成上海"全球文明城市"文化特色

文化是城市发展之魂。未来30年，上海城市文化建设要按党的十八大确定的中国特色社会主义经济、政治、文化、社会、生态五位一体同步建设的总体方略，着力推动上海城市文化发展全面融入全球城市建设，全面融入经济增长、社会发展和城市管理；在这一过程中，上海城市文化发展要在继承优秀历史文化传统的基础上，按照上海全球文明城市文化建设的目标定位，形成上海国际文化大都市的文化特色和优势。一方面，由于城市历史和传统以及上海在我国改革开放中所处的地位，上海建设国际文化交流中心具备良好条件和优势，上海文化发展的国际化程度明显提高，城市形象的国际影响力持续扩大，这一状况有利于上海文化更多吸收外来文化精华，并支撑上海实现城市发展愿景目标；另一方面，上海作为中国最大的经济中心城市和改革开放的前沿城市，要为建构具有世界意义的社会主义文明新形态提供

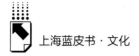
具有中国特色的文化样式，需要在中国与世界的联系中，不断形成上海文化的特色和优势，从而推动中华传统文化的现代转型和走向世界。

近代上海因特殊的政治、经济和社会条件，在历史传统和现实因素作用下，形成各种异质文化在同一个城市空间中交会交融、多元杂处的文化特色①。历史悠久、传统积淀深厚、绵延不断的中华文明走到近代，已深陷衰弱。彼时在与西方现代文明相遇时，正力图通过学习西方而发奋自强。尽管近代时期中外文化在上海的交会碰撞始终呈现为西强我弱的局面，但近代上海城市文化秉承中华文化自强不息和勇于推陈出新的优秀传统，通过融会贯通古今中西文化，形成代表中华文化现代精神的海派文化。

海派文化发端于晚清时期以任颐（任伯年）等画家为代表的"海上画派"。彼时的上海正值国运不济，而华洋混居和五方杂处则为"海上画派"艺术家的创作和生活提供了独特的社会环境。一方面，海上画家浸润于中华文化尤其是江南文化的深厚底蕴，但并不甘心囿于文人士大夫的传统甚或力图挣脱传统的束缚，进而走向市井和民间；另一方面，他们不再执着于绘事本体的描摹，而更醉心于绘画主体精神的表达。这使海派艺术在风格上达到一种灵动多样的艺术新境界。正是海派艺术杂糅开新的风格和气质，逐步影响和渗入戏剧、文学、音乐乃至整个上海文化，进而在民国初年形成蔚为大观的海派文化②。

自海派文化形成以来，人们总将海派文化置于京派文化的参照下进行研究评价。有关海派文化与京派文化孰长孰短的争论时有发生，仅从改革开放以来，20世纪80年代和90年代，甚至到21世纪第一个十年，有关海派文化的讨论有过数次高潮③。这一争论的背后隐含的问题是，同样作为地域文化，是海派文化还是京派文化可以代表中华文化，而这一问题又延伸出要不要继承和发展海派文化，确实，海派文化作为地域文化并非十全十美，其中

---

① 熊月之：《上海城市社会生活史丛书·总序》，上海辞书出版社，2011。
② 许道明：《海派文学论》，复旦大学出版社，1999，第11页。
③ 20世纪90年代，讨论和比较海派与京派文化的学术著作中，最有影响力的是东方出版社1994年出版的杨东平的《城市季风》。

也杂糅有商品化的流俗和低级趣味。诚如史学家陈旭麓所言："海派是与京派相对而言……在它出现之后，才为京派立名。京派是传统文化的正宗，而海派是对传统文化的标新，是中西文化结合的产物。"① 实际上，海派文化具有江南文化的底色，植根于中华文化传统，但在受外来文化冲击和变化了的经济、社会环境下，能以熔铸古今中西文化之精髓，以灵动多样的手法和风格推陈出新，并以此延续中华文化传统，实质是表征了中华文化生生不息的旺盛生命力，从某种意义上说，海派文化开辟了中华文化在开放环境下面对外来强势文化冲击自变开新的新传统。

上海国际文化大都市建设的重要目标是成为世界文化交流中心，世界文化交流中心也必定是各种异质文化交会交融的中心。所谓文化的异质性，不仅仅是指同一种文化艺术样式因来源于不同地域、为不同人群所拥有而呈现出不同形态（例如，同样是戏剧，既有作为传统国剧的京剧，也有来自各地的地方戏，如越剧、淮剧、川剧、粤剧、豫剧、评弹等，还有源于西方的现代戏剧，如话剧、音乐剧、歌剧等），更是指内蕴于某种文化形态和艺术样式中不同国家、地区、人种、族群、语言、宗教、习俗、社会制度、意识形态等异质性的文化传统和现实因素。

上海全球城市文化建设的目标设定为世界文化交流中心，不仅是对上海城市文化历史传统的继承，而且与 21 世纪以来上海国际文化大都市建设着力打造国际文化交流中心一脉相承。不同于近代上海因处在半封建半殖民地经济、政治状况下古今中外各种异质文化的交会交融，上海全球城市文化建设所要打造的世界文化交流中心，是在坚持中国特色社会主义制度模式和发展道路前提下，通过开放文化空间，让各种异质文化在"和而不同"文明理念下和平共处，使具有异质性的各种文化形态和艺术样式在相互开放和相互尊重前提下，得到充分的发展和展示，并在"和而不同"的共生环境下进一步融合成具有世界性意义和表征人类新文明的新文化。

---

① 陈旭麓：《说"海派"》，中共上海市委宣传部研究室主编《上海文化发展战略研究》，上海人民出版社，1987，第 397 页。

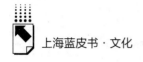

上海要在全球城市文化建设中以世界文化交流中心的目标定位，着力于凝聚古今中外多元城市文化特色，关键在于以高度的文化自信、自觉、自立姿态，继承和发扬海派文化精神，积极营造内涵丰富、多元多样的文化生态，为古今中外的多元文化提供发展空间和展示平台。多元多样的文化生态孕育文化创新创造活力，上海全球城市文化建设只有在多元多样、和谐共生、充满创新活力的文化生态中，才能实现推进中华文化当代融合发展、完成中华文明现代转型、向世界展现中华文明新形态的历史使命。

（三）凝练提升城市精神，展现上海全球城市文明形象

未来 30 年，上海建设国际金融、贸易、航运、经济和科技创新中心为特色的全球城市，人口结构将在高度开放的环境中进一步多元化，来自内地或国外的新上海人将在人口结构中占大多数。而城市转型将使就业和收入出现明显分化，城市人口的阶层意识因此而进一步显性化。通过全球城市文化建设，以文化涵养、培育、凝聚市民的城市精神，可以使不同阶层的市民在城市文化中获得和体验对上海城市发展的认同感和归属感。

城市文化是凝聚社会共同体的精神力量和纽带，个体市民要凝聚成社会共同体，必须借助城市文化形成所有市民共同认可的城市精神。城市精神能否最大限度地得到最广大市民的认同和践行，是检验城市文化建设成败的重要指标。城市精神的概括和提出有两种方式，一种是在现实的城市文化实践中抽象概括，如近代上海形成文化多元并存的特色，这一特色体现了上海文化"海纳百川"的精神气质；另一种是作为城市发展方向，提出城市追求和倡导的精神价值。

进入 21 世纪以来，上海提出"海纳百川、追求卓越、开明睿智、大气谦和"的城市精神，还提出"公正、包容、诚信、责任"的价值取向。上述城市精神和价值的概括和提出经过广大市民充分讨论，获得高度认同，体现了上海城市的文化自觉。未来 30 年，上海要围绕全球城市建设，通过城市文化建设以及与经济增长、城市管理和社会和谐关系构建的充分互动，充

分展示上海全球城市的文明形象，使上海城市精神和价值取向获得更为丰富的文化表达和社会实践形式，从而真正成为全体市民即城市社会共同体的心灵归属。

未来 30 年，上海建设全球城市，必将经历经济结构、产业结构和城市空间结构的持续调整和创新转型，新经济、新产业、新技术、新业态将成为经济持续增长的重要趋势；各种各样非营利社会组织和市民志愿团体作为重要主体积极参与社会建设，使社会各阶层人士的生活愿望和价值追求都能够得到充分表达和展示，必须大力加强现代公共文化服务体系建设。通过各种公益文化活动加强相互间的社会联系，这同样是社会和谐关系构建的重要形式和载体。

总之，在城市文化发展、城市管理和社会建设创新中，进一步彰显"海纳百川、追求卓越、开明睿智、大气谦和"的城市精神和"公正、包容、诚信、责任"社会多元文化共存及互动发展的价值理念，就能有效凝聚多元社会主体和力量，使之成为全面推进经济持续增长、城市安全有序和社会和谐稳定、展现上海全球城市文明形象的思想文化基础和精神动力。

（四）做大做强文化产业，提升上海文化传播力和影响力

上海是我国现代文化产业的发源地。近代上海不仅集聚了出版、报业、电影、唱片、戏曲演艺、文艺创作等主要文化艺术行业，是中国近代文化中心城市，还是具有较大国际影响力的文化大都市。改革开放以来，上海是我国文化产业集聚发展的高地，不仅门类齐全，而且产业发展整体水平较高。未来 30 年，上海要围绕全球城市建设，加快城市文化发展，就必须依据上海产业基础、人才优势和文化资源，做大做强文化创意产业，不断提高上海文化传播能力，进而在区域、全国和全球等不同尺度空间持续增强和扩大上海文化的传播力和影响力。

1. 在全市范围设立和布局若干个文化艺术创新中心

进一步培育和激发上海城市文化创新创造创意活力，"十三五"时期，上海应着手在全市范围布局建立若干个文化艺术创新中心（类似科技创新

中心的功能和模式）。文化艺术创新中心的主要功能是发现、挖掘上海存量文化资源和广泛吸收融合古今中外各种优秀文化资源，重点是在把握现代信息新技术广泛应用提供的产业融合和文化发展新业态机遇基础上，研究和开发文化资源转化为文化资本和现实文化生产要素的新途径和新模式，特别是要运用市场手段，探索上海文化发展在区域文化整合、中华文化当代融合和世界文化交流中心目标定位上的实现形式，促进上海文化产业优化要素配置、做大规模、提升产业发展水平。

2. 全面提升上海影视产业发展水平

影视产业是基于现代传播技术的大众文化产业，是文化产业所有业态中传播力最强的产业。2014 年，中国已成为全球第二大电影票房市场。未来十年，随着我国工业化、城市化的加速发展，中国电影票房市场有望超越美国，位居世界第一。上海要把影视产业作为提高上海文化传播能力的最重要载体予以重点扶持。影视产业具有地理集聚发展的产业特点，文化领域的市场化改革正在推动中国影视产业结构调整和市场一体化发展，移动互联网络新技术的应用及电影院线的发展也在深刻影响这一进程，产业集聚和市场结构调整正在加速，上海要抓住这一有利时机，以更有效的政策措施和产业规划，推动影视产业成为上海文化和经济的标志性和主导型产业。

3. 进一步加快上海文化创意产业发展

文化创意产业是汇集社会大众创新、创意、创业的最重要产业形态。2014 年上海已有文化创意产业园区 130 多个，这些园区已成为社会创新和大众创业的重要载体和平台。上海文化创意产业要在空间集聚基础上，进一步注重内涵发展，政府激励政策要从推动空间集聚转移到通过深化专业分工和价值链产业链构建来提升产业内涵和产业发展水平上来，从而大幅度扩大提高上海文化创意产业的发展规模和水平，使上海文化创意产业在城市经济总量中占比得以大幅提高，真正成为引领和支撑城市经济发展的主导产业。

4. 打造一批具有全球传播力和影响力的媒体平台

从纽约、伦敦、巴黎等全球城市的情况来看，具有全球传播力和影响力的媒体是全球城市必不可少的基本文化构成。未来 30 年，是信息传播新技术加快发展和广泛应用时期，信息传播新技术将进一步推动媒介社会化和社会媒介化。把握媒介新技术发展趋势给上海全球城市文化发展带来的机遇，重点是加快新老媒体融合发展，以资本为纽带，通过资源整合和优化配置，着力培育和做大做强一批集新技术和全媒体功能于一体的、在全球范围有广泛影响的媒体集团。在传播中国特色社会主义发展模式、中国声音、上海形象和推动世界文化传播交流中发挥突出作用，从而成为上海作为全球文明城市的文化名片。

5. 充分发挥文化重塑城市空间的功能

未来 30 年，上海在全球城市建设中，要进一步突出"文化发展是城市发展之魂"的理念，在城市发展规划、实施城市创新转型战略和城市空间更新改造中注入文化资源和象征因素，使上海市域范围的市区和城郊、城镇和乡村、街区和广场以及各种建筑和景观，在城乡一体化建设中通过文化要素嵌入，都能成为呈现城市丰富历史记忆和文化底蕴的"风景"，以提升城市品位和彰显城市精神。"景观"作为一种重要文化资源，既是呈现一个城市文化特色、历史、文脉和形象的载体和媒介，也是展示一个城市生产与生活、经济与社会、自然与人文、城区与郊区、人与人等各种现实关系的表征。而自觉应用"景观"资源提升城市发展的精神境界，是一个城市文化自觉和自信的体现。

作为国际化文化大都市，上海的郊区乡村地区要在推进城乡一体化建设中，按新时代的要求，把郊区乡村建设成为经济繁荣、设施完善、环境优美、文明和谐的社会主义新农村，在推进农业现代化进程中注重乡村景观建设，通过发展观光农业、建设郊野公园和美化乡村景观等举措，使上海郊区农村与城区一样，呈现出上海城市现代化建设的文明形象和美学气质。上海不仅要通过发展提升旅游产业成为全球有重要影响力的都市旅游目的地，更重要的是通过文化重塑城市空间，使文化艺术融入日常生活，使普通人的平凡生活得以艺术化和审美化，从而使上海得以向世界展现全球文明之城的形象。

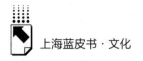

（五）大力推进文化与科技融合发展

科技创新是文化发展的重要引擎，历史上科学技术的每一次重大进步，都给文化发展带来革命性变化。数字信息技术和网络技术的应用与普及，带来了文化生产、文化传播和文化创新的重大革命。以数字技术、互联网技术、信息通信技术为主要特征的现代科技，与文化产业相融合，打通了通信、传媒、娱乐等多个领域，融合了影视、报刊、图书、移动通信设备等多种载体，不断催生出新兴文化业态。这充分说明，紧跟科技创新潮流，深入实施科技带动、创新驱动战略，增强自主创新能力，发展新型文化业态，加快产业转型升级步伐，是文化创新之树长青的秘诀。上海经济发展快速稳健，科技要素密集，人才资源丰厚，基础设施先进，国际联系广泛，应采取有力措施，迅速抢占新兴文化业态制高点，为上海文化产业结构优化升级和上海经济社会发展做出应有贡献。目前，上海正在全力谋划建设具有全球影响力的科技创新中心，要充分发挥科技创新对文化发展的重要引擎作用和文化领域在建设具有全球影响力的科技创新中心中的重要助力作用，深入实施科技带动战略，增强文化领域自主创新能力。增强文化创造活力，需要大力推进文化和科技融合，发挥文化和科技相互促进的作用，实现创新驱动发展。

（六）充分发挥公共文化服务的社会整合功能

公共文化服务体系建设是国际文化大都市建设的基础工程。文化最终的社会功能体现在对于人的心灵的滋养和抚慰、促进市民道德素养和文明水平的提升。文化真正融入普通市民的日常生活，是衡量上海国际文化大都市建设成功的最重要标志，也是文化发挥其社会功能的终极目标。城市文化软实力在城市居民的日常文化生活中更多地表现为普通民众共享文化、参与社会公共生活权利和权益的实现。要按照公益性、基本性、均等性、便利性的要求，进一步健全优化公共文化服务体系，使公共文化服务体系功能完备、服务便捷、运行有效、市民满意。在重大公共文化基础设施基本完善、基层公共文化服务体制机制进一步健全的前提下，未来上海的公共文化服务体系建设要更注重"软件"配套建设，即注重在创新参与、资源投入、内容供给、提高服务能级、完善绩效考评等各个方面，完善运行机制。要在广泛深入调研的基础上，明确现代公共文化的服务内涵，使社会各阶层和不同群体都能享受到满意的公共文化服务，特别是要对上海自发组织的各类群众文化活动给予大力支持，为其提供充足的活动空间和场所，使群众文化的繁荣成为城市文化软实力提升和全球文明城市建设的基层动力。

公共文化与文化产业篇

Public Culture and Cultural Industry

B.2

"一带一路"战略与上海文化产业的重大使命

花 建[*]

摘 要： 上海文化产业面向"十三五"时期的发展，要把握国家"一带一路"和长江经济带战略等历史性机遇，积极推进文化产业发展的"π"形动力带，推动上海成为体现世界文化强国地位的文化重镇、连接全球文化要素的枢纽巨港、面向未来的巨大文化创新引擎。上海要根据国家"一带一路"战略，将自身打造成为国际文化创新的大枢纽，在培育新兴主体、发展文化生产力方面有创新举措；上海要发展外向型的文化产业企业和文化跨国公司，成为培育我国文化跨国公司的总

---

* 花建，上海社会科学院文化产业研究中心主任、研究员，长期从事文化产业、创意经济、城市文化的研究和决策服务。本报告为 2013 年国家社会科学基金重大项目"增强我国文化整体实力和竞争力研究"（项目编号 13&ZD038）的研究成果。

部经济集聚区；上海要以本土文化产业为动力源头，形成辐射中国文化影响力的近中远三重辐射带，提升中国在全球文化产业价值链、文化资源供应链、文化品牌服务链中的地位。

关键词：　"一带一路"　　上海文化产业　　重大使命

在世界多极化、经济全球化深入发展，文化多样化、社会信息化持续推进，国际格局和国际秩序加速调整演变的大背景下，中国领导人提出"新丝绸之路经济带""海上丝绸之路"两大倡议，做出发展长江经济带等重大部署，显示了中国打造对外开放新格局、构建合作共赢新秩序的大国胸怀和综合国力。上海"十三五"期间的文化产业建设，必须抓住这一重大的历史性机遇，激发强大的创新能量，壮大文化生产力的主体，拓展新的对外文化贸易路径，为提升中国的文化软实力，构建互联互通、合作共赢的全球文化新格局，做出新的贡献。

一　打造"一带一路"的文化创新枢纽

2016 年中国文化产业将跨入"十三五"时期。"十三五"时期是中国全面建设小康社会，迈向建党 100 周年的关键阶段，也是中国在世界多极化、经济全球化、文化多元化、社会信息化的背景下，迈向世界文化强国的关键阶段。上海"十三五"的文化产业发展规划不能就上海论上海，而应具有一个国家的战略视野和历史性担当，要从统筹国内、国外两个大局的意义上，在国家战略和环球视野背景下来把握上海的文化建设，推动上海发展成为世界文化重镇、连接全球文化要素的枢纽巨港、面向未来的巨大文化创新引擎。

中国率先提出的"一带一路"战略，具有人类历史上第二次地理大发现的深远意义。从 15 世纪以后，人类历史上第一次有了地理大发现，由于资本主义所焕发出的奇迹般的生产力，跨越大洋之海上航路的发现，把遥远的大陆和岛屿融汇到一个统一的大市场里，使西方的价值观念、宗教文化、市场模式、政治制度等扩展到西欧、澳洲、北美、南美等地区。第二次世界大战后，以美国为代表的西方势力，进一步把这种价值观念和规则扩展到东亚、非洲的很多地区，形成一个全球化的大体系。它导致东方从属于西方、陆地从属于海洋、农村从属于城市的格局。这个全球化体系至今仍在发挥作用，但已暴露出许多问题，潜藏着深刻的危机。

随着中国的和平崛起和"一带一路"战略的提出，以中国为代表的非西方的现代化模式在世界上产生着越来越大的影响。"一带一路"是第二次人类历史上的地理大发现，涉及40多个国家、40多亿人口和20多万亿元的经济总量。它还包括中蒙俄、中孟印缅等经济走廊，形成一个巨大的平行四边形。这一战略的实施，将使中国成为贯通两洋（太平洋、印度洋）、连通欧亚的全球大国，标志着中国从地域性文明向全球性文明转型。同时，这一战略也使得中国可以向沿线沿路国家推广优质产能和比较优势产能，为沿线沿路国家人民带来发展共赢的福祉。它超越了西方国家所开创的全球化，因为后者造成贫富差距、东西方发展不平衡、地区发展不平衡。

以"一带一路"和长江经济带等为联动轴，打造文化产业发展的"π"形动力带，是我国拓展文化产业空间、迈向世界文化强国的核心内容之一。"一带一路"和长江经济带布局包括三大发展轴。第一大发展轴：中国环渤海、黄海、东海、南海的沿海11个省市的发展轴，包括中国经济最发达的沿海地区，成为海上丝绸之路的强大动力源和重要内容。第二大发展轴：中国亚欧大陆桥发展轴，以连云港作为起点，向西通过海陆联动，连接江苏、安徽、河南、山西、甘肃、青海、新疆等7个省区市，横向贯穿中国东中西部辽阔区域，从新疆出境，联动西亚、中亚和欧洲，还将通过正在建设的巴基斯坦瓜达尔港直达印度洋，成为21世纪新丝绸之路陆上经济带的重要发展轴。第三大发展轴：长江经济带，它联系上海、江苏、浙江、安徽、江西、湖北、湖南、四川、重庆、贵州、云南等11个沿江省市，贯穿东、中、西部，并且从云南口岸出境，连接中南半岛铁路网，直达东南亚地区和印度洋。正如中国学者王战、郁鸿胜等指出的：中国的沿海、沿线、沿江等三大发展轴，如同辽阔国土上巨大的"π"字形框架①。"一带一路"不是简单的点和线的组合，而是一张复合型的巨大动力网，包括蓉新欧（成都、新疆、欧洲）、渝新欧（重庆、新疆、欧洲）和义新欧（义乌、新疆、欧洲）等发展轴，形成一个强劲搏动的大动脉。

"一带一路"和长江经济带从经济地缘和文化地缘角度看，既有空间的广度也有历史的厚度，融合了政策、经济、民生、安全、文化这"五通"。丝绸之路包括南方丝绸之路、北方丝绸之路和海上丝绸之路等多个路径，是中华民族早期的国际商贸通道。长江是中华民族的母亲河，长江经济带在历史上吸引和哺育了众多的民族，是中国成为文明国家的动力源，联系起吴越、湘楚、巴蜀三大地域文化形态和十多个次级地域文化形态。2014 年 9 月，《国务院关于依托黄金水道推动长江经济带发展的指导意见》将长江经济带定位为具有全球影响力的内河经济带，东、中、西互动合作的协调发展带，沿海沿江沿边全面推进的对内对外开放带，以及生态文明建设的先行示范带。上海文化产业建设要依托"π"形三大发展轴，打造成为文化内外贸易的大通道、文化生产力的动力联动轴，整合国内、国际两种资源和两大市场的大枢纽（见图 1）。

上海在"一带一路"和长江经济带文化产业发展战略中的地位，是一个创新枢纽和带状联动的辩证关系。从全球范围看，文化产业和创意经济的发展，显示出集约化、规模化、区域性分布的趋势。它们与全球创新城市的建设相互呼应，形成此起彼伏、波浪式推进的态势。参照世界经济论坛和麦肯锡公司联合发布的"全球创新热图"（Innovation Heat Map），即基于城市的专利增长、创新活动的多样性和创新规模，创新城市的文化产业和创意经济也通过多个阶段有起有伏的发展，从"细细的涓流"到"涌动的温泉"，又从"汹涌的海洋"到"萎缩的池塘"②。从全球范围来看，美国纽约的

---

① "上海参与建设长江流域经济新支撑带的若干问题研究"课题组：《"π"形战略格局中，上海该怎么做》，《解放日报》2014 年 12 月 25 日。

② "World Economic Forum Innovation Heat Map"，http：//www.weforumihm.org/.

"硅巷"和西部的"硅谷"已经形成创新活动和创意产业的较大规模,而且保持高速的增长。硅谷是产生数字内容、网络服务、视听科技等的摇篮。硅谷面积4700平方公里,人口仅为300万,2013年贡献的GDP达到2580亿美元,成为驱动通信、电脑、影视等产业发展的引擎,具有"汹涌的海洋"之美称。而上海则被认为是创新活动和创意产业的"涌动的温泉",形成包括2万多家文化创意企业的规模化集群,文化创意产业增加值从2004年到2013年保持年均12%左右的高速增长,对长三角城市群和周边地区形成良好的辐射带动作用。

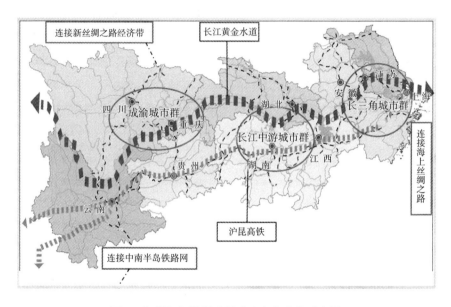

图1 把长江经济带建设成为文化产业动力轴

中国作为一个拥有辽阔国土、庞大人口、悠久历史,超常规发展的世界大国要迈向全球文化强国,不仅需要若干个中心大城市作为"涌动的温泉",而且要依托长江经济带和"一带一路"沿线地区,形成"强劲的动脉"——文化产业动力轴,充分利用长江经济带和"一带一路"沿线地区的金融资本、社会资本和文化资源,释放出如核动力般巨大的能量。这就需要树立超越西方发展模式的大区域联动战略。目前,中国长江经济带从东到西,存在发展阶段和经济能量上的明显差距。以上海为龙头的长三角地区,人均 GDP 达到和超过 1.5 万美元,按世界银行的标准已经进入中等发达地区的行列;长江中游的湖南、湖北、安徽等省市,人均 GDP 为 6000～7000 美元,达到中国大陆平均水平。长江上游的云南、贵州等省市,人均 GDP 达到 3000～5000 美元。如果孤立地看待各沿江省市之间的差距,它们是一种地区发展不平衡的消极标志。但在中国社会主义制度优势的背景下,它们可以连接成一个整体空间,恰恰可以通过沿江省市的要素流通、产业转移、发展互动,体现资源和模式的多样性,释放出巨大的资源禀赋、市场潜力和发展后劲。

正是从这一全球视野和国家战略来看,以上海为中心的长三角地区位于三大动力轴的交会处,拥有沿海、沿江、沿线,海陆兼备的综合性优势。上海应该依托国家"一带一路"战略,从创新活力之"涌动的温泉"迈向"汹涌的海洋",成为文化创意、创新和创业的动力源,以创新枢纽发力,推进带状联动发展,推动这一广阔区域文化产业向集约化、规模化和国际化发展。从国际比较的角度看,自 20 世纪 70 年代开始,所谓"亚洲四小龙"和其他一些原本相对滞后但有较好的国际贸易区位条件的地区之所以能够实现经济追赶的目标,和它们与发达国家之间形成要素流动密切相关。特别是"亚洲四小龙"通过吸引发达国家的产业转移,引入外部的资金和技术,激活了本地闲置的劳动力资源和区位优势,形成追赶型的优势。而这样的联动和激活过程,可以在中国长江经济带内部实现。沿江和沿线省市可以相互学习、互相补充,成为中国文化产业融合发展的黄金水道和强大动力带。比如,长三角是我国对外文化贸易的增长极之一,上海是我国发展对外文化贸易最有成效的领军城市之一,上海已经连续五年保持文化贸易顺差,2013 年上海文化进出口总额达 159.60 亿美元,贸易顺差达 31 亿美元。上海国际文化服务贸易平台于 2007 年 9 月启动,2011 年 10 月 27 日由文化部命名为国家对外文化贸易基地,2013 年依托上海自贸区的正式运作而进入一个新的阶段。外商独资演出经纪机构、外商独资娱乐场所、外资企业从事游戏游艺机生产和销售等三大文化市场开放政策首先在上海自贸区实施。截至

2015 年上半年，上海自贸区聚集了 300 多家从事国际文化贸易的企业，注册资本 87 亿元，贸易规模近 100 亿元；2013 年国内第一家艺术品保税展览服务机构——上海国际艺术品交易中心在基地开始运行①。而在长江经济带的上游，成都借鉴上海等地的经验，在 2014 年为中西部地区第一个艺术品保税仓库揭牌，主题是"境内文化艺术品走出去，境外高品质文化艺术品走进来"。成都位于长江经济带上游，其文化产业的重大举措，将与长三角地区形成一江贯通、东西呼应的大格局，带动中西部把丰富的文化资源开发成为大量文化产品，在向西和向东开放中发挥强劲的动力作用。

上海要在"一带一路"和长江经济带等的建设中，成为体现世界文化强国地位的文化重镇、连接全球文化要素的枢纽巨港、面向未来的巨大文化创新引擎，关键在于上海文化产业必须在培育新兴主体、拓展新型空间、建设创新体制方面，有开创性、前瞻性、超越性的举措和贡献。上海不仅要有自身强大的创新资源投入与重大成果的产出，更要具备与全球文化创新资源的广泛连接、强大整合的能力，还要具备指挥控制、前沿引领的功能，具体表现为对文化科技开发的大量投入，对国际合作文化项目的有效吸引以及文化创新网络关联度、重要项目和人员国际交流频率、全球研发机构数量、重大文化与科技成果发布与交易、重大国际研讨会和论坛等指标。上海文化产业应该汲取西方国家和金砖国家等的有益经验，更需要超越西方模式的集成创新。比如，上海文化产权交易所成立于 2009 年 6 月，是全国首家文化产权交易所。它建立了两个国家级平台：国家级文化产权交易平台、国家级投融资综合服务平台；承担了三项职能：文化产权交易（开展国有文化企业产权交易，文化品牌、商标、版权、冠名权等无形资产交易，文化产业项目融资交易和产权交易）、文化金融服务（为文化企业提供股权转让、增资扩股、私募引进、上市培育、质押融资、资产租赁等融资服务）、文化综合配套服务（建立和完善评估、登记、确权、托管、保管、信息发布、结算、鉴证、保险、信托、版权保护、资信评级等综合配套服务系统）。上海文交

---

① 根据课题组在上海自贸区国家对外文化贸易基地的调研材料。

所建立了依托互联网的新型运作机构——文金所，拓展了文化金融资产管理、互联网金融服务、O2O 联合交易、文化财富管理等服务领域，吸引越来越多的文化要素通过上海文交所平台流转交易。上海文交所是全国及上海深化文化体制改革的创新大举措，也是上海建设国际金融中心和国际文化大都市的重要举措。上海文交所在内地和中国香港、美国、欧洲等地区搭建了艺术品、陶瓷、邮币卡、碳排放、宝玉石等 30 多个交易中心和专业平台（服务窗口），其中 8 家进入《福布斯》500 强，4 家进入 300 强，还建立了上海文交所北京总部。像这样以上海为基地，辐射海内外的文化产权交易和文化金融服务网络应多多益善，体现了创新枢纽的集聚和辐射作用。

二　发展外向型文化企业和文化跨国公司

根据国家倡导的"一带一路"战略，上海应该在发展外向型、国际化的文化产业主体、壮大文化生产力、培育中国文化跨国公司方面做出更大的贡献。党的十八届五中全会通过的《中共中央关于制定国民经济和社会发展第十三个五年规划》指出：创新是引领发展的第一动力，要培育发展新动力，发挥出口对增长的促进作用，增强对外投资和扩大出口结合度，培育以技术、标准、品牌、质量、服务为核心的对外经济新优势。这一重要部署对上海发展文化产业、培育外向型的文化企业、参与全球文化竞争具有深远的指导意义。

在世界多极化、经济全球化深入发展背景下，文化跨国公司已经成为全球文化生产和文化贸易的主体。参照联合国出版物的定义，文化类跨国公司是指在母国以外的其他国家投资大量文化产业资产，并且实际控制和管理这些资产的企业。它们与本土化企业的最大不同在于：它们拥有中央决策体系，具有全球经营的意识，确立了全球性战略目标和适宜于全球化竞争的投资和经营框架，把跨国公司所属的各个实体通过所有权联系起来，其海外资产、海外营业收入、海外员工在跨国公司业绩中占有 35% 以上的比重。文化跨国公司作为母国与东道国之间进行文化生产和文化贸易的重要纽带，与整个国家的对外投资规模、经济外向型水平、国际化经营能力等密切相关。它们通过投资、贸易、服务外包等形式，参与东道国的文化产业集群和协作网络，形成全球文化生产的价值链、文化研发的创新链、文化资源的供应链、文化品牌的服务链。拥有一大批文化跨国公司是一个国家迈向全球文化强国，在全球政治、经济和文化地缘格局中形成优势的重要标志。

根据联合国贸发会议的数据，2014年全球100大跨国公司的平均跨国指数（根据海外资产、海外员工、海外营业收入所占比重三大指标得出）达到64.55%，它们大多数为发达国家所拥有。而全球发展中国家的100大跨国公司，其平均指数也达到54.22%。美国《财富》杂志世界500强中的8大媒体娱乐公司，世界100大跨国公司中的媒体娱乐类公司，包括亚马孙、谷歌、迪士尼、时代华纳等，2011年以来的平均跨国指数均达到62.70%以上。2013年，包括上述公司在内的100家最大跨国企业雇员总数为1730万人，其中海外雇员占57%，国内雇员占43%。它们把在海外进行投资和经营作为公司业绩增长的主要空间和发展重心[①]。

由于跨国公司具有全球经营意识和全球产业战略，推动了文化生产、文化消费和文化投资的国际化，使得全球文化经济市场不仅仅是国家间的交往和交易，而且越来越成为跨国企业的组合和竞争，这大大增强了各国文化产业之间的相互依赖性，加快了文化资本、文化产权、文化信息、文化产品等在全球的流通。目前在全球文化贸易领域中，全球视听产业的45%、设计产业的52%、出版和版权产业的49%是由跨国公司主导或者与跨国公司业务密切相关的。

面对这样的全球文化竞争格局，中国如果没有一大批外向型的文化企业和文化跨国公司，就难以强有力地发挥中国文化产业对"一带一路"大格局的贡献力，也就不可能参与和主导文化生产的国际分工，难以成为真正意义上的世界文化强国，难以重构世界地缘文化的版图。目前中国跨国公司100强的规模还比较小，2014年共拥有海外资产52473亿元，平均跨国指数

---

① 联合国贸发会议：《2014世界投资报告》，http://www.unctad.org。

为 13.6%①，其中主营业务涉及文化产业的保利、港中旅、万达等跨国公司，平均跨国指数为 13.2%，但是，随着中国综合国力的壮大，一大批外向型中国文化企业和文化投资经营项目正在迅速成长。中国培育文化跨国公司遵循稳步推进的路径，从培育国家文化出口重点项目和重点企业入手，形成从小到大、从雏形到成熟的金字塔形结构。中国文化跨国公司的微观基础正在趋向活跃，2007 年以来，形成由 570 多项（次）国家文化出口重点项目和 1130 多家（次）国家文化出口重点企业构成的网状结构，遍布全国东、中、西部，在面对美日欧和东亚、东南亚、中西亚等战略方向上，逐步形成有特色的企业集群。而上海已经成为培育中国外向型文化企业最有活力的城市，2013~2014 年度上海拥有国家文化出口重点企业高达 35 家②，拥有的国家文化出口重点项目达 12 家，涉及出版、信息、动画、游戏、音乐、娱乐、演艺、语言服务等诸多领域。其综合规模之大、增长速度之快、涉及领域之多样，在全国各省市中名列前茅。

有必要指出，随着非西方国家的全面崛起，亚洲正在成为跨国公司成长最快速的地区。根据 2015 年美国《财富》杂志的统计，以总部所在地区划分的 2015 年 500 强企业的营业收入占比排名（它们也是跨国公司最集中的榜单），在全球三大区域中，亚洲占 35.2%（其中中国占 20.9%），欧洲占 31.4%，北美占 29.8%。如果以城市划分，纽约占 2.8%、伦敦占 3.9%、东京占 6.3%、北京占 13.0%、上海占 1.3%③。全球经济重心向东转移的态势越来越明显，亚洲在全球经济和文化格局中所占的比重越来越大。许多

---

① 中国 100 大跨国公司名单及跨国指数是由中国企业联合会在中国企业 500 强、中国制造业企业 500 强、中国服务业企业 500 强的基础上，依据企业自愿申报的数据，参照联合国贸易和发展组织的标准得出的。

② 上海 2013~2014 年度国家文化出口重点企业包括上海外文图书公司、上海征途信息技术有限公司、上海动酷数码科技有限公司、上海新汇文化娱乐（集团）有限公司、上海幻维数码创意科技有限公司、上海今日动画影视文化有限公司等 35 家；国家文化出口重点项目包括国家对外文化贸易基地、上海文化贸易语言服务基地、中国上海国际艺术节演出交易会、上海艺术博览会等 12 家。

③ 《世界 500 强——东方压倒西方》，美国《财富》（中文版）杂志，2015 年 10 月号下半月刊，第 29 页。

权威专家指出，未来的"十三五"期间，将是中国跨国公司成长的一个前所未有的重要窗口期。有鉴于此，加快发展我国的文化跨国公司，提高它们的跨国化水平、全球意识和增强规模优势，加强它们在技术、品牌和管理方面的核心竞争优势，形成强大的中国文化跨国公司群体，已经成为"十三五"期间推动文化强国建设的一项重大任务。这给上海发展外向型的文化企业，建设文化跨国公司总部集聚区创造了历史性的机遇。

上海要结合国家"一带一路"战略，根据21世纪经济全球化、政治多极化、文化多样化和科技信息化的趋势，针对文化产业对金融资本、社会资本、创新资源和全球连接的迫切需要，培育我国文化跨国公司的总部经济集聚区。这里所说的文化跨国公司总部经济是指大型文化企业集团根据特定区域的资源优势而进行总部设置，使得企业的价值链与区域资源实现最优化的空间契合，由此对该区域经济发展产生重要影响的经济形态。文化产业作为21世纪知识型、创意型、智慧型的新兴产业，具有重知识、重科技、轻资产、资金及技术密集的特点。文化跨国公司总部大多不是生产制造中心，而是研发中心、资金调度中心、投资管理中心，需要所在地的金融体系高度开放，提供大量高品位的人力资源、国际化的法律制度和服务体系、优良的生态环境和服务设施等。这从全球跨国公司100强中主业涉及文化产业的总部区位可以清晰地看出来。比如亚马逊位于美国西雅图，这里也是微软、波音等世界500强的发祥之地；沃尔特·迪士尼、时代华纳等视听产业的跨国公司总部位于好莱坞所在地美国洛杉矶，汇聚了发展媒体娱乐产业的信息技术、金融支持、人力资源、顾客服务等主要条件；而谷歌、苹果、皮克斯、Facebook等网络、通信和动漫影视的巨头总部则位于著名的硅谷。

上海配合国家"一带一路"战略，要对发展外向型文化企业和培育文化跨国公司的目标和重点，有前瞻性的设计。它不仅包括扩大国际市场的占有率，而且包括在全球获得重要的战略性资源，占据施展中国文化软实力的战略空间，实施学习与合作、赶超与竞争、创新驱动与规模优势、海外投资和自主研发相结合的文化跨国公司战略。上海文化企业进行跨国投资、并购、贸易，不是简单地占有东道国文化消费市场和利用当地的廉价劳动力资源及土地资源，而首先是获得高端的文化科研创新资源、人力资源、要素资源（如基础设施、院线、品牌、研发中心、服务平台）以及知识产权资源（包括专利技术、市场准入许可证、著作权和专利、技术秘密等），抢占全球文化市场的地缘中心，把握好跨国投资的重点目标，体现文化产业作为国家战略性资产的作用，形成体现中国全球战略的文化产业集群和辐射力。

随着互联网在空间上无所不在、时间上永远在线、主体上连接一切、视听体验和服务快速迭代的"泛在化"趋势，上海发展外向型文化企业，必须同时发展更广泛的文化创新网络，这有点类似于"分布式混合赛跑"，与全球文化创新资源进行连接的数量与密度成为关键。例如，要发展基于网络的文化科技创新"众包"模式，让任何参与者都能够借助网络平台来提供创意、解决问题并获取酬金。又如，要发展文化科技的融资"众筹"等新模式，让更多的投资主体可以通过网络平台为某一项目或某一创意提供资金支持，有助于上海在配合"一带一路"、培育外向型文化企业方面，尽快形成比较优势。2015 年 5 月 6 日，总部位于上海的华人文化产业投资基金（CMC）领衔投资出品的音乐剧"Something Rotten！"和话剧"Hand to God"一举获得第六十九届美国托尼奖 15 项提名，华人文化产业投资基金成为2015 年获得托尼奖提名数量最多的制作者。美国托尼奖设立于 1947 年，被视为美国话剧和音乐剧的最高奖，共设 21 个奖项，获提名奖的剧目均是在百老汇各剧院演出的热门剧目。美国托尼奖设立 60 多年，非改编的原创剧目同时获得如此众多提名十分罕见，而领衔出品方来自中国文化企业，更是有史以来第一次。CMC 对于音乐剧领域的投资体现了宏大的战略意图，主要不是通过投资一个剧目图短期回报，而是希望用资本的力量整合国际优秀的创作人资源，将百老汇的成熟创作生产体系通过资本的纽带与中国进行对接，全面推动中国音乐剧产业和演艺产业升级。2015 年 9 月，CMC 和美国好莱坞最大的电影公司华纳兄弟（Warner Brothers）联合宣布，双方将共同出资成立"旗舰影业"（Flagship Entertainment Group），总部设在香港，并在洛杉矶和北京设立业务分支机构，以上海 - 北京 - 香港 - 洛杉矶等作为基地，形成辐射太平洋两岸的影视产业开发网络，共同开发和制作华语电影和英语电影，面向全球市场发行。这与前文所说的广泛的文化创新网络和"分布式混合赛跑"，恰好形成耐人寻味的对应关系，也预示着上海发展外向型文化企业和文化出口项目，将依托全球化的串联协同网络，加快形成比较优势，向全球展示"中国故事，上海实力"。

从更大的范围看，上海培育外向型文化企业和文化项目，大力开发海外文化市场，需要不断培育大量新业态、新主体、新渠道，逐步形成从"国内做大"到"国际做强"的跨国公司接力成长环境，通过国家和上海的产业政策引导，结合国有文化机构的深化改革，使本土文化企业通过效率竞争，首先有序推动大规模的兼并和重组，进行文化企业产权市场的"进入/退出"活动，催生国有、民营、混合所有制的大型文化企业。这是形成本土文化跨国公司群体的第一步。其次才是进入国际市场的投资和兼并活动。只有经历了这两个过程，上海才能不断壮大外向型文化企业和文化跨国公司群体。值得注意的是，按照传统模式，文化项目开发过程表现为从投入到产出的"有序推进"，呈现一种线性的递进关系。而在互联互通的背景下，上海培育外向型文化企业和文化出口项目，会在创新网络平台上，吸引大量基于不同参与者的创新资源跨界流动、聚合、交会，进而不断产生裂变，在不同方向和时点形成创新突破点。这一流程看似有点"无序"，难以预料结果，但它充满活力，随时有创新的突破点，最终会趋于聚焦而形成文化创造的新常态。比如灿星制作团队打造的《中国好歌曲》，作为中国原创的音乐真人秀节目，由英国国际传媒集团负责国际发行和在英国播出，已经成为中国第一档输出海外的原创才艺模式节目。上海的河马动画、炫动传播、金鹰卡通等动画制作企业，再一次吹响了开发海外市场的"集结号"，使中国原创动画电影企业形成集群，以联盟形式与西澳大利亚电影局和澳洲电影制作公司在影片创意、拍摄技术、版权销售、专业服务等方面开展合作；而慕和网络开发了40多款游戏产品，针对全球北美、亚洲、欧洲等不同市场的需求，把文化产品贸易、技术贸易、服务贸易等有机地结合起来，开发了中文、英文、法文、德文、日文、韩文、葡萄牙文等语言版本，并且与国际手机系统开发商和厂商合作，在手机内预装游戏软件，并且有效地利用了国际营销渠道，在美国 Facebook、日本 Gree、韩国 KAKAO 和 GAME VIL 等多个社交平台上进行运营，给上海文化产业的跨国经营和全球推广提供了有益的启发。

三　形成近、中、远三重对外文化辐射带

上海要配合国家的"一带一路"战略，要以本土文化产业为动力源头，形成投射中国文化影响力的近中远三重辐射带，即我国的周边邻国，一带一路的连通地区以及北美、非洲和拉美等地区，采用"中国故事、世界表述"和"世界内容，中国创意"等生产和传播形式，大力发展各种文化合资、合作的产业项目。

新加坡学者郑永年指出："西方国家在把民主从西方扩展到西方之外的国家和地区，主要包括如下几种方式：（开拓）殖民地、军事占领、（设立）冷战阵线等"[①]。但是这种西方价值观和民主政治模式正在遇到越来越大的危机，如同英国学者汤因比所说，历史上蒙古帝国和大英帝国等由盛而衰的过程都说明："帝国的衰落来自对外的过度扩张和社会内部扭曲的扩大。"[②]大国兴衰的历史证明：唯有一个大国自身保持不断创新的活力，率先提出和实践全球性的议题，引领全人类发展的价值观念和方向，才能吸引广泛的盟友，这就是国家文化软实力的精髓。英国学者马丁·雅克指出：每一个新兴大国，都会用一种全新的方式来创造和推广自己的体系。"比如欧洲的典型方式就是海上扩张加殖民帝国，而美国则是空中优势和全球经济霸权，中国同样也会以崭新的方式来展现其实力。"[③]

中国经过 30 多年的改革开放，从一个被隔绝于全球经济体系之外的发展中国家，一跃成为全球第二大经济体、全球第一贸易大国、世界重要对外投资国，展现了与西方现代化模式不同的另一种成功模式。中国走向伟大复

---

① 〔新加坡〕郑永年：《地缘政治和民主秩序问题》，《联合早报》2014 年 9 月 30 日。
② 〔英〕汤因比：《历史研究》，曹未风等译，上海人民出版社，1986，第 405 页。
③ 〔英〕马丁·雅克：《当中国统治世界——中国的崛起和西方世界的衰落》，张莉、刘曲译，中信出版社，2010，第 209 页。

兴的根本道路是和平发展。和平是中国道路的旗帜，发展是中国道路的本质，科学是中国道路的思想方法。中国不但要实现经济的强盛，而且要通过文化外交、文化交流、文化贸易，在全球传播中国的价值观和现代化理念，突破老牌霸权国家对中国的遏制和围堵。上海文化产业建设，要依托国家推动"一带一路"战略的历史性机遇，提升中国在全球文化产业价值链、文化资源供应链、文化品牌服务链中的地位，在全球范围内提供大量的文化产品和文化服务，扩大我国向国际社会投射的文化正能量。

第一，上海要以本土文化产业为动力源头，形成投射中国文化影响力的近、中、远三重辐射带，即我的周边邻国，一带一路的联通地区，以及北美、非洲和拉美等地区，大力发展各种文化合资、合作的产业项目，采用"中国故事、世界表述"和"世界内容，中国创意"等生产和传播形式。中国是世界上邻国最多、周边情况最为复杂的大国，不仅与14个国家接壤，而且与另外十多个国家邻近。中国与世界上许多国家有长期的友好交往和互联互通的共同愿望，而一些邻国又与中国存在复杂的陆界和海域划界方面的主权争端。

在这一背景下，上海文化产业的外向型发展，要把体现中国的文化地缘影响，与构建新的政治地缘和经济地缘版图结合起来，根据国家"一带一路"战略，强调共商、共建、共享原则，由近而远，有重点地拓展对外文化辐射的地缘重点。2013年3月，习近平总书记在坦桑尼亚进行国事访问时，在演讲中提到"中国的电视剧《媳妇的美好时代》在坦桑尼亚热播，也让坦桑尼亚老百姓了解到中国老百姓生活的甜酸苦辣"①。而坦桑尼亚正处在海上丝绸之路的东非海岸，而《媳妇的美好时代》正是由上海的文艺工作者参与创作的优秀作品。2014年习近平主席出访拉美四国期间，代表中国送出的国礼也有一套包括《北京青年》《老有所依》《失恋33天》等现当代题材影视作品的DVD光盘，而且配有中文、英文、西班牙文、葡萄牙文的字幕，体现了党和国家领导人对推动中华文化"走出去"的率先垂

---

① 《习近平："媳妇的美好时代"在坦桑尼亚热播》，新华报业网，http://www.XHBY.NET，2013年3月25日。

范。近年来，上海的全球经贸和文化合作网络加快拓展。目前"一带一路"沿线 65 个国家已有 39 个在上海设立领事机构，2015 年 3 月，上海市进出口商会与来自土耳其、吉尔吉斯斯坦等国家和地区的 92 家商会、协会和企业发起成立了"一带一路"贸易商联盟，其中就包括许多业务涉及文化和相关产业的商贸机构。2015 年第一到第三季度，上海市对自贸区协定国家与"一带一路"沿线国家的进出口额已经分别占上海对外贸易总额的 30% 和 20% 左右①。上海发展外向型文化产业项目要因势利导，由线到带，逐步形成国际布局的新框架和新优势。

第二，上海要根据国家"一带一路"战略，推动中华文化"走出去"，积极拓展目标市场，不但要继续经营美、日、欧、中国香港等发达地区的市场，而且要大力开发发展中经济体的市场。从全世界范围来看，非西方国家全面崛起正是 21 世纪的一个重要现象。在国际文化贸易领域，发展中经济体在文化产品和文化服务进出口方面所占的比重越来越大。根据联合国贸发会议的资料，2004~2013 年，中国创意产品的出口目标地区，虽然仍然以发达国家为主，但是向发展中国家特别是"一带一路"沿线地区转移的趋势越来越明显。

2004~2013 年，中国创意产品向发达经济体出口额为 5619.25 亿美元，而向发展中经济体出口额为 3475.89 亿美元（见图 2），但是中国创意产品向发达经济体的出口比重在下降，从 2004 年的 69.79% 逐步降到 2013 年的 51.27%，而对发展中经济体的出口比重在上升，从 2004 年的 27.08% 逐渐上升到 2013 年的 45.36%。

再从上海和全国文化创意产品向世界三大经济区域的出口来看，北美、日本、欧盟多年来是上海文化创意产品出口的主要目的地（见表 1），2004~2013 年中国创意产品向北美自由贸易区的出口年平均比重达到 30.31%；其次是欧盟，年平均比重为 21.34%，而中国向文化背景比较接近、地理位置毗邻的东盟地区的创意产业出口年平均比重为 4.76%。随着全球经济格局的深刻变化，中国文化创意产业在"一带一路"沿线国家和

① 吴卫群：《上海全球经贸合作网络加快拓展》，《解放日报》2015 年 11 月 24 日。

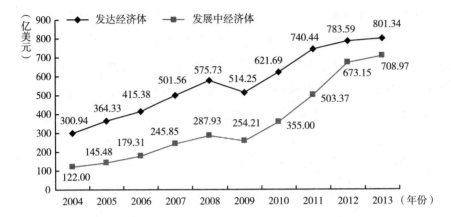

图2 中国创意产品对不同发展水平经济体的出口规模（2004～2013年）

资料来源：根据王洪涛、郭新茹《2014创意经济对外贸易报告》（载罗昌智、董泽平主编《两岸创意经济研究报告2015年》，社会科学文献出版社，2015）的内容和数据绘制。

地区的影响力越来越大，中国创意产品对北美自由贸易区的出口比重从2004年的37.39%下降到2013年的26%，对欧盟的出口从2004年的19.47%下降到2013年的18.63%，而对东盟的出口从2004年的1.73%上升到了2013年的7.19%，而且有进一步提升的明显趋势，而东盟正是海上丝绸之路经过的重要地域，也是上海近年来大力开拓的重要文化市场。

表1 2004～2013年中国创意产品对世界三大经济区域的出口额

单位：亿美元

年份	2004	2005	2006	2007	2008	2009	2010	2011	2012	2013
北美	168.48	195.68	221.63	268.92	293.92	252.00	315.94	361.18	388.84	406.41
欧盟	87.74	119.11	142.24	169.63	203.88	184.19	227.83	278.14	278.45	291.12
东盟	7.78	8.56	11.11	22.28	36.64	44.16	62.52	73.20	100.55	112.37

资料来源：联合国贸发会议UNCTAD的资料，王洪涛、郭新茹《2014创意经济对外贸易报告》，载罗昌智、董泽平主编《两岸创意经济研究报告2015年》（社会科学文献出版社，2015）。

按照这样的速度，到"十三五"规划期末，中国对发展中经济体的创意产品出口额将逐步高于向发达经济体的出口额。发展中经济体包括印度、南非、巴西等金砖国家和东南亚国家，它们将在2020年前后成为中国出口创意产品的最大消费市场。在升级版中国－东盟自贸区和 RCEP 的制度性框架下，预计 2020 年中国与东盟间的贸易额将扩大到 1 万亿美元，到 2020 年的双向投资将新增 1500 亿美元①。其中有许多内容和领域与文化产业密切相关。上海要敏锐地把握这一趋势，在继续保持向美国、日本等传统市场文化产品和文化服务出口顺差的同时，要大力开发东盟等"一带一路"沿线的新兴市场。近年来，百视通公司与印度尼西亚电信以合资形式共同开发 TMT 新媒体技术的产品化与产业化合作，包括共同进行内容制作、电子游戏、动画制作、多媒体管理系统、数字影院系统、直播卫星及有线电视经营、电子商务等业务，合资总额达 2000 万美元左右。

第三，上海要进一步发展新兴文化产业载体，培育文化服务平台，加快各类文化经济优质资源的集聚。上海要成为"一带一路"上文化创新的大枢纽、文化贸易的大通道、文化生产力的动力联动轴，必须具有更加强大的资源集聚能力和优化配置能力。在全球化的时代，许多人认为"世界是平的"，但是从文化经济地缘和区域发展的比较优势来看，"世界不是平的"，全球 1.5% 的土地面积集聚了全世界 50% 以上的生产活动。而从资源的空间集聚看，经济文化活动绝不是平均分布，而是呈现"极－圈－群－带"的地理集聚形态。一个国家能否形成具有强大集聚和辐射能力的文化创新极和动力带，是其向全球扩散影响力的关键所在。根据世界银行的报告《重塑经济地理》，人均 GDP 超过 25000 美元的国家，其经济集聚指数都超过 50%，大部分已经超过 70%（见图 3）。而中国接近 40%，不仅比发达国家的集聚程度低，还比印度、巴西和南非等金砖国家要低。这从一个侧面证明：上海提高文化经济资源的集聚度，仍然空间广阔，潜力巨大。

"蓬山此去无多路，青鸟殷勤为探看。"在全面感知、互联互通、智慧服务的时代，随着"互联网＋"无所不在的渗透，一个城市仅仅靠设施优良、实施减税等优惠政策的文化产业园推动当地经济发展，已经不再是吸引

---

① 《李克强：中国和东盟到 2020 年双边贸易额将达 1 万亿美元》，中国广播网，2013 年 9 月 3 日，http://china.cnr.cn/gdgg/201309。

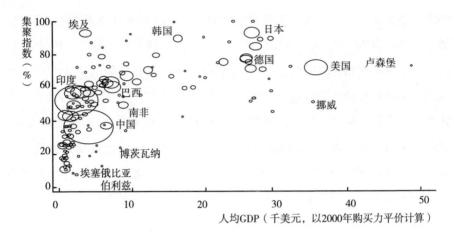

图3 不同国家经济集聚程度

资料来源：World Bank；World Development Report 2009；Reshaping Economic Geography 2009。

国内优质文化经济资源的制胜之道，而需要建立与全球创新资源广泛链接的网络结构，包括多种形式的产业平台、强大的整合能力、大量风险投资和金融服务机构的集聚，指挥控制和前沿引领的功能、吸引文化科技项目国际合作的数量、创新网络关联度、项目和人员国际交流频率、全球研发机构的落地数量、重大科技成果发布与交易活动、重大国际研讨会和论坛等，才能在全球文化高端经济资源的集聚、交易、流通和配置中发挥枢纽作用。

"十三五"期间，上海要重点建设六类文化服务平台：①会展、节庆和博览平台：通过举办各类国际会展、节庆和博览活动，吸引"一带一路"沿线和全球优质文化资源在上海进行交流、交易和配置；②创意研发设计平台：通过组合创意研发和设计的供需双方/多方，依托优良的基础设施和市场信息的精确匹配，降低开发的成本，加快提升创新研发的适度和效益；③投融资和交易平台：建立规范的投融资和交易规则；④资源配送和社交平台：通过信息精确匹配等方式，依托线上和线下相结合，把海量的客户和供应方形成双边/多边的配对，提高各类资源供应的效益；⑤企业孵化培育平台：通过降低服务成本，培育新兴的产业集群；⑥国际文化贸易平台：为国内外文化贸易企业在投资、设备、项目等的双向流通，提供通关、保税、租赁、仓储、会展等便利。

2015 年 10 ～ 11 月，历时 32 天的第十七届中国上海国际艺术节，共吸引 55 个国家和港澳台地区以及内地 27 个省市近 5000 名艺术工作者相约申城，420 多万人次参与，使艺术节真正成为"艺术的盛会、人民大众的节日"。舞蹈巨星希薇·纪莲的全球告别演出《生命不息》、杨丽萍原创现代舞剧《十面埋伏》、上海艺术家首创的《犹太人在上海》和《长恨歌》等，体现了优质艺术资源汇聚上海的强大创造活力。在本次国际艺术节论坛上，上海首次提出建立"一带一路"艺术节合作网络的倡议，以"多样、合作、促进、示范"为宗旨，推动各个艺术节在创作、演出、推广和人才等方面的常年合作，获得 18 个国家 20 多位嘉宾代表的积极评价，也给上海打造成为"一带一路"上的文化创新枢纽提供了富有启发的经验。

第四，上海要进一步优化对外文化投资和贸易结构，特别是发展创意密集型、资金密集型、技术密集型的优势产品，重点拓展创意设计、数字出版、电子信息、会展服务等文化出口市场。中国从 2013 年开始成为全球第三大对外投资国，2014 年共实现全行业对外投资 1160 亿美元，如果加上第三地融资再投资，对外贸易规模约为 1400 亿美元。这意味着，2014 年我国实际上已经成为全球的资本净输出国①。随着我国对外文化投资的扩大，我国文化出口产品也在不断优化结构，形成投资贸易、服务贸易、货品贸易的升级版。比如 2014 年，我国自主研发网络游戏产品在海外销售收入达到 30.76 亿美元，同比增长 69.02%，显示了我国网络文化产品出口的广阔前景②。

上海文化产业对国家"一带一路"战略的贡献，不仅要体现在数量的增长上，也要体现在产业结构的优化方面。2014 年以来，上海的新兴文化产业继续保持增长势头，特别是数字出版产业快速增长，成为真正意义上的全国数字出版产业的龙头老大，全年营业收入达 658 亿元，比 2013 年增长

---

① 李予阳：《2014 年我国实际对外投资已超过利用外资规模》，《经济日报》2015 年 1 月 26 日。
② 李婧：《2014 年我国文化贸易的喜与痛》，《中国文化报》2015 年 2 月 28 日。

37.5%，占全市新闻出版产业的比重达 37.3%，提前一年完成上海"十二五"数字出版规划提出的目标。2013 年 12 月 24 日，国家新闻出版总局发布了《关于实施国产网络游戏属地管理试点的通知》，上海成为第一个也是全国唯一的试点地区。自 2014 年 1 月 1 日试点工作开展以来，上海本地出版、运营的国产网络游戏的审批流程得到明显优化。随着上海政策优势和服务优势的逐步显现，2014 年在上海申报的游戏产品数量增长明显。截至 2014 年末，上海主管部门共收到网络游戏产品审核申报 430 款（其中符合试点工作范畴的游戏产品 250 款），比 2013 年增长 38.9%，占全国总量的 53%。2014 年上海网络游戏产业合计营业收入预计达 377 亿元，比 2013 年增长 47.8%，占全国总量 1144.8 亿元的 1/3，上海网络游戏对周边产业的贡献值达 2000 亿元；与此同时，上海在网络文学出版领域保持行业龙头的地位。2014 年，上海玄霆娱乐信息科技有限公司（盛大文学）全年营业收入约 11.5 亿元，市场占有率 73.2%。腾讯文学上海公司运营首年也实现营业收入 5000 万元。上海网络文学的整体规模已占全国市场的近 80%①，显示了上海文化产业和对外文化贸易进一步优化结构、扩大对海内外辐射力的能量。

第五，汲取各国优秀文化资源，丰富中国向世界投放的文化产品。"一带一路"地区是民族和语言高度多样化的地区，上海要配合国家的"一带一路"战略，扩大对沿线沿路国家和地区的文化产业合作与出口，必然要面对各种语言和国情的差异所带来的"语言障碍—文化折扣"问题。而这恰恰是上海发挥全球文化资源配置、转换、配送之枢纽作用的一个重要契机。从全球范围看，世界性大国都是语言能力大国，努力把各国语言作为扩大文化软实力的战略性资源。比如根据美国《国防部语言技能、区域知识和文化能力的战略规划：2011~2016》，美国官方、军队和院校目前掌握的各国语言已达 380 种之多。根据《2012 年中国语言服务业发展报告》，中国语言服务业也进入快速发展期，预计到"十二五"结束时，中国语言服务

---

① 《上海数字出版产业发展大业态格局初显》，腾讯·大申网，2015 年 3 月 16 日，http://sh.qq.com/a/20150316。

企业年产值将超过 2600 亿元，从业人员数量将达到 200 万人，语言服务企业数量将达到 6 万余家。

上海具有高等院校和科研单位密集、经济国际化程度高、国际化人才多的优势，与全球各类语言服务机构和人才具有广泛的联系。2013 年，作为国家商务部主导、上海市商务委大力支持的"部市合作"重点项目，上海文化贸易语言服务基地在上海自贸区率先建立。上海要进一步建立多层次的文化贸易语言服务基地，发挥各种文化产品的语言翻译、转换、投放能力，全面扩大对外文化贸易的辐射力。这一举措将提升上海文化产品和文化服务对"一带一路"地区和全球文化市场的辐射能力。2014 年上海今日动画影视文化有限公司尚在制作的 26 集原创动画片《泡泡美人鱼》，委托欧洲最大的电视代理公司——德国国家电视台国际公司（ZDF）作为全球销售总代理，仅在欧洲和北美等地的销售金额就超过 1000 万欧元，而且与著名美国电视连续剧《纸牌屋》的内容制作和播出平台 Netflix 公司签订了两年的播放授权。为了扩大《泡泡美人鱼》在全球市场的推广，制作方推出中、英、法、德四种配音版本，成为第一部在其视频网站上播出的中国原创影视作品，显示了上海的国际文化传播能力，上海文化产业拥有广阔的发展空间与前景。

B.3

传承中发展，发展中创新

——上海戏曲艺术中心的探索与实践

张　鸣*

摘　要： 大力弘扬中华优秀传统文化，践行社会主义核心价值观，推动文化大发展大繁荣，是全面贯彻落实"四个全面"战略的基本要求，更是国家文化软实力建设的重要保障。上海作为中华传统优秀文化艺术和人才的聚集地，近年来率先开展了卓有成效的体制改革与创新，取得显著成效。上海戏曲艺术中心的成立与有效运转，是上海国有文艺院团体制改革创新的典型案例之一。本报告结合上海戏曲艺术中心成立的背景与发展现状，总结分析了近年来上海在推动国家优秀传统艺术改革中的成功经验以及面临的问题，并对"十三五"时期的进一步发展做出展望。

关键词： 戏曲艺术中心　传承　发展　创新　上海

　　为贯彻党的十七届六中全会和九届市委十六次全会精神，2011年12月30日上海戏曲艺术中心正式挂牌成立（下辖京剧、昆曲、越剧、沪剧、淮剧和评弹等六大艺术机构），标志着上海国有文艺院团体制改革进入新阶段。截至目前，戏曲艺术中心走过了短短四年的发展历程，已建设成为在全

---

* 张鸣，华东师范大学法政系毕业，硕士研究生。现任上海戏曲艺术中心党委书记、总裁，上海大剧院艺术中心党委副书记，上海音乐厅总经理，上海市宛平艺苑总经理。

国具有较大影响力的戏曲文艺院团集群，在传承发展民族戏曲艺术方面走在全国前列，为上海的国际文化大都市建设做出应有的贡献，上海戏曲艺术中心顺利实现了深化改革谋发展、出人出戏出影响，促进戏曲艺术繁荣发展的发展愿景。戏曲艺术中心的成功发展，对于全面深化文化体制改革、传承繁荣中国传统文化艺术，培育践行社会主义核心价值观等方面，可谓是一个成功的典型案例，具有重要的理论和实践意义。

一 背景：应运而生

"十二五"时期，是中国实行改革开放以来文化体制改革进入巩固提高、深入推进的关键时期。这为上海戏曲的体制改革、机制创新提供了新机遇。但在实践中也遇到种种困难，距离大众文化体制改革的目标，即建立符合精神文明建设要求、遵循文化发展内在规律、发挥市场机制积极作用的充满活力的大众文化体制，还相差甚远。① 在此背景下，2011 年 5 月，中宣部、文化部联合下发《关于加快国有文艺院团体制改革的通知》，明确了国有文艺院团体制改革的路线图、时间表和任务书，全面推开国有文艺院团体制改革。2011 年 12 月 30 日，为深化上海文化体制机制改革，进一步解放文化艺术生产力，扎实推进上海国有市属文艺院团体制革新，上海戏曲艺术中心挂牌成立。

上海戏曲艺术中心下辖上海京剧、昆曲、越剧、沪剧、淮剧和评弹等六大文艺院团，以及宛平艺苑、长江剧场两大剧场。拥有 34 位国家级非物质文化遗产项目代表性传承人，26 人 30 次获得中国戏剧"梅花奖"，46 人 58 次获得文化部"文华奖"个人单项奖，36 位艺术家享受国务院政府特殊津贴，2 人入选中宣部"四个一批"人才，3 人为文化部优秀专家，6 人为上海市领军人才，5 人为上海文学艺术奖获得者，10 人入选上海青年文艺家培养计划。京剧《贞观盛事》《廉吏于成龙》《成败萧何》、昆曲《班昭》《长

---

① 张炼红、张文军：《困境与契机：上海戏曲院团改革实践观察》，《上海文化发展报告（2013）——加快建设国际文化大都市》，社会科学文献出版社，2013，第 126 页。

生殿》《景阳钟》6部剧目获评"国家舞台艺术精品工程十大精品剧目",是目前国内同级艺术机构中拥有六部以上"十大精品剧目"的重要代表。其他众多原创剧目获得"五个一"工程奖、文华大奖、中国艺术节大奖、中国戏剧奖、文化部优秀保留剧目奖、中国戏曲学会奖等文艺界大奖。

上海戏曲艺术中心及所属8家单位目前在职职工1100多人,其中管理人员80余人,专业技术人员900多人。在职职工党员占比25%,中心党委下有基层党委、党总支、党支部等近30个基层党组织。

二 路径:尊重规律、突出重点、提升传统文化影响力

戏曲艺术中心以积极推动上海传统戏曲的传承保护、创新发展、演出传播、人才培养为宗旨,尊重戏曲艺术的本体和特性,尊重广大戏曲工作者的尊严和价值,探索符合戏曲艺术发展规律和演出市场运作规律的改革之道。发挥"中心"的服务和管理功能,在服务中体现管理功能,做院团做不了的事情,解决院团解决不了的问题,尤其突出"中心"在上海戏曲整体战略、长远规划和资源整合等方面的主导作用,初步形成"中心"与院团统分结合、群策群力、共同发展的良好发展格局。四年来,戏曲艺术中心以出戏出人为事业目标,深入探索符合传统戏曲发展规律和上海戏曲院团特点的发展道路,有效推动上海戏曲院团资源整合,创新体制机制,加强传承保护,狠抓剧目创排,重视人才培养,打造自主品牌,提升运营能力,立足基础管理,不断自我完善,各项工作取得积极成效。

(一)以原创和传承为抓手,加强剧目建设

1. 加强剧目原创,铸就精品力作

上海戏曲艺术中心以《三年创作规划》为抓手,广泛选题论证,加强委约创作和创作评审激励,推进院团创作发展。所属院团创排了京剧《春秋二胥》《金缕曲》,昆曲《景阳钟》《川上吟》,沪剧《敦煌女儿》《邓世

昌》《上海往事》，越剧《甄嬛》（上下本）、《双飞翼》等原创剧目，京剧《吕后》《兰陵王》，越剧《燃灯者》，等等，已完成剧本创作，进入创排阶段。其中，《景阳钟》获得第十届中国艺术节"文华优秀剧目奖""国家舞台艺术精品工程"大奖，黎安凭借《景阳钟》荣获中国戏剧"梅花奖"；《春秋二胥》《金缕曲》参演第七届中国京剧艺术节，并分别获得2014年上海市新剧目展演优秀演出奖、优秀剧目奖；《甄嬛》获得第三届中国越剧艺术节优秀剧目奖；《川上吟》获得国家艺术基金首批资助，《双飞翼》被文化部列为第一批全国地方戏重点院团资助加工剧目；《敦煌女儿》被文化部列为"三个一批"原创剧目榜首。

2. 加强经典传承，夯实剧种基石

通过充分发挥艺术发展基金的支撑和导向作用，促进传承整理和改编提高工作。3年戏曲艺术基金共资助18个项目（600多万元）的传承整理和改编提高工作，包括资助京剧流派濒临失传剧目挖掘传承、老艺术家"谈戏说艺"音像工程、昆曲《十五贯》、沪剧《芦荡火种》、越剧《卖油郎》《风雪渔樵记》《铜雀台》等。目前，昆曲团有13台戏成为《国家昆曲艺术抢救、保护和扶持实施方案》资助剧目，京剧《智取威虎山》、昆曲《牡丹亭》、沪剧《雷雨》、越剧《舞台姐妹情》《红楼梦》等经典剧目，均已有中生代版、青年版等版本进行传承演绎。通过各院团组建内设机构或依托专业研究机构，进行艺术资料整理与编撰，成系列、成套整理出版相关历史资料。近三年已编撰出版或即将出版《周信芳大全》（16卷）、《京剧"廉吏于成龙"暨尚长荣"三部曲"评论集》、《风中的紫竹调——陈瑜　马莉莉　茅善玉艺术评论集》等。

（二）加强分类管理，促进人才队伍建设

1. 在老艺术家方面，加强名家传戏，突出"活态传承"

戏曲艺术中心拥有众多德艺双馨的老艺术家，在老艺术家身体状况允许的情况下，创设各种途径，加强"名家传戏""收徒传艺"工作。开创了戏曲唱腔"一带一"戏曲紧缺人才传承项目，培养11名唱腔设计新人；筹划

"尚长荣艺术与当代京剧流派建设"学术研讨活动;举办名家传戏、收徒传艺的系列展演,检验传艺学艺成效。2015 年,在昆剧团试点"学馆制",创新"活态传承"机制,计划用 3 年时间传承 100 出戏,昆曲老"熊猫"将全体出动,承担带教任务。

2. 在中生代艺术家方面,搭设平台,力促表演日臻完善

中生代演员是目前院团的主力军,也代表了院团的特色和优势所在。戏曲艺术中心通过推荐其参与戏曲电影拍摄和艺术培训,组织戏曲艺术中心重大演出项目和开展国际交流活动,为其量身定制原创剧目,组织参评重大赛事等,为这一批人提供广泛的才艺展示平台,加强宣传,扩大行业影响力。为史依弘、金喜全等定制原创大戏《吕后》;为越剧当红女小生钱惠丽量身定制越剧《双飞翼》;为沪剧首席小生朱俭度身打造沪剧《邓世昌》;打造"余脉相传——王珮瑜传统骨子老戏展演"12 场、"文韬武略——上海京剧院2015 蓝天系列专场演出"8 场;召开"史依弘表演艺术研讨会""钱惠丽越剧表演艺术研讨会";等等。

3. 在青年艺术家方面,多措并举,全方位促进成才

青年艺术家的培养,始终是戏曲艺术中心的核心工作之一,这表现在两个方面。一方面,搭设新平台、创办新活动。打破各院团编制,戏曲艺术中心组织制作包括京、昆、沪、越、淮、评弹各剧种、各行当青年人联合参与的"中国梦"主题戏曲《城市心情》和"曲韵时光——海上戏曲音乐会",使一批年轻人脱颖而出。连续两年组织举办面向青年创作人员的戏曲剧本创作评比,组织讲评及专家论证,给予青年创作人才更多的指导。2015 年 12月面向全国举办小剧场戏曲节,所属院团年轻演员、编剧、制作人等编导制作的京剧小戏《买父》、昆剧小戏《夫的人》、越剧小戏《唐韵》等都已过关斩将杀入展演。另一方面,鼓励青年人才挑大梁,担纲主演。推出京剧《曹操与杨修》《贞观盛事》《廉吏于成龙》等青春版,推出越剧《红楼梦》《西厢记》《孟丽君》等经典剧目的明星版、青年版,在比较中激励与鞭策青年成长成才。新编大戏如《甄嬛》《双飞翼》等,也组织青年演员跟进排戏,形成同一剧目的青年版。

（三）加强公益普及和推广，提升上海戏曲影响力

戏曲艺术中心积极推进、创新开展多种形式的普及推广活动，获得了良好的社会反响。

1. 整合资源，积极创设公益品牌活动

举办"戏曲明星公开课"等吸引一批年轻白领和大学生对戏曲的关注；举办"京昆 Follow Me"戏曲培训项目，已办班 56 期，1200 余人通过学习体验进一步了解了戏曲；举办天蟾逸夫舞台"好戏大家看"——惠民公益 114 场，7 万余名戏迷、准戏迷参与；举办"戏曲坊"讲座 14 期，为各院团各类人才创设活动、创新工作打开思路。

2. 加强合作，积极创建戏曲传播路径

一是开启地铁系列展演活动。自 2014 年起，戏曲艺术中心联合申通地铁推出"地铁音乐角"公益演出；启动"国色京韵""上海的声音""越剧之美"等地铁文化列车；推出人民广场站"上海地铁文化长廊"，让市民随时随地感受戏曲文化的魅力。

二是打造戏曲训练营。戏曲艺术中心与上海群艺馆联手，于 2015 年夏季推出"时尚（上）京"暑期京剧夏令营，让孩子们零距离接触京剧艺术大师，感受身边的传统文化。沪剧院推出"沪语训练营"，弥补上海话的语境缺失，让孩子们接受家乡戏的熏陶，期期满员。

三是加强场团合作。昆剧团启动在豫园的高端驻场系列演出，创新国有院团与社会资本的合作模式，扩大影响力。越剧院于 2015 年上半年进行《甄嬛》（上下本）19 场连演，不仅创造了多年来单个戏曲剧目的连演纪录，也勇敢迈出"戏曲驻场演出"的破冰第一步。

四是加大公共文化配送。截至目前，所属院团完成各类戏曲进校园、进社区、下乡演出共 826 场。京剧院 2015 年上半年配送社区指导员 3 个，配送 49 次，在上海及外地开展京剧推广讲座 17 次；昆曲团依托俞振飞昆曲厅，组织昆曲周周演活动，坚持每周为戏迷送戏；沪剧院将"沪剧回娘家"活动提升为"沪剧节"，组织全市 7 家沪剧院团进行 30 场活动、12 场主题

演出的集中展示，与郊县百姓零距离接触，受到热情追捧。越剧院艺术家带领青年骨干，开展越剧讲座系列进高校、进社区活动。

3. 打造平台，提升戏曲的影响力

一是举办全国展演活动。戏曲艺术中心于 2012～2014 年开展"海上风韵——上海文化全国行"戏曲展演，组织旗下院团到北京、长三角地区、港澳台地区进行戏曲展演，累计 51 场次，近 1800 名演职人员参与，观众超 3 万人次。2015 年 10 月底，戏曲艺术中心率下属院团赴北京进行新剧目展演，集中展现上海戏曲院团近年来的新创剧目，反响热烈。

二是创设"天蟾逸夫演出季"。戏曲艺术中心于 2013 年起创设"上海戏曲艺术中心·天蟾逸夫舞台演出季"，从以中国传统季令划分到以半年演出季划分，以专业化的运作有效地促进了院团演出的统筹计划能力。

三是开展宣传策划评比活动。自 2014 年始，戏曲艺术中心推出《"戏曲传媒奖"评选实施办法》《"宣传策划奖"评选实施办法》，组织宣传策划、媒体报道的评选，表彰在宣传策划工作方面社会影响力大、取得一定业务成果的项目，以及在对戏曲宣传报道上社会影响力大、角度新、立意高的媒体人。同时加强与《解放日报》《文汇报》《新民晚报》《新闻晨报》《青年报》及电视台等专业机构的宣传合作，建立良好合作关系，促进年报道量逐年递增。

四是拍摄戏曲 3D 电影。3D 京剧电影《霸王别姬》《勘玉钏》《萧何月下追韩信》，开启了运用 3D 科技创新戏曲艺术传承的模式，广受社会关注。自 2015 年起，戏曲艺术中心用 3 年时间拍摄 10 部经典戏曲 3D 电影。2015 年已完成 3D 昆曲电影《景阳钟》和 3D 越剧电影《西厢记》的拍摄，将于 2016 年第一季在各大院线上映。

五是创办《戏聚》杂志。从 2014 年起，戏曲艺术中心主办推出《戏聚》杂志，以推介中心所属院团大型新创剧目和新人新作为内容，传递创作追求，剖析剧目看点，推介创演团队。《戏聚》为季刊，一年 4 期，面向全国相关领域专家、学者、文化单位、演员和观众免费发放 1.38 万余册，反响良好。

三 创新：多措并举，深化改革促发展

2014 年 10 月 15 日，习近平总书记主持召开文艺工作座谈会并发表重要讲话时强调，广大文艺工作者要坚持以人民为中心的创作导向，努力创作更多无愧于时代的优秀作品。2015 年 9 月 11 日，中共中央政治局审议通过《关于繁荣发展社会主义文艺的意见》，对于在新的历史条件下，文艺真正成为时代前进的号角、真正体现时代的风貌、真正引领时代的风气，具有指导意义。这一文艺发展的顶层设计，为进一步繁荣发展中国特色社会主义文艺事业勾勒出清晰可行的路线图，注入激浊扬清的正能量。上海市委主持召开文艺座谈会，并颁发《关于推进上海文艺院团深化改革加快发展的实施意见》，对创新体制机制、确定以人为核心、完善优秀人才培养引进政策等提供具体指导，实施一团一策，分类指导。上海戏曲艺术中心迎来全面深化改革的春天，在市委宣传部的指导与支持下，以"一团一策"为抓手，结合所属院团剧种特色和历史沿革，多措并举，指导院团完成各类方案的制定及各项工作的开展。

（一）完善艺术管理，探索建立艺术决策机制

所属 6 家院团都制定了艺委会实施方案、艺术总监设置方案，其中艺委会成员按比例由院内外人员构成，确保了一定的科学性和民主性。2016 年全面实施，这为院团领导班子的艺术决策提供专业参考意见，是院团艺术管理和科学决策机制的重要组成部分。京剧院、淮剧团拟定了艺术总监的人选，其他院团将尽快通过培养内部优秀人才或引进外部成熟人才的方式确定合适人选。

（二）创新传承模式，探索昆曲"学馆"制

推出以上海昆剧团为试点的"学馆"制，以"活态传承"为理念，以"宗脉延传、承戏育人"为目标，通过 3 年系统学习实现传承 100 出经典折

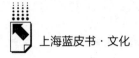

子戏、6 台传统大戏的教学目标。"昆曲学馆"于 2015 年 5 月 18 日正式开馆,邀请全国各地"非遗"代表性传承人现场教学,科学实施教与学的年度评估,系统有序地推动了昆曲表演艺术的代际传承和青年表演人才的培养。截至目前,"昆曲学馆"已完成近 20 出折子戏、2 台大戏的传承。

(三)突出绩效导向,实施职务序列改革和考核激励改革

院团按自身情况设立艺术和技术岗位职务序列,按照多演出多酬劳原则提出分配激励方案,在提高演职人员整体收入水平的同时,向顶尖业务人才倾斜、向一线演职人员倾斜、向艺术周期较短的特殊岗位倾斜。加强院团创作、演出、管理三方面的考核,形成良好的绩效导向,促进艺术生产与发展。目前,该中心所属京、昆、沪 3 家院团确定实施艺衔制、技衔制,越、淮、评弹剧团根据自身实际确定暂不实施。

1. 细分演出市场,形成多种演出版本

所属院团根据自身艺术样式特点,推出优秀剧目演出的经典版、驻场版、巡演版,并确定了各版本的年度基本演出量,以不同版本适应不同演出条件,满足观众的观演需求。经初步统计,各院团经典版约 110 个剧目,年演出量约为 250 场;驻场版剧目 15 个,年演出量约为 120 场;巡演版剧目约 80 个,年演出量约为 400 场。

2. 加强规划引领,聚焦三类题材剧目创作

戏曲艺术中心通过艺术基金和剧目委约创作等措施,促进所属院团结合艺术样式的特点和优势,围绕"传统、新编、现代"三类题材,制定创作规划,加快创作生产,争取在"十三五"期间,各院团有超过 100 部的各类剧目问世,铸就艺术创作的"高原"。

3. 立足长远发展,加强基础设施建设

经前期调研和论证,已编制沪越新址迁建项目建设书和宛平剧场改扩建项目建设书。沪越新地迁建项目是沪剧院、越剧院和枫林街道社区用房合建项目,能基本满足两家院团艺术生产创作所需;改扩建宛平剧场,拟打造集演出展演中心、传承体验中心、教育推广中心和文化交流中心等功能于一体

的专业的地方戏曲剧场，并与沪越新址遥相呼应，为沪剧、越剧等地方戏曲提供驻场演出场所。

四 前景：全面规划"十三五"

"十二五"期间，戏曲艺术中心以众多的精品力作和人才辈出的发展局面圆满收官。未来五年，是戏曲艺术中心立足创作演出、出大家出大作出大影响的关键五年，戏曲艺术中心应重点谋划，从以下四方面寻求发展突破。

（一）突破创作缺"高原"、少"高峰"的瓶颈

在前几年试点剧目委约创作、搭建创作孵化平台的基础上，戏曲艺术中心将认真总结经验，进一步加大重点题材委约的数量、提高委约的质量，力争推出一年 10 部、五年 50 部具有较高思想性、艺术性和观赏性的作品，使传统戏曲与当代审美、时代精神相衔接，充分展示传统的魅力。

（二）突破创意型人才数量不足、质量不高的瓶颈

戏曲院团创意型人才包括作曲、编剧、导演、指挥、设计、编辑、创意策划、制作人、舞台监督等专业人才。如今，院团现有的创意型人才，无论是在数量还是在质量上，都远远不能满足业务发展的需要，严重阻碍了院团的创作生产。戏曲艺术中心要进一步探索有效的人才成长机制，重点要创新集聚和培养创意人才的有效政策与办法，使院团在创作、舞台、导演等方面拥有与事业发展相适应的人才储备。

（三）突破市场不够活、受众不够广的瓶颈

观众是戏曲生态环境的重要组成部分。然而，现在戏曲观众群年龄的整体老化，阻碍了戏曲艺术的持续发展。近年来，政府在戏曲艺术进校园方面、公益文化普及方面给予了一定的财力、物力支持，但戏曲观众老龄化的局面并未得到根本改变。未来五年，还需集聚政府、社会资源、院团自身等

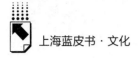
多方力量，在戏曲年轻化、戏曲观众年轻化上出举措、促成效，畅通传统戏曲与现代社会交流沟通的渠道，打造上海戏曲的专业宣传营销和普及推广的主阵地。

（四）突破院团领导干部队伍结构不合理、来源太单一的瓶颈

由于历年来文艺院团干部管理的惯性使然，过去几年中，上海戏曲艺术中心更新和配备了15名处级干部，但院团"干部荒"问题还须从机制体制上得到根本解决。2015～2020年，中心及所属院团达到退休年龄的领导干部有11位，占现有领导干部总人数的44%，其中4位为院团党政正职。上海戏曲艺术中心要努力拓宽渠道，吸纳一批"有创意、善经营、会管理，又熟悉艺术本体"的复合型管理人才，为戏曲事业可持续发展提供强有力的人才支撑。

B.4
发挥文化馆在建设现代公共文化
服务体系中的骨干作用

——以上海区（县）文化馆为例

陈起众*

摘　要：　本报告以上海区（县）文化馆为例，论述文化馆在建设现代公共文化服务体系中的骨干作用，着重从弘扬社会主义核心价值观、提升公共文化服务均等化水平、增强基层文化工作效能、推动公共文化与科技融合、发展公共文化服务社会化诸方面，阐明文化馆要在建设现代公共文化服务体系中，发挥文化导向作用、统筹推进作用、指导服务作用、示范引领作用和推动促进作用。

关键词：　文化馆　现代公共文化服务体系　公共文化服务均等化

　　文化馆是由政府设置、向社会公众开放、组织和指导群众文化活动的公益性文化事业单位，《宪法》第二十二条明确规定，国家发展为人民服务、为社会主义服务的图书馆、文化馆等事业，开展群众性的文化活动。中央"两办"颁发的《关于加强公共文化服务体系建设的若干意见》也着重指

　＊　陈起众，上海图书馆协会高级专家咨询委员会副主任委员，长期从事图书馆读者服务工作理论教育培训和公共文化政策法规教育培训，发表《上海农村文化调研报告》《文化大都市建设的基础工程》等论文四十余万字，曾获"全国群众文化三十年"征文二等奖、"第二届长三角公共文化论坛"论文一等奖。

出，文化馆是开展公共文化服务的骨干力量。2014年9月，文化部领导在中国文化馆协会成立大会上的讲话中特别强调："文化馆站以组织群众文艺创作、举办群众文化活动和普及文化艺术知识为主要任务，是培育社会主义核心价值观、传播和弘扬中华优秀传统文化的重要阵地，是开展公共文化服务的骨干力量"，"在中国特色社会主义文化建设，尤其是在构建现代公共文化服务体系中，文化馆发挥着独特的、突出的、不可替代的作用"。建设好公共文化馆是《宪法》赋予的责任，是发展和繁荣社会主义文化的重要载体和力量。

新中国成立以来，党和政府一直重视文化馆（站）建设，特别是近年来，把文化馆（站）建设作为中国特色社会主义文化事业的重要内容，放在文化改革发展全局的重要位置。上海在20世纪50年代已开始在全市各区（县）和街道（乡镇）建立文化馆（站），至60年代，已基本上形成市、区（县）、街道（乡镇）三级公共文化馆（站）设施网络，虽在"文化大革命"中遭到破坏，但自党的十一届三中全会之后，伴随社会改革开放的步伐，文化馆（站）不断得到巩固、加强与发展。从党的十六大以来，在"推动社会主义文化大发展大繁荣""建设文化强国"的精神鼓舞下，上海公共文化事业得到蓬勃发展，大力加强了以社区文化活动中心为重点的公共文化服务体系建设，三级公共文化馆设施网络更加健全壮大。至2014年，上海有市级群众艺术馆1家，区（县）级文化馆24家，街道（镇）级社区文化活动中心213家，为营造城市文化氛围、丰富市民精神文化生活、推动社会主义精神文明建设、促进经济社会进步发展，发挥了重要作用。

在上海三级文化馆设施网络体系中，市群众艺术馆是龙头，区（县）文化馆是中心，街道（镇）社区文化活动中心为基层服务点。区（县）文化馆处于网络体系的中间环节，既不同于高居网络体系顶层的市群众艺术馆，又不同于分布在大街小巷贴近市民百姓的社区文化活动中心。在本地区，它是连接上下、贯通纵横的区域"文化中心"。从纵向看，它上要与市群艺馆对接，下要与社区文化活动中心连通；从横向看，它要与体制外的社会文化组织、文化机构协调联络。在文化馆的网络体系中，它是传播文化信息的枢纽站、文化资源供给的集散点；还担负着对社区文化活动中心的业务指导职能，在地区文化行政主管部门组织开展群众文化工作中起到参谋和助手作用。如果把市群众艺术馆比作群众文化活动的司令部，社区文化活动中心就好似前沿阵地，区（县）文化馆则好比前线指挥所。它的地位作用是市群艺馆和社区文化活动中心所不能替代的，是网络体系的中坚力量。

纵观上海群众文化事业发展进程，区（县）文化馆在各自的区域内，担负着开展群众文化活动、组织群众文艺创作、普及文化艺术知识、丰富群众文化生活、指导基层文化工作、开展对外文化交流、保护非物质文化遗产等方面的职责任务，在城区的社会主义精神文明建设中发挥了重要作用。但是随着社会的进步和现代信息技术的迅猛发展，人民群众对精神文化需求的日益增长，党和政府从全面建成小康社会、建设文化强国的高度，从改善民生、保障人民群众基本文化权益出发，提出加快构建现代公共文化服务体系的目标任务，区（县）文化馆面临新的挑战和机遇。特别是近十年来，上海推进以社区文化活动中心（以下简称文化中心）为重点的公共文化服务体系建设，分布于街道（镇）的社区文化中心，规模范围扩大了，设施趋向先进了，功能逐渐完备了，资金投入也增加了。全市平均每个文化中心面积超过 4500 平方米，最大的文化中心面积达到 1.2 万平方米以上，区（县）文化馆设置的一些传统的阵地服务项目，如今在文化中心也具备了，市民走出家门不远就可享受到最基本的文化服务。在新形势、新任务、新挑战面前，区（县）文化馆的传统服务功能与运行管理方式已不合时宜。笔者有幸参与了文化部组织开展的全国第四次文化馆评估定级工作，了解到全市区（县）文化馆在破解这些发展难题中，做出了不少的努力，创造了不少新经验与新办法，从中获得一些启示。现以区（县）文化馆为例，着重说明在建设现代公共文化服务体系中，文化馆应如何适应新形势、新挑战，从哪些方面发挥好骨干作用。

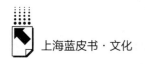

一 繁荣群众文化，弘扬社会主义核心价值观

社会主义核心价值观是先进文化的精髓，是文化之魂。中央"两办"《关于加快构建现代公共文化服务体系的意见》指出，构建现代公共文化服务体系要以社会主义核心价值观为引领，发展先进文化，创新传统文化，扶持通俗文化，引导流行文化，改造落后文化，抵制有害文化，巩固基层文化阵地，促进全社会形成积极向上的精神追求和健康文明的生活方式。这是现代公共文化服务体系建设的一项基本原则和首要任务。文化馆是政府举办，传播主流意识形态的重要阵地。让市民自觉接受社会主义核心价值观，使之成为每个人的价值标准与行为准则，是时代的要求，也是文化馆要长期履行的一项职责任务。

文化馆的力量，首先体现在"人人参与文化、人人享受文化"中。开展群众性文化活动，是文化馆的基本职能。繁荣群众文化舞台，最重要的是要有优秀的文艺作品，它决定文化舞台的价值坐标。区（县）文化馆贴近百姓生活，具有组织开展群众文艺创作的独特优势和有利条件，也是传播先进文化的重要载体与平台。近年来，本市区（县）文化馆，为升华舞台的文化内涵，唱响主旋律，在组织开展群众文艺创作、提供优秀文艺作品上花大力气、下大功夫。上海每年以举办"上海之春"新人新作大赛为手段，以"实现中华民族伟大复兴的中国梦"为主题，大力推动群众文艺创作，用文艺作品艺术地"讲述百姓身边的故事"，崇尚积极向上的人生追求、思想境界、生活情趣，生动地展示与形象地阐释社会主义核心价值观。比如嘉定区文化馆，组织文艺指导员深入街镇与农村，发掘创作题材，摸索出一条"区文化馆、文化中心、专业文艺人才"相互联动，"培训、创作、展演"三位一体的创作路径，在每年举办的"百姓大舞台"创作节目展演中，都会涌现出30几件原创作品。比如情景故事《憨到底》、"沪书"《领奖风波》，以诙谐幽默的口吻、接地气的细腻笔触，描写普通百姓的日常生活，讴歌生活中的真善美，传递社会正能量；舞蹈《小笼师傅》、女声合唱《古镇风情》，展示嘉定的地域特色与民俗风尚，让人们感受民族振兴、人民幸福的时代主旋律，在 2013 年"上海之春"群众文艺新人新作展评展演中，选送的 8 个节目全部获奖，在第十届中国艺术节"群星奖"比赛中，有 6 件演出作品获得"群星奖"，群众文艺创作呈现出生机勃勃的态势。又如虹口区文化馆，以小戏小品创作为特色，关注社会生活中的重大题材，坚持"抓导向、抓创作、抓示范、抓推广"，自 2004 年以来，共创作了 1000 多个作品。比如小品《实话实说》，反映人与人之间的信任，弘扬了高尚的诚信品格。该作品被改编成《一句话的事》，登上了 2010 年中央电视台的"春晚"舞台，并荣获 2010 春节联欢晚会语言类节目二等奖；该馆还培育小戏小品创作基地，与提篮桥街道文化中心合力打造多场次情景剧《告别最后的棚户人家》，描写了沐浴在阳光下的百姓，欢天喜地住进了新房。该剧下社区巡演了十多场，每次演完，都会得到老百姓的赞许。此剧的感染力，为虹口区所有旧城改造地带完成拆迁工作起到了促进作用。据统计，现在全市由区（县）文化馆建立的创作队伍 130 支，有创作人员 446 人。自 2002 年以来的十年里，全市原创的群众文艺新品新作共计有十余万件，在全国各类文艺竞赛中，有 1000 多项（件）获奖。全国同行对上海群众文艺作品的评价是：融思想性、艺术性、观赏性于一体，具有鲜明的都市风格和浓郁的生活气息。

依托群众文艺创作的新品、优品、精品源源不断地登上舞台，文化馆策划和组织的各类群众文化活动也日益丰富多彩。2014 年全市由区（县）文化馆于广场、工地、社区、农村、基层、商圈等地组织的各类群众文艺活动达 3441 场，协助承办的如"中国上海国际民间艺术节""上海国际合唱节""国际艺术节天天演"等大型节庆特色活动有 60 余场，参加人次逾 217 万。万紫千红的群众文化舞台，似"春风化雨、润物无声"，培育了健康向上的价值取向，为上海国际大都市增添了文化魅力。

习近平总书记在全国文艺座谈会上的讲话中指出："群众文艺等各领域都要跟上时代发展、把握人民需求，以充沛的激情、生动的笔触、优美的旋律、感人的形象，创作生产出人民喜闻乐见的优秀作品，让人民精神文化生

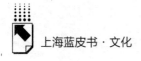

活不断迈上新台阶。"文化馆要发挥积极的文化导向作用，聚焦于实现中华民族伟大复兴的中国梦主题，把握人民需求，鼓励与推动社会力量合力加强群众文艺创作，提供优秀文化产品，用丰富多彩的群众文化活动，传承中华民族传统文化，弘扬和培育社会主义核心价值观，引导市民向上向善、凝神聚力，为实现"中国梦"而团结奋斗。

二　加大资源供给力度，提升均等化服务水平

满足人民群众基本文化需求，实现基本公共文化服务均等化，切实保障人民群众基本文化权益，是建成现代公共文化服务体系的目标任务。文化馆则是实现这一目标的主要渠道与重要力量，与社区文化中心等公共文化服务机构共同承担这项使命。在文化馆"三级网络"中，社区文化中心处在与人民群众最接近的位置，是市民参与群众文化活动，获取公共文化服务最方便、最基本的场所，责任尤为重大。但社区文化中心恰巧又是目前公共文化设施建设中相对薄弱的一环，虽然近年来设施设备改善了，但可供给服务的文化资源仍然不足，与市民群众需求存在相当差距。为解决社区、农村基层公共文化机构文化产品资源供给不足的问题，上海从 2004 年起，在推进文化中心建设的同时，启动了公共文化配送机制，建立起由上海东方宣教服务中心、东方讲坛、东方社区学校服务指导中心、东方社区信息苑、东方社区文艺指导中心、东方永乐农村数字电影院线等 6 家配送机构组成的公共文化内容配送系统，为社区公共文化服务机构提供宣传产品和演出、讲座、展览、培训、文艺指导、信息服务、农村电影放映等文化资源。2014 年，文化馆根据实际需求，打造公共文化资源配送体系升级版，以实现供需对接、提升公共文化服务均等化水平为目标，充分发挥文化馆的作用与力量，构筑起以市群艺馆为龙头，市群艺馆与区（县）、街道（镇）文化馆（中心）上下联动的三级资源配送供给体系，有效地提升了文化资源的供给与服务水平。

在三级配送体系中，各有重点。市级配送，以"保基本"为原则，注

重扩大产品供应主体，起示范性、引领性、指导性作用；区（县）文化资源配送，要求整合区域文化资源做"加法"，注重多样化和普及性；街道（镇）既是配送资源的承接主体，又须将服务向村（居）民综合文化活动室延伸拓展。在整个配送体系中，区（县）文化馆起到枢纽站、集散中心作用。比如浦东新区文化艺术中心，根据地域特点与人口情况，在接受市级资源配送的基础上，又整合该区资源，向基层实施差异化配送，以确保城乡文化资源供给均衡化。他们的资源配送，一手采取政府埋单、"竞标＋配送"的方式，吸引了上海歌剧院、芭蕾舞团、交响乐团、沪剧院、越剧院、滑稽剧团等市级专业院团甚至外省市的院团一起参与竞标，然后让基层派百姓代表选择"点菜"，"供需见面，双向选择"，组织"百场文艺巡演活动"。十年里，"百场文艺巡演活动"从最初每年百余场，增至2015年的500余场，累计各类文艺团体下社区、进基层演出已达3576场，426万余人次受益。另一手依托区域里的文艺资源，着眼于农村基层、广大弱势群体，组织"广场周周演""沿江沿海百村行""浦东文化巴士""公益电影进基层"等活动，向村居委、校园、军营、工地、敬老院等延伸。2014年"广场周周演"活动吸引了30万人次，公益电影放映360场、观众5万多人次，配送文艺指导员4000多人次，受益群众超过15万，从而使街镇和农村公共文化设施增强了供给服务能力。同时，他们还兼顾各类人群的文化需求，引导文化名人、名家、名团参与公益活动，让高雅文化进社区、下农村，普通市民在家门口也能享受高雅文化大餐，激发了市民参与文化的热情；他们还在小陆家嘴地区的楼宇、商场等白领集中区域，打造"陆家嘴文化圈"，组织开展了"陆家嘴浪漫滨江音乐秀""陆家嘴绿地诗会""陆家嘴好声音"等活动，让这里的白领人群也能有机会参与到适合他们的群众文化活动中来，全年参与人次超过12万，从而使公共文化服务的辐射面更广，百姓参与率更高。又如松江区文化馆的资源配送服务工作，在区文广局的支持下，以"万部图书、千场电影、百场文艺"为抓手，整合"我们的舞台我们唱""百姓明星""百姓书声""百姓书屋""百姓戏台"等群众文化系列活动中涌现的优质资源，为街道（镇）基层文化机构提供资源支撑。截至2014年底，对社区文化中心、文化广场、企业商厦以及外来务工者居住区、福利院、军营、村（居）委会、农民工子弟学校等，共配送文艺演出4400场、数字电影5.5万场、图书45万册、市级文化辅导员辅导8000课时，受益群众超过2000万人次。近年来为解决老年人视力差、身体弱、不能长久阅读和出门活动的实际问题，松江区文化馆特制了"百姓书声"收音机，听众能一键收听松江广播电台100.9兆赫特制的"百姓书声"专栏节目，可随时随地听书、听戏、听新闻，至今已向农村60岁以上的老人赠送"百姓书声"收听设备58000余件；同时，又配送U盘，可在全区185个"百姓书声"资源下载服务点，下载音频节目，让更广大的群众最方便地享受到具有松江特色的文化服务。

集聚优质文化资源，包括社会资源，向基层配送，在当下对于提高基层公共文化机构的供给服务能力、提升公共文化服务均等化水平，是一项有效的措施。市、区（县）、街道（镇）文化馆三级网络，要发挥联动效应，市级资源配送与区（县）配送形成互补，集聚整体力量，按需向下配送，为实现公共文化服务均等化起到资源整合、统筹推进作用。

三　加强业务辅导工作，增强基层文化工作效能

中央"两办"《关于加强公共文化服务体系建设的若干意见》指出，公共文化服务体系建设的重心在基层农村，并指出其业务工作由"文化部门指导"。公共文化服务体系建设，不仅是要建设好设施，更重要的是要用好与管好。《上海市文化馆管理办法》第十五条明确规定，"市文化馆应当对区（县）、街道（乡镇）文化馆（站）进行业务指导；区（县）文化馆应当对街道（乡镇）文化站进行业务指导"。上海市委办公厅、市政府办公厅颁发的《关于加强本市社区文化活动中心建设管理的指导意见》也指出：区（县）文化馆"对本区县内社区文化活动中心负有业务指导、公共文化资源支撑等职责"。显然，区（县）文化馆做好对街道（镇）文化中心的业务指导，是客观需要，也是政府交办的职责。事实上，长期以来，区（县）

文化馆也将业务指导工作纳入馆的工作计划，有的还成立了相应的工作机构——业务辅导部，并做了大量工作。但是业务指导的职责任务是什么？如何做好这些工作？各馆在理解上与执行的情况也不一样。有的馆将基层业务指导工作仅仅视为辅导部门的事，下基层服务只落在少数人身上；有的馆将业务指导工作局限在文艺技能的培训上，或对群众文化活动的策划指导上；有的馆将业务指导变成行政管理工作，开例会布置任务，如同文化主管部门；有的馆将基层业务指导工作同群众性的文艺培训等同起来。如何履行好对文化中心业务指导的职责任务，在这次评估中，有一些文化馆的做法很值得借鉴。

例如杨浦区文化馆，为了进一步落实区文化馆的公共文化服务功能，规范文化馆的基层辅导工作，全面推进基层公共文化建设，在征集文化中心需求的基础上，制定了《杨浦区文化馆基层辅导工作试行办法》（以下简称《办法》）。《办法》规定，基层辅导工作以指导社区文化中心工作为抓手，统筹安排文化示范点建设；业务指导工作要求进行有针对性的了解、分析、指导与服务，并通过文化中心加强所属区域内文化活动基地（示范点）的服务与指导。《办法》还规定要增加下基层专业干部人数，由文化馆领导带队，采取分组划片、定时定点定人，集中辅导和专项工作个别辅导相结合的方法。每周二至周四为"基层辅导日"，各辅导小组安排对所负责的街道进行集中辅导。《办法》还鼓励专业干部在每周定点定时服务的基础上，根据各街镇的需求在安排好馆内工作的前提下，增加个性化的服务量和服务内容，最大限度地满足基层文化工作的需求。《办法》还对辅导工作计划制订、辅导工作记录、辅导成果总结、辅导绩效考核评价等做出具体规定；要求年终总结以专题报告形式，反映基层辅导工作的绩效，并纳入年终考核与奖励范畴。目前，杨浦区文化馆参与基层辅导的专业干部，突破部门界限，由馆长领队，由创作指导部、理论调研部、"非遗"办公室等部门共同组成下基层队伍，共20人，分为3组，每组分别对接四个街道。可见，他们顺应了现代公共文化服务体系建设的要求，把握住区文化馆的工作特点和发展趋向，将基层的业务指导工作放在馆内工作的重要位置。该馆的业务辅导工

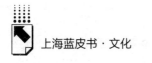

作主要做好以下几方面。

一是调查研究，把握政策。做好基层业务指导工作，首先要了解基层文化工作情况，开展调查研究，掌握政策，把握好发展方向。杨浦区文化馆针对当前文化中心工作的难点与重点，先后开展了"杨浦区公共文化资源配送工作的实践""吸引社会多元主体参与文化建设"等的情况调研，还联系区文化馆自身建设中的问题，研究新时期区文化馆与文化中心的关系问题，开展了"区文化馆功能定位的研究"。其中，关于公共文化资源配送工作的调研结果，被区文化局采纳，形成政府的规范性文件，推动了资源配送工作的深入开展。

深入实际，围绕公共文化服务体系建设这个主题，做好调研工作，调研结果不仅使业务指导工作更具针对性和有效性，而且可提供给文化主管部门作为工作决策的参考。比如崇明县文化馆也有这样的实践经验。该馆30位业务人员，分工负责联络各乡镇，下基层时，业务人员分工不分家，把了解情况、调查研究作为下基层的一项首要任务，平均每人每年达87天，先后完成《推进崇明文化体制改革》《乡镇特色文化指导意见》等的情况调研报告，尤其在了解乡镇、村文艺团队发展情况后，为县文化局制定《崇明县社区群众文艺团队评估定级办法》，提供了政策依据与措施办法，从而促进了各乡镇加大对群众文艺团队的建设和扶持力度，确保了团队活动场地和必要的活动资金，有效地推动了群众文化活动。

二是专业培训，提高素养。有目的、有计划地对基层公共文化服务机构工作人员进行培训，提高基层公共文化服务机构工作人员的素养和工作能力，是业务指导工作的一项必需的和长期的任务。杨浦区文化馆对12个社区文化中心的工作人员有计划地进行培训，四年来共举办了46期，内容有关于公共文化发展方向的，如学习习总书记文艺工作座谈会上的重要讲话，请专家讲《我国公共文化服务体系的发展趋势》《探索有中国特色的公共文化建设之路》；有关于加强文化中心自身建设的，如解读上海"两办"发布的《关于加强本市社区文化活动中心建设和管理意见》等文件，组织参观周浦镇文化中心，开展经验交流等；有培训专业知识技能的，如"上海城市文化云"网络平台建设，关于"非遗"的保护与传承——《化"死保"为"活保"——"非遗"资源的转化方略》等，从而推动社区文化中心服务与管理水平的不断提升。

三是深入基层，分类指导。各社区的文化中心，所处的环境和条件各有不同，发展水平也有差异，对各社区文化工作的业务指导，也应实施因地制宜、分类指导的办法。多年来，杨浦区文化馆一直注意对不同社区的文化中心进行有针对性的指导，致力于把文化中心打造成文化活动的示范基地。区文化馆与社区文化中心签订了共建基层文化活动基地（示范点）协议书，组织共建工作机构，文化馆指派专人负责全程指导，包括组织策划、活动开展、工作总结、经验提炼等。基层文化活动基地每季度至少组织一次综合的或者单向的群众文化活动，突出示范性和影响力。同时，区文化馆将基层文化活动基地建设成效作为文化馆业务人员下基层辅导工作的重要业绩指标之一，纳入职工绩效考评范畴。目前，杨浦区文化馆共设文化活动基地 18 个，其中社区 14 个、外来务工人员活动点 2 个、未成年人文化活动点 2 个。各个基地都有建设的重点，并形成特色。比如平凉社区文化中心的社区书画；殷行社区文化中心的节庆文化；五角场社区文化中心的"社区、校区、（军）营区、园区文化联盟"工作；定海社区文化中心的"非遗"进社区；江浦文化中心的白领文化、杭一小学的"非遗"进校园、陇泉公司的外来务工人员文化等，在全区公共文化建设中起到示范榜样作用。

突出重点、分类指导、培育典型、以点带面，是业务指导工作的一条重要经验。宝山区文化馆在指导中也采用这一办法，他们在充分了解区域特点与群众文化需求的基础上，帮助各街镇形成各具特色的文化活动品牌，如罗店镇的龙船、月浦镇的锣鼓、顾村镇的诗歌、山杨镇的民乐、杨行镇的吹塑版画等，将之培育成为市级乃至国家级的民间文化艺术之乡。

区（县）文化馆把工作重心下移，面向社区、农村广大群众，着眼建设现代公共文化服务体系的目标任务，加强对街道（乡镇）文化中心等基层公共文化机构的业务指导。这是一项重点任务，关系公共文化服务体系建设的整体、协调、均衡和可持续发展。指导的内容不限于文艺知识技能，更要立足提升文化工作效能，全面提高文化中心人员的职业素养、管理水平、工作能力。在指导的方式方法上，强调从实际出发，集中培训教育与个别分类指导相结合，突出重点内容，培育先进典型，破解发展难题。文化馆要发挥好指导服务作用，使文化中心工作有明确的发展方向、有具体的服务标准、有规范的操作流程，促进基层公共文化服务迈向社会化、专业化、标准化和均等化，全面提升工作效能。

四　推进数字文化建设，引领公共文化与科技融合

现代科学技术的迅速发展，广泛而深刻地影响人们的生产与生活，改变着人们的思维方式、行为模式和文化消费习惯。公共文化与科技融合是社会发展的必然要求，是满足人民群众精神文化生活需求的客观需要，也是实现公共文化服务均等化目标的重要举措。中央《关于加快构建现代公共文化服务体系的意见》（以下简称《意见》），强调公共文化服务与科技融合发展，要求创新公共文化服务手段，推进公共文化服务数字化建设，提升公共文化服务现代传播能力，增强公共文化服务效能。上海积极贯彻落实该《意见》，着力推进"文化上海云"公共文化服务数字化建设。拟定了《"文化上海云"建设三年行动计划（2014～2016）》，制定了技术标准和数据规范，要求在开展试点的基础上，各区（县）、各级文化场馆，在统一标准指导下，整合本区（县）、本单位公共文化资源，建设和运营本区（县）、本单位子平台，进一步推动公共文化资源的整合，建设公共文化基础信息资源库，提供文化导览、公共文化设施展示、在线阅读、在线活动、在线欣赏、在线文化辅导培训等数字文化服务项目。

在"文化上海云"建设的试点进程中，由区（县）文化主管部门牵头，联手全区（县）公共文化机构，打造数字文化平台，区（县）文化馆在其中发挥了重要的引领作用。比如闵行区文化馆，依托区文化主管部门搭建的"文趣闵行"信息平台，推进馆内数字文化建设，他们一方面将全区公益性文化单位、文化类社会组织、文化企业等与公益文化服务相关的资源和服务

整合，汇聚了"非遗"、群众文艺创作、民间文化技艺及艺术院团等具有地方特色的数字文化资源，聚焦于信息平台，满足公众需求；另一方面则将馆办的有关培训、讲座、演出、展览等信息在"文趣闵行"信息平台公示，开展线上线下互动，使网上预约、索票、窗口取票有序进行，并在馆内大厅中展示二维码，引导群众扫描使用，使市民及时看到各类信息，也可在家里打开"文趣闵行"，既能了解区域内公共文化服务信息，也可观赏区域里具有地方特色的各类文化资源。全区由此构筑起方便、立体、快捷的一站式公共文化服务信息平台。闸北区建立"智"文化服务平台，于2014年正式上线，平台上提供"百姓点菜""才艺我秀""文化地图""在线学习"和"视频点播"等服务项目。区文化馆为平台提供演出、讲座、团队才艺展示、教学培训等各类活动资源，市民可以使用电脑、手机、iPad等，打开"智"文化数字平台，就能便捷地获得各类文化服务；平台推出"网上预约"、"微信预约"，使市民百姓动动手指，就点好了文化大餐，所有免费票会很快被一抢而空，演出的现场更是座无虚席。据平台统计，不到一年，共注册用户达10万，开展线上活动37场，受益人次已达3万。

在应用新科技手段方面，长宁区民俗文化中心在馆内的阵地服务方面也作了有益尝试。他们利用多媒体技术手段，打造非物质文化遗产传承体验场。"体验场"运用悬浮投影虚拟陀螺和模拟电影胶片触摸屏，展示各个"非遗"项目的主要内容图片，用半环幕巨幅投影，营造出文化成果辉煌的气势，参观者还可用手掌接触触摸屏观看图片，感受文化发展的力量；长宁区民俗文化中心还用360全息投影技术，介绍古陶瓷修复技艺；用转换发条的点播模式打造的"八音盒"舞台，让参观者随意欣赏海派沪剧艺术的神韵风采；用电子触摸游戏的形式，展示法华牡丹的嫁接技术；还应用红外线感应等技术手段，向市民展示并让其体验长宁区各种非物质文化遗产保护项目。馆内阵地服务克服了传统展示和单向传递信息的弊端，应用新技术手段，让参观者获得全新的艺术感受。青浦区等文化馆，也开通了微博、移动手机客户端等，开辟了文化馆与群众密切联系的新渠道。数字文化的便捷服务优势，充分调动群众参与文化、享受文化的主动性与积极性。

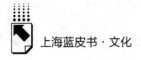

从这些馆的实践说明，在强化公共文化服务与科技的融合发展中，文化馆是打造公共数字文化服务的主阵地之一，在整合文化资源、搭建传播平台、发布文化信息、提供文化服务以及指导市民应用现代信息技术等方面，也可发挥示范作用和引领作用，为整体提升区域内公共文化服务质量和发展水平做出贡献。

五　创新运行管理机制，推动公共文化服务社会化

党的十八届三中全会决定指出，要推动公共文化服务社会化发展。中央《关于加快构建现代公共文化服务体系的意见》将"坚持社会参与"作为一项基本原则，要求"创新公共文化管理体制和运行机制"，激发各类社会主体参与公共文化服务，提供多样化的产品和服务，增强公共文化发展活力。上海各级文化馆长期以来在政府主管下采取单一化的运行管理模式，习惯以馆为中心、以"脚下"为主，一切依靠政府；在运行机制上也停留在自身的内循环上，很少与社会沟通，造成资源匮乏、经费不够、人才缺乏、活力不足。上海从2004年开始推进社区文化中心建设以来，一直致力于运行管理机制的探索创新。从社区文化中心试行委托社会机构管理，到整合社会文化资源搭建公共文化资源配送平台，再到2013年广发"英雄帖"、征集社会主体参与市民文化节，都贯穿了一条公共文化服务社会化发展的主线。我们十分高兴地看到，现在有越来越多的社会文化组织参与到公共文化建设中来，在市民文化节中表现得尤为明显。2013年参与市民文化节的社会主体有500多家，市民受益人次达2900万；到2014年参与市民文化节的社会新主体同比增加了30%，市民受益人次突破了3100万。可见公共文化服务社会化发展，顺应了市民不断增长的精神文化需求。2014年市文化广播影视管理局修订了《上海市文化广播影视管理局向社会购买服务管理办法》，建立政府向社会力量购买公共文化服务机制，公布了向社会购买服务清单，制定了社会化专业化管理的制度办法，助推社会力量参与公共文化服务。

区（县）文化馆近年来也努力改革运行管理机制，利用自身在区域里

的特殊地位，统筹协调社会文化力量，推动公共文化服务社会化发展。徐汇区文化馆，依托区文化局的有利政策，整合区域内各类可利用的社会文化资源，采取购买服务、招标评审、共建共享等组织模式，搭建"艺享徐汇"的公共文化资源配送平台，吸纳了 63 家社团、民非组织、文化公司，共208 个项目参与公共文化服务，内容涵盖演出、讲座、展览、茶艺、书画等，资源配送服务到全区 13 个街道。该馆还利用区域内拥有 80% 以上的市文艺院团的优势，加强与这些市属文艺院团合作，以项目运作为抓手，完善共建共享机制，共育徐汇先进文化。徐汇区文化馆先后与上海音乐学院合作，举办"徐家汇公园星期音乐会"，从 2012 年起在每年的 10 月共同举办"当代音乐周"，让市民领略国际水准的音乐演出及艺术讲座；与上海京剧院、沪剧院、越剧院等市属院团合作，在衡山电影院举办"衡山·戏曲名家汇"，邀请戏曲名家表演传统经典曲目，以公益性优惠价面向社区百姓，让市民在花园式影剧场中欣赏到低价位、高品质的名家名段的精彩表演；与上海芭蕾舞团合作，普及芭蕾舞知识，让高雅艺术走进寻常百姓生活；与上海交响乐团合作，举办"市民文化节演奏大赛"；还携手"九乐堂"曲艺表演团队，为社区送去相声、快板、滑稽戏等节目。杨浦区文化馆则着眼于吸引广大的民非组织、文化团队参与公共文化服务，如携手"星缘妈妈志愿者服务队"，创办"IGO 青年联谊社"，搭建青年文化交流平台；牵手"佑肯"传媒旗下的"百领社相声俱乐部"，成立"百领乐堂沙龙"，举办慈善义演，为贫困家庭的白血病患儿募集善款；联合上海市阳光青少年事务中心杨浦区社工站，建立"小海豚"工作室，为外来建设者子女开设艺术学堂；联动金盾艺术团，开通"绿色音符"文化服务热线，助推"军地文化圈"建设；等等。

在探索社会化发展过程中，文化馆还在管理制度上进行改革。嘉定区筹建公共文化服务议事会，成员由文化团队、社会组织、文化领域行业组织和机构、文化志愿者等代表组成，通过议事会共商共议嘉定区公共文化服务工作，发挥社会公众在公共文化建设和发展中的促进作用。杨浦区文化馆试行法人治理结构的运行管理模式，由专业人士和社会群众代表人士共同组成理

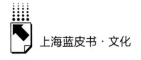

事会，建立意见征询、信息推送和反馈机制，发挥理事智囊作用。

构建现代公共文化服务体系，需要充满生机与活力的体制机制作保障，区（县）文化馆为之进行了积极的探索与实践。实践也已证明，在公共文化服务社会化发展方面，区（县）文化馆有条件也有可能走在前列，起带动作用与促进作用，使公共文化服务活力与动力全面增强，逐步形成"政府主导、社会支持、市场运作、群众受益"的新格局。

在社会主义文化大发展大繁荣的背景下，上海文化馆事业在各级政府的领导与支持下，在上海市群众艺术馆的统筹协调与业务指导下，着眼构建现代公共文化服务体系的目标任务，坚持公益性、基本性、均等性、便利性要求，在群众文化活动的组织策划、群众文艺的创作推广、公共文化资源的供给服务、基层文化工作的业务指导、数字文化的建设传播、社会化运行机制的探索创新等方面，取得较大进展，发挥出文化导向、统筹推进、指导服务、引领示范、带动促进等作用，是公共文化事业中不可缺少的骨干力量。在建设"文化强国"的大目标下，在上海要加快建成国际文化大都市的任务面前，上海各级文化馆尚须进一步找准定位，厘清发展思路，坚持以人民为中心的工作导向，勇于开拓创新，强化"引领示范、服务基层"的作用，为满足市民不断增长的精神文化需求，为上海率先建成现代公共文化服务体系，为加快实现建设国际文化大都市的目标做出更大贡献。

B.5
从调查与数据分析看上海
公共文化的功能提升

——以长宁区为例

虞又铭 王毅*

摘　要：　本报告通过对长宁区各个层次的社会人员展开调查问卷，整理收集表格与数据，进行分析，指出：公共文化服务体系目前组织的文化活动、提供的文化服务体现了三个特性：①兴趣性；②展演性；③公益性。这三个特性是公共文化活动组织工作所必需的，但也留下一定的欠缺，即"凝聚性"和"互动性"不足。"凝聚性"不足，是指目前公共文化活动的主要参与者是中老年人士，青少年人群的参与比例很小，公共文化所应有的凝聚力未能充分发挥。"互动性"不足，是指各种活动虽多但人们的交流机会不多。调查显示，绝大部分参与者渴望有更多的交流和互动。而从社会表演学的理论视角出发，将其贯穿到公共文化活动的组织中，能够帮助我们综合地解决"凝聚性"和"互动性"两方面的问题。

关键词：　公共文化　凝聚性　互动性　社会表演学

目前，社区公共文化已成为上海市文化发展的重要组成部分，各区、各

---

* 虞又铭，华东师范大学对外汉语学院副教授；王毅，上海社会科学院文学研究所副研究员。

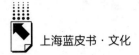

街道都在社区公共文化的发展上投入较大的人力、物力、财力。长宁区目前在这方面走在全市的前列。除了长宁区文化艺术中心常年举办各种文化活动外，各个街道也都设立了文化活动中心，既与区文化艺术中心保持着一定的协调与合作，也自行开展各种各样的文化艺术活动。这样，区级与街道的文化活动相互补充，形成丰富多彩的局面。

当然，我们也需要不断总结，既保持成功的方面，也完善有所欠缺的方面。因此，为准确把握社区居民的想法及感受、希望与需求，我们对长宁区社区公共文化的现状作了抽样问卷调查。

在这次调查统计当中，我们看到长宁区社区公共文化的建设在各个方面都已取得重要成果。公共文化的覆盖面、丰富度和长效性都已达到一定程度。绝大多数参与调查人群表示对当前文化活动的满意与支持。但同时，全区公共文化的发展仍有着巨大的上升空间。为此，我们从定位、模式、硬软件具体因素等方面对公共文化的现状与发展作了着重的统计和分析，相信它较为客观地呈现了目前的状况和今后的可能性，能够为公共文化的发展提供有益参考。

本次调查的对象为长宁区下属五个街道的居民。这五个街道分别为江苏路街道、周家桥街道、天山路街道、虹桥街道、仙霞路街道，它们占全区十个街道的一半。调查共发放问卷 300 份，回收 252 份，回收率为 84%。回收的问卷均为有效问卷，其中有少数问卷在个别题目的回答中有空缺情况，在总结分析中均作为缺失值处理。

一 参与活动人群的基本构成与社区公共文化的定位

目前长宁区社区公共文化的开展，在男女性别分布上呈现出较为平均的局面。男性参与者的比例与女性参与者的比例相对接近（见表 1）。这体现出目前的社区公共文化的内容比较全面和丰富，能够吸引男性和女性居民共同参与。但在年龄分布上，数据显示参与人群的年龄层次过于集中，50 岁以上的群体占据了全部人群的 83.7%，这意味着中老年人群是当前社区公共文化的参与主体。这虽然说明处于退休前后的中老年人群拥有社区文化这样一个生活窗口,可以找到工作之外的生活空间,但这一数据同时也说明了当前社区文化对年轻人的吸引力和内容的广度仍然不够,亟待改进。当然,鉴于调查问卷的时间限制,寒暑假期间年轻人群的公共文化参与可能会更多、更频繁,但即便如此,在平时数据最高仅为5.9%的情况下,寒暑假期间年轻人的文化活动参与度估计仍难达到理想水平。

表1 参与调查人员基本数据

单位: %

总人数统计	男性	43
	女性	57
年龄分布(岁)	10～19	1.7
	20～29	5.9
	30～39	3.3
	40～49	5.4
	50～59	38
	60～69	34
	70～79	11.7
受教育水平分布	小学	1.4
	初中	18.8
	高中	43.7
	大学	36.2

类似的问题也体现在受教育水平的分布上。从数据可以看出,占据最多比例的人群是高中学历人群。而高中、初中、小学人数之和占据了全部人数的63.9%。学历层次偏低,也使得社区文化活动难以产生更为广泛的影响。

事实上,关于年龄与受教育程度的调查数据结果与现实的观念指导是密切联系的。在访问过程中我们了解到,有不少街道就明确表示社区文化活动的组织主要针对的是中老年群体,是满足社区居民的基本文化需要。这可以说是目前社区公共文化的普遍定位。应该说,这一定位是相当务实的,且照顾到相当比例人群的文化活动需要。但社区文化除了给中老年群体提供服务外,还可以发挥社会资本积累、文化沟通、自我实现等一系列功能,这些功

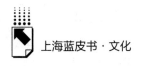

能的实现对于社会的健全与和谐同样是不可或缺的。也就是说,社区公共文化的发展和使命决定了它必须承担更多的功能和角色。而要做到这一点,社区公共文化就必须首先扩大它的覆盖面,吸引更多的中青年和高学历人群前来加入。

当然,正像街道负责人所说,代沟、文化层次和兴趣的差异使得社区公共文化难以吸引到更多元的人群。这些确实是客观存在的困难。但要实现社区公共文化定位的转变,也不是没有可能。

统计显示,具有大学学历的公共文化参与者毕竟占到36.2%。当然,并不是说社区公共文化要定位在高学历人群,这是不切实际也相当片面的。但我们不能忽略,现有的高学历人群是我们拓展社区文化覆盖面的一个可资利用的现实基础。这一群体的经验、知识和能力,如果得到恰当的组织和发挥,就可以形成一股力量,带动提高社区人群的文化品位,丰富社区公共文化的内容,进而对其他高学历、中青年人群产生吸引。

再进一步说,拓宽社区公共文化的覆盖面、提升它的定位,已经不是一个从长计议的话题,而是亟须解决的问题。问卷数据就显示了当前社区文化参与人群在这方面的需要。

表2是问卷中的两道题,从相关回答的统计可以看出,有90%的人明确表示希望有更多的年轻人参与到自己的活动中来。这一比例在三个选项的统计中是压倒性的。它提示我们,自娱自乐其实并不能完全满足中老年人的文化需要。他们渴望接触新鲜的人、新鲜的事、新鲜的看法、新鲜的知识。这样一种普遍存在的心理需要,不能被忽视。

表2 对青年人群的接受态度

单位:%

题目:我参加的文化活动		题目:我参加的文化活动	
中老年人居多	91	希望有更多年轻人参加	90
青年人居多	6.9	不需要更多年轻人参加	8.7
差不多	1.6	无所谓	1.2

所以，我们目前的公共文化定位，应适当地、逐步地提高，在满足中老年人基本文化需要的同时，着重开拓渠道吸引更多年轻人和高学历人群的加入。

二 总体满意度与互动性的增强

在讨论完当前社区公共文化的定位之后，我们再来看一看当前文化活动本身所取得的成效和存在的一些基本问题。

在本次问卷调查中，对目前长宁区公共文化活动，表示"很满足"及"比较满足"的人数比例达到91%。这显然证明了长宁区社区公共文化建设的成功，绝大多数参与文化活动的百姓获得积极、正面的感受。这是对长宁区各级文化管理部门所付出努力的最好的肯定。

当然，我们也发现了一些问题和缺憾。其中最为突出的一点在于，互动性还没有在我们的组织工作中得到充分重视。互动，在此主要有两个基本方面：一是指单个文化活动团体内部，成员在活动过程中与活动结束后的互动与联系；二是指在某一类别的文化活动中，各个团体之间的互动与交流。在我们的调查中，团体内部的互动与联系是较为充分的（见表3）。大多数参与活动的人们与同伴保持着联系和交流，即便是在活动结束之后。这样一种互动局面有助于形成社区人际良好的情感循环。

表3 交流情况

单位：%

与同团体伙伴在活动结束后	经常联系	23
	有联系	47.4
	很少联系	25.4
	没有联系	4.3
文化活动的各团体之间	应增加交流	93
	无须增加交流	7

但是，各团体之间的互动与交流存在着明显不足。有93%的受访者表示各团体之间应增加交流，持相反意见者只占7%。如此压倒性的比例表

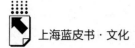

明，当前各文化团队之间的互动尚未达到人们的期望值，人们希望与更多的、兴趣接近的伙伴展开交流。团体之间的互动其实是非常重要的，我们可以以一个小小的例证来加以说明。

在长宁区社区公共文化的重要场所中山公园里，太极拳活动是一项重要活动内容。人们由于对太极拳的兴趣或其他原因形成多个团体，活跃于公园的各个角落。这种多团体的分布本应是一件好事，有利于该项文化活动的发展。但互动与交流的缺乏，却使得团体之间产生许多不必要的矛盾。在探访中，笔者在"音乐广场"参加了两个太极拳团队的活动。两个团队均练习的是陈氏太极拳，但双方互相贬低，一个团队的领头人甚至向笔者介绍说另一团队的领头人"路数不正""武德不好""父子有债务矛盾"等。且不论这些看法真实与否，但越是缺乏互动与沟通，这些看法就会越来越多。文化组织者应该进一步发挥联系与纽带的功能，为各个团队搭建互动的平台、提供交流的机会，从而最大限度地减少这类不必要的隐性冲突。这将有助于社区公共文化达到数量多元、质量和谐的目标。

事实上，从这次调查的数据统计本身也可看出互动与交流在社区公共文化中的重要性。互动与交流直接影响人们在文化活动中获得切实的幸福和满意，我们以"朋友"——互动交流最重要的形式为例，来对此加以说明。

表4中的问题统计了社区人群参加文化活动的收获情况。这一题是多选题，计算下来有24%的人选择"朋友多了"。从绝对数值来说这并不算多，可是，当我们引入另一组数据作相对值统计时，就可以看出与"朋友"的互动对于人们的满足感有着怎样重要的作用。

表4　参加文化活动的最大收获

单位：%

参加文化活动的最大收获	
朋友多了	24
知识和能力增长了	26.4
身体健康、心情愉快	49.6

表5显示，参加社区公共文化活动使人们的烦恼和问题或多或少地得到解决，这可以说是文化活动对人们生活的一种实际帮助。而更为重要的是，在文化活动中获得实际帮助越大的人群，其选择"朋友多了"的比例也越大（见表6），或者说，这一因素越是高比例地出现，文化活动给人们带来的满足感也就越大；反之亦然。不可否认，与"朋友"的互动交流往往是人们在文化活动中获得满足感的决定性因素。

表5　是否有助于解决生活中的烦恼和问题？

单位：%

	很有帮助	有帮助	没太多帮助	没帮助
参加目前的文化活动是否有助于您解决生活中的烦恼和问题？	25.3	58	13.5	3.2

表6　是否有助于解决生活中的烦恼和问题？

单位：%

		同时选择"朋友多了"
很有帮助	25.3	43
有帮助	58	25
没太多帮助	13.5	17
没帮助	3.2	0

在上述分析与统计中，"朋友"因素的重要性不言而喻，这其实彰显的正是互动因素对于提升公共文化品质的重要作用。所以社区公共文化活动的组织工作还应更多地着眼于"互动"方面的设计。如果说文化团队内部的互动可以由参加者自发进行的话，那么团队与团队之间的互动则需要政府文化部门提供更大的平台、更多的机会。事实上，社区人群已经表达出这方面的强烈愿望（见表7）。加强这方面的工作，将有利于从整体上拓宽社区公共文化的互动空间，有利于营造出长效的互动机制，从而更大程度地提升文化活动给人们带来的帮助及由此而生的满足感。

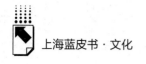

表7　政府的作用

单位：%

	完全同意	同意	无所谓	反对
对于政府协助和支持各团体间的交流	54.7	36.7	8.2	0.4

三　专业指导的迫切需要与信息渠道的拓宽

我们从以上活动模式的角度，看到了互动性对于社区公共文化活动的重要意义，以及当前加强互动性建设的迫切性。此外，在文化活动中还有一些具体的硬件、软件因素需要得到进一步关注。

在硬件配套上，目前全区各街道的文化中心都已经达到较高水平。各街道文化中心都配有小教室、大礼堂、上网室、活动室等各类活动空间。并且，各中心都提前制定了使用时间表，使这些活动空间能够得到充分、合理的利用，表8就充分说明了这一点。但同时我们也不能忽视，表示活动空间"不太够用"和"不够用"的意见合在一起也占到41.3%。虽然说这个比例还不足一半，但仍然表明活动空间亟待拓展。

表8　空间场所

单位：%

	完全够用	基本够用	不太够用	不够用
关于活动空间场所的统计	17	41.7	25.6	15.7

在我们的走访调查中，各兴趣活动小组大约每周能使用街道文化中心的空间一次。当然，公园或其他场所同时也是社区居民开展活动的空间。但有些活动项目对室内空间需求较大，如舞蹈、戏曲、编织等。对于这些活动项目，街道文化中心应设法提供更多的空间，否则对于活动的开展会产生一定的阻碍作用。比如在江苏路街道，笔者曾观摩过"春之声"舞蹈队的排练活动，由于每周只能使用一次文化中心的教室，因此在整个活动过程中成员

们都保持着高度的紧张感，以最快的速度完成每一项活动内容，充分利用每一分钟时间。这当然一方面体现了参与者的团结和热情，但另一方面也显示出参与人员因为场地时间限制而承担了过多的紧张感，这是社区公共文化发展中应尽力避免的状况。

而在软件方面，也有一些因素值得关注。一是专业指导的进一步加强，二是信息渠道的进一步拓宽。

目前的社区公共文化活动主要是以社区居民自行活动为主的。在居民的活动中，文化部门会提供相关的专业支持和技术指导。譬如"东方宣教中心"会以月或周为单位，向各街道配送相关专业人员，为社区居民带来音乐、舞蹈等方面的专业指导。上文我们所提到的江苏路街道的"春之声"舞蹈团就是定期地通过这个资源来提高自身的舞蹈水平。应该说各街道、各团体目前都拥有了一定的专业技术指导。

但是问卷统计的数据却告诉我们，现实的需要似乎远高于我们目前达到的水平。对于自己所从事的文化活动，有 76.8% 的人表达了愿望，希望得到更多的专业指导和支持（见表9）。并且，表9 还向我们说明了另外一个问题，即社区人群并没有把文化活动视作纯粹的娱乐和消遣——持此看法的人群只占 16.5%。因此表9 的数据给我们提了一个醒：社区人群参加文化活动，除了满足娱乐消遣方面的需要外，同时还有着进一步提升技艺、完善自我的愿望和渴求。表10 更是以直接的数据再度证明了这一点：目前活动人群对知识性和艺术性的渴求明显处于一个高位，希望在文化活动中丰富见识、提高艺术水平；相对来说，大众对娱乐性的需要已不再占据主导位置。因此，为社区文化活动进一步引入专业指导和技术支持具有一定的紧迫性，这将有助于公众在活动中获取更多的相关文化知识及艺术修养。

表9　是否需要专业指导

单位：%

回答	需要更多专业指导	自娱自乐，无须专业指导	无所谓
占比	76.8	16.5	6.7

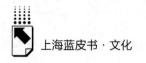

表10　文化活动缺乏什么？

单位：%

回答	知识性	艺术性	教育性	娱乐性
占比	30.7	28.3	23.6	17.5

对于专业指导和技术支持的需求，其实并不仅仅来自社区百姓，同时也引起不少街道文化部门负责人的关注。比如仙霞街道的陈瑾豫主任在热情、详细地介绍本街道文化活动情况的同时，就谈到这方面的问题。陈瑾豫主任希望街道文化中心都能配备固定的专业人员和技术人员，这样既可以更多地为各类文化活动提供指导和支持，同时也可以避免在组织专题活动时出现无人可用的情况。而目前的实际情况是，行政、组织力量远远大于专业力量，相关人员编制及配给尚不够全面。

要解决文化专业人员及相关技术人员缺失的问题，除了东方宣教中心的支持外，目前可以有三个渠道同时运用。一是各街道文化活动中心及区文化艺术活动中心扩充编制，自行招聘相关人员。这一工作在实际操作中确实存在困难，首先是各街道及区文化中心编制有限，其次是当前艺术院校的不少毕业生并不将公共文化事业视为其第一选择。这两个困难有待于相关人事政策的调整及就业指导观念的变化。二是利用友邻单位如大专院校的资源。比如在虹桥路街道，友邻单位上海戏剧学院舞蹈学校大约每个月会去做一次表演；在长宁区文化艺术中心，上海音乐学院也有每月一次的专场演出；而江苏路街道文化中心也向上海戏剧学院咨询过是否有节目可以提供。但看得出，目前这些友邻单位提供的主要还是各种表演性质的"节目"。今后，政府部门完全可以与大专院校达成更多的协定，要求提供更多的专业艺术指导及技术支持。与友邻单位的合作，还包括与区内或街道内企事业单位的合作，许多单位也很热心于公益文化事业，它们是一股可资利用的力量。当然，从合作关系上讲，友邻单位对社区公共文化的各角度参与，既可以是公益、志愿者服务性质的，也可以是带有一定商业性质的操作，应视具体情况而定。

　　在软件方面，信息渠道的拓宽也是值得关注的方面。我们以讲座信息为例来进行说明。表11是对区文化艺术中心的讲座信息传播情况的统计。区文化艺术中心每年有很多讲座，主要以"东方讲坛"为主。这是一个非常优质的文化资源，但从统计数值上我们可以看到，它的信息发布尚未充分覆盖到全区。在回答"没有参加讲座的原因"时，答案为"不知道"的人数比例为54.1%，在四个统计项中位列第一。这在一定程度上显示了信息发布渠道的不畅。事实上，在区文化中心参加讲座的人并不在少数，可以说在其周边附近的居民大多能获知讲座信息。但关键在于距离较远的各街道的信息传递，在回答中表示"路太远"的只占12.9%，就说明大多数的社区居民并没有把距离看作一个主要问题。如果有自己感兴趣的讲座，他们还是会去参加的，主要问题还是不能方便、及时地得到信息。

表11　讲座信息的知晓率

单位：%

回答	不知道	没时间	路太远	没兴趣
占比	54.1	27.3	12.9	5.7

　　拓宽信息渠道，就必须加强区文化艺术中心与各街道文化活动中心的信息共享，实现文化活动信息的同步发布。在发布方式上目前有现实和网络两条途径：第一是在区及各街道文化中心以通告方式出现，也可以将通告分转至各居委会，请其定期协助发放；第二就是利用电脑网络。长宁区政府的门户网站可以作为网络发布的主体。目前，该网站的"新闻中心"一栏主要以新闻报道为主，对于本区文化艺术活动的提前预告则很难看到。这就使该信息平台原本具有的重大作用受到限制。加强这一信息平台的作用，首先应使其与区各部门保持信息上的沟通与同步。譬如，2009年6月的文化遗产日活动，长宁区有四处景点参加，而在区政府网站上，直到6月14日即活动结束的那一天才贴出相关新闻稿。并且，我们随即拨打网站电话，相关人员也无法提供关于此次活动的进一步信息。这种网站信息的滞后局面应有所改变。也就是说，我们应使区政府网站这个平台在文化艺术活动方面更多地

扮演"预告"角色,而不是"报道"角色;它应成为长宁区各街道文化艺术活动信息的发布总平台。建设这样一个网络平台,有利于区范围内文化艺术活动参与人群的增加,有利于各区域人群之间的汇通和交流,这在总体上对于社会的整体和谐度将产生有益的影响。

四　关于长宁区图书馆的进一步利用

图书馆在公共文化的建设中占据着重要的地位,扮演着文化中心的角色。在本次调查问卷中,我们就涉及长宁区图书馆的统计,这指的是长宁区图书馆吸引力因素的统计。

通过表12的统计我们可以看到,长宁区图书馆吸引力指数最高的因素是它优越的硬件环境,接下来是它的图书藏量,指数最低的是"文化活动"。如果说安静的环境属于其硬件建设,图书提供属于其软实力,那么文化活动则属于图书馆的衍生产品。这三方面吸引力因素目前尚没有形成完全的平衡,问题主要在于文化活动的吸引力明显低于其他两个方面。

表12　图书馆的吸引力

单位:%

回答	那里书多	那里文化活动多	那里安静
占比	38.4	18.3	43.3

其实,长宁区图书馆的文化活动并不少。目前的活动主要以书籍、绘画为中心,以阅读和展览为形式。这些活动完全围绕图书馆自身的资源条件开展,使资源得以充分利用。比如,读书活动就可以更加多元,并且建立长效机制。在这一方面,我们可以借鉴国外图书馆的操作经验。比如美国波士顿剑桥公共图书馆,就设立了"亲子读书会""少女文学讨论会""当代美国读书会""少儿读书会""名著读书会"等一系列常规读书活动,定期组织社区成员阅读讨论。丰富的选择使整个社区居民积极响应。以长宁区图书馆的资源和条件,同样能够为社区居民提供多元选择和更多

的参与机会。

与此同时，图书馆的文化活动应进一步拓展，把图书、绘画等自身资源的外延充分发挥出来，比如举办戏剧活动、绘画比赛、公益活动、社区创意展览等。图书馆组织和举办这些活动，既有自身的文化资源可以利用，同时也有区内各街道、区文化艺术中心及相关单位作为支撑力量，因此完全能够胜任与担负。比如，周家桥街道文化中心就曾在街道小区内组织过义卖活动，产生良好的影响。如果长宁区有类似的社区居民图书义卖活动就可以由长宁区图书馆来举办，这既可促进社区各处人群的交流，也可更大规模地养成文化自觉与公益风气。因此，长宁区图书馆作为本区重要的文化中心，在保持"读""看""听"等活动的基础上，还应加强"说""演""做"等文化活动的建设，丰富社区居民的文化选择，多角度地提升参与人群的文化品格。

五 社会表演学理论的引入与公共文化功能提升

因为时间和各方面条件的限制，本次调查统计尚不够全面。既有地域覆盖面上的欠缺，也有调查对象上的局限。为此，本次统计的数据与结论均有不足之处，这也是笔者深感遗憾的地方。笔者也会进一步扩充相关数据，完善各方面的分析。但无论怎样，相信这次统计分析还是在一定程度上反映了长宁区当前公共文化活动的总体情况及社区居民的迫切需求，希望能为政府部门以后工作的开展提供参考。应该说，长宁区当前的文化活动已经形成雄厚的基础，孕育着更大的可能性，它呼唤着我们做出更多的努力使它更加丰富多彩。

根据目前的现实需要，公共文化服务体系的工作重心并不一定是制作好完整的节目"展演"给社群民众，或是为诸多团体增加更多的空间和活动平台，或是为社区学校带去更多新的科目。这些的确是需要的，是公共文化服务体系的重要组成部分。但当务之急不是"内容"上的增加，而是活动模式上的调整，应以生动的情境吸引更多的人群，以更多的互动加强情感效

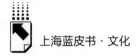

果，从而使公共文化活动的凝聚力得到实质性提升。

相关部门可以从社会表演学①的理论视角，在实践上引进教育戏剧活动、调整慈善文化活动模式、丰富节庆文化内涵、尝试新型广播体操活动等。在这几个方面的实际操作中，需要强调的是在活动中创造情境、分配角色、建立象征、设定情节、强化过程，从而提供角色扮演的机会，满足身份归属的需要，增加互动交流的可能，进而提升当前公共文化活动中的"凝聚性"和"互动性"，使公共文化服务体系的功能得到进一步完善。

事实上，公共文化活动中可以体现我们这一努力方向的方面还有很多，报告未作论述，比如"跨文化对话"活动。国际性是长宁区的一个重要特点，因此公共文化的凝聚对象，理应包含国外友人。而吸引国外友人参与、加强中外之间的互动，最为生动的方式就是为其提供社会表演的机会，包括文艺表演、礼仪表演、生活场景表演等，并在其中设计与我国民众的互动环节。具体地说，可有下述几种活动形式。

第一，戏剧表演与跨文化对话：唱歌、跳舞等活动是社区活动常见的形式，但整体性的、配合性的戏剧演出却是社区文化所缺乏的。例如，选定生活中的某一主题，中国和外国居民自行组织情节进行排练和表演；表演完之后进行相互之间的提问与解答，从而在相同主题下了解不同文化之间的差异。

第二，广播体操与跨文化对话：探索广播体操（作为社会表演文本）与文化身份之间的结合。广播体操可由社区居民自行改编，加入本土文化元素，再由外国友人进行点评和建议。从这一过程中，了解外国人对中国文化的理解和期待。

第三，礼仪规范与跨文化对话：礼仪承载着民族的性格、社会的传统，在相互展示与学习中，切实体验对方的文化思维。

---

① 关于社会表演学理论，可参看此理论的提出者上海戏剧学院孙惠柱教授的《社会表演学》（商务印书馆，2009）。

　　第四，文学朗诵与跨文化对话：选定一定的中外文学篇目，各国居民进行阅读，然后一起探讨。在阅读过程中，阅读者对他国文学产生不理解之处，均可由此展开对话，如主题比较、抒情方式比较、叙事方式比较、审美期待比较、思维模式比较、自然观的比较等。或者，阅读者在阅读他国文学的过程中，会产生共鸣。

B.6
政府创新大型剧院管理体制的
实践与探索

——以上海东方艺术中心为例

朱艳丽 杨 杰[*]

摘　要：　上海东方艺术中心早在十年前就采用了将剧院所有权和经营
　　　　　权相分离的运营管理模式。浦东新区政府从完善制度设计、
　　　　　实施引导监督、开展综合研究等方面入手，由"办文化"向
　　　　　"管文化"转变，引导经营方向的同时兼顾市场化运作和公
　　　　　益性导向，探索出一条"商演为主""公益为重"的独特发
　　　　　展道路，获得经济效益和社会效益的双丰收。本报告从政府
　　　　　的角度，总结上海东方艺术中心创新管理体制和运行机制的
　　　　　做法和经验，并对其未来发展提出建议，希望能为今后类似
　　　　　的大型文化设施的运营管理提供借鉴。

关键词：　剧院管理　所有权与经营权分离　市场化运作　公益性导向
　　　　　培育文化消费

　　随着经济社会的发展和市民物质生活水平的提高，人们对文化的需求越
来越强烈，而且逐步呈现出高品位、多样化的态势。大型剧院作为城市文化
建设的重要阵地之一，在丰富优秀文化产品供给、满足市民多层次文化消费

---

* 朱艳丽，上海东方艺术中心工作人员；杨杰，浦东新区宣传部（文广局）工作人员。

需求、推动中外文化艺术交流、提升城市文化形象等方面，发挥着不可替代的作用。

党的十八届三中全会审议通过的《中共中央关于全面深化改革若干重大问题的决定》指出："完善文化管理体制。按照政企分开、政事分开原则，推动政府部门由办文化向管文化转变，推动党政部门与其所属的文化企事业单位进一步理顺关系。建立党委和政府监管国有文化资产的管理机构，实行管人管事管资产管导向相统一。"

上海东方艺术中心作为"十五"期间较早建设的大型剧院，早在其2005年7月正式运营之初，就极具前瞻性地采用了所有权和经营权分离的运营管理模式。经过十年的实践，在创新国有文化资产管理体制、推动"管办分离"、实现社会效益和经济效益相统一、培育和促进文化消费等方面，进行了积极有效的探索，取得显著的成绩。本报告拟从政府的角度，总结上海东方艺术中心创新管理体制和运行机制的做法和经验，同时对其未来发展提出建议，希望能为今后类似的大型文化设施的运营管理提供一定的借鉴。

一 上海东方艺术中心基本情况

上海东方艺术中心（以下简称"东艺"）坐落在浦东新区花木行政文化中心区域，是上海的标志性文化设施之一，由上海市政府和浦东新区政府共同投资10.93亿元兴建，由法国著名建筑师保罗·安德鲁设计，自2002年3月动工建设，于2004年12月落成，占地面积约2.3万平方米，总建筑面积近4万平方米。从高处俯瞰，东艺五个半球体分别是正厅入口、演奏厅、音乐厅、展览厅、歌剧厅，其外形宛若一朵"蝴蝶兰"。其中，音乐厅、歌剧厅、演奏厅是东艺的三个主要演出场所，座位数分别为1953个、1015个、333个，能够综合满足交响乐、室内乐、歌剧、舞剧、音乐剧、戏曲等各类高雅艺术演出的需求。

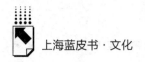

二 上海东方艺术中心运营管理模式

（一）"东艺模式"概况

东艺的建成弥补了以往浦东地区缺少大型演出场所的缺憾，然而，剧院建设还相对容易，建成后如何运营管理却是个难题。从长远和全局的战略角度来看，采用什么样的形式对剧院进行管理，将直接影响其经营目的、经营方向和经营规范的确立，并最终影响剧院功能的实现程度。在东艺之前，国内剧院基本上是"政府出资建设、政府派人管理"的运营模式。东艺建造之初，曾有人测算，政府自己派人管理，每年大约需要财政补贴5000万元。虽有个别演艺机构愿意接手，但同时也开出每年需政府补贴3000万元管理费的条件。①

为了破解新建剧院现代化运营管理的难题，实现运营管理效益的最大化，经过多番调研决策，2003年9月，上海市政府和浦东新区政府以前瞻的眼光，在全国范围内首次采用公开招投标的方式，为东艺寻找合格的管理者。最终，保利文化艺术有限公司（2009年6月划转北京保利剧院管理有限公司）中标，并与文汇新民联合报业集团（2013年10月与原解放日报报业集团整合重组为上海报业集团）共同组建了上海东方艺术中心管理有限公司（以下简称"经营方"），作为东艺的委托经营方，按照市场化要求，全面负责东艺剧场及相关附属设施的运营和管理。同时，浦东新区政府在浦东新区宣传部（文广局）设立了一家下属事业单位——上海东方艺术中心（以下简称"业主方"），代表浦东新区政府，负责对委托经营方和国有资产的有效监管，首开国内剧院所有权和经营权分离的管理体制改革之先河，这既是上海在文化体制改革方面对全国的一个新贡献，也是浦东开发开放"先行先试"在文化领域的第一个重要成果。

---

① 张裕：《东艺创新剧院管理模式以"蓝海战略"追逐梦想》，《文汇报》2013年6月29日。

"东艺模式"的创新之处在于，它所采用的"所有权和经营权分离"，是真正意义上的"分离"。剧院的经营权完全委托给了专业的文化企业。企业的决策经营管理层中，不安排一位政府工作人员。业主方作为浦东新区政府的派出机构，也不参加任何经营活动，而是通过合同等市场化手段对经营方进行引导和监督。

（二）具体做法

"东艺模式"着力于将政府扶持和市场运作相结合，既弥补了采用完全市场化模式难以实现剧院公益性定位的缺陷，又避免了政府包干模式易造成剧院市场竞争力不强的问题，能够使剧院同时兼顾市场化运作和公益性导向，较好地发挥其综合价值。但是，它实践起来却最为复杂也最为困难。

一方面，该模式对剧院经营管理者的素质要求很高，管理者不能依照固定的模式进行经营管理，而应根据市场消费情况适时做出调整，对剧院实行动态化的管理，而动态化的管理又必须依赖于多方面的专业化人才，从不同的角度研究分析消费群体的特点，准确把握演出市场的发展走向，联合多方资源，形成合力，只有这样，才能充分发挥这种运营管理模式的优势，使剧院走向成功。

另一方面，该模式涉及两个主体，一方为负责市场化运作的经营方；另一方为负责国有资产监管的业主方。如何正确定位这两个主体以及两者之间的关系，是其中的重点。不难看出，企业是市场经营主体，政府则必须发挥规范和引导的作用。因为，政府采用什么样的顶层设计，实施什么样的扶持政策，直接决定了该模式的优越性能否得到充分发挥。

总的来讲，东艺正式运营十年来，以林宏鸣为总经理的经营方，以"享受艺术、享受服务"为核心理念，以"国内领先、亚洲一流、世界闻名"为努力目标，依据"中国剧院管理体制机制改革的排头兵、上海国际文化大都市建设的助推器、中外文化艺术交流展示的世界级平台"的独特定位，持续打造"听交响到东方"的核心品牌，在面向市民、面向市场和面向世界中不断创新发展，着力构建"高低并存、中外并举、'公''商'

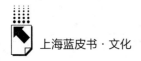

并行"的立体运营体系,取得超出很多人预料的运营成果。与此同时,业主方代表浦东新区政府,并没有完全放任东艺自由发展,对经营事务一概不闻不问,而是自觉地站在幕后,通过科学的制度设计和政策、资金等方面的扶持,关心支持东艺走上现代化管理之路,实施品牌发展战略。

具体而言,浦东新区政府主要从完善制度设计、实施引导监督、进行综合研究等三个方面,开展了一系列富有成效的工作。

1. 完善制度设计

(1) 以合同为基准。

为有效体现市场化运作,在东艺正式运营之前,业主方就和经营方依据我国相关法律、法规的规定,经友好协商,一致达成协议,签订了《上海东方艺术中心经营管理合同》(以下简称《经营管理合同》),双方的一切工作都基于此而开展。一次签订合同有效期为5年,目前,双方已经续签两次,正式进入第三次合同期。为了适应不断发展变化的市场环境,保障经营方经营活动的持续稳定,每次续约都会提前1年启动商谈,对合同进行动态调整,不断提升合同的科学性和合理性。

《经营管理合同》条款十分细致,对经营方的经营管理范围、业主方的参与和监督等都进行了明确的规定。比如,考虑到在我国文化产业发展的现阶段,国有大型剧院虽然是经营性的文化设施,但和电影院等其他商业文化设施相比,更多了一份公共价值,它有责任引导更多普通市民走进剧院,提升观众的艺术品位和文化素养,激发社会潜在的文化消费需求,因此《经营管理合同》格外注重剧院的公益性导向。《经营管理合同》总则部分第一条,明确规定"剧场及附属设施的经营管理活动应坚持以社会效益为主,兼顾经济效益的原则"。在《经营管理合同》细则中,对经营方举办的公益性活动、平均票价以及应支付给业主方每年一定金额的包干费等,也都作了明确规定。业主方通过合同的形式,对经营方的运营管理进行前期约束和规范,有利于引导剧院的发展方向。

(2) 以"标准"为导向。

除实施合同管理之外,在汲取国内外大型剧院有益经验的基础上,浦东新区宣传部（文广局）主持制定了《上海东方艺术中心扶持资金申请评估内容和评估标准》（以下简称《评估标准》），对经营方具体的经营管理实效进行量化指导和评估。《评估标准》对剧院运营的各个层面进行了技术化分解，从经营管理、资产和设备管理、人才引进和培养等三个方面，细化形成25项指标，并分别设定了不同的分值以示有所侧重。其中，不仅对国际顶尖剧（乐）团演出剧目数量、国际国内顶尖艺术家演出场次、国内主办艺术盛会举办场所、世界作品中国首演与中国作品世界首演标志性演出、自办节目演出场次、服务水准超过同类剧场并成为行业标杆等做了具体规定，还对观众满意度、公益性演出活动场次、为社区和学校进行艺术培训及艺术知识传播的场次等，提出明确要求（见图1）。

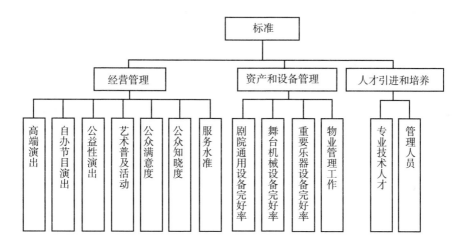

图1　上海东方艺术中心扶持资金申请评估内容和评估标准

（3）以考核为抓手。

鉴于东艺作为国有大型剧院的特殊性，以及坚持社会效益为主的考虑，为了促进东艺健康发展，浦东新区政府主动采取了动态化、精细化的政策扶持和资金奖励。早在2005年11月，浦东新区宣传部（文广局）即出台了《关于扶持上海东方艺术中心运营管理的若干意见》（浦文广电视〔2005〕48号）。2007年4月，又出台了《关于扶持上海东方艺术中心运营管理的补充意见》（浦文广电视〔2007〕24号）等相关文件。业主方根据这些文件精神，同时严格按照《评估标准》，每年年底对经营方的经营活动进行考核。考核采用经营方自评、业主方初评、浦东新区政府评定、审计事务所审计、浦东新区财政审核等多重把关的方式开展，最后根据考核结果，给予经营方相应的资金奖励。

2. 履行政府职能：引导、监督、扶持、保障

（1）引导。

一是文化基金引领，提升市民艺术素养。为了使东艺最大限度地助力浦东文化发展，将文化惠民的功能和作用落到实处，浦东新区政府通过浦东宣传文化发展基金，每年拿出不少于500万元的资金，用于东艺相关演出项目补贴。补贴主要针对两大类活动：一类是公益性活动。比如，旨在艺术普及与推广的免费公益艺术讲座；不超过80元票价的东方市民音乐会；等等。政府对这类活动进行扶持，使得更多普通市民能够走进剧院，接受文化艺术熏陶。另一类则是高端品牌演出。比如，针对柏林爱乐乐团、英国BBC交响乐团等世界顶级乐团音乐会，政府提供适当的补贴，则有助于降低票价，从而降低普通市民享受高雅艺术的门槛。

二是政府主办助力，推动公益项目落地。仍以东艺品牌公益项目"东方市民音乐会"为例。早在该项目策划之初，经营方通过市场调研发现，综合市场、观众、成本等因素，公益性音乐会品牌很难做下去。比如，为了表示对这一项目的支持，鼓励东艺经营方坚持将市场化运作和公益性导向相结合，浦东新区文广局、浦东新区文明办，不仅出面作为主办单位，还以购买每场1/5演出票的形式给予额外扶持，同时面向街镇大力开展宣传和推广。在东方市民音乐会实现良性运作之后，购买演出票这种扶持形式逐渐淡出。再如，对于另一品牌项目"东方名家名剧月"，为了帮助这一全国唯一的戏曲定期展演项目运作更加顺利，大力弘扬民族文化，浦东新区文广局作为联合主办方，也进行了积极的宣传和推广。

（2）监督。

一是加强日常巡查，监管运营质量。尽管业主方不参与剧院的日常经

营，但是通过列席经营方工作例会、开展日常巡查等，对经营方的具体经营行为，始终保持跟踪了解，并进行有效监管，以防止为追求利润而忽视演出质量、降低演出品位等不良情况的出现。

以日常巡查为例。业主方的日常巡查主要针对经营方的演出内容和资产管理。演出内容方面，主要是不定期地对具体的演出项目进行巡查，对演出活动的内容、水准、服务质量等进行监管；资产管理方面，主要是针对东艺设备设施的使用、维护、保养、经营租赁等进行监管。日常巡查长年坚持不懈，并形成书面文字存档，保障了业主方对剧院的运营活动可追溯、可管控。表1、表2为业主方巡查记录例证。

表1　演出内容巡查记录

上海东方艺术中心业主巡查记录表	
巡查项目	2015 东方市民音乐会晚场版　亚洲青年管弦乐团音乐会
巡查时间与地点	2015 年 8 月 9 日 19:30 音乐厅
巡查情况	此场音乐会是东方市民音乐会的第 500 场，管理公司举办了一系列活动。除了邀请观众留影外，开演前半小时，还在展厅举行了导赏讲座，由乐评人李严欢主讲。导赏讲座获得观众的热烈欢迎，参与度极高，还有数名观众进行了非常专业的提问 演出由指挥大师理查德·庞信臣执棒，亚洲青年管弦乐团演奏，据现场情况，上座率约九成。虽然乐团乐手都非常年轻，但他们的演奏功底还是受到观众的一致好评，尤其是乐手与合唱团共同带来的贝多芬《第九交响曲》，场面震撼，极具感染力，观众报以持久的掌声
备注	东方市民音乐会是东艺最具影响力的系列演出之一，也被媒体誉为全国规模最大的普及性音乐品牌，今年(2015 年)已经是第 9 年。在新的时代背景下，如何更好地发挥公益性音乐会的艺术普及作用，并进一步引导文化消费，值得进一步思考和探索
巡查人员签名	

二是开展多种测评，了解运营实效。业主方每年综合采用观众满意度测评、专家座谈会、观众恳谈会、第三方评估等方式，从多个方面了解东艺运营实效。2015 年 8 月，业主方邀请专业团队一起，面向上千名观众，开展了一次满意度测评活动。测评结果如图 2 所示。

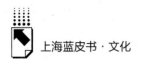

表 2　资产管理巡查记录

上海东方艺术中心业主巡查记录表

巡查项目	安全生产检查
巡查时间	2015 年 8 月 20 日 14:00
巡查情况	今天,为汲取天津港"8·12"安全事故教训,要求物业对剧院整体进行安全生产大检查。主要检查舞台马道、基坑区域;能源中心设备房、监控室、三号门等重点部位,消防栓、测试报警按钮;检查防汛物资储备;以及各巡查记录、台账等
备注	检查发现:监控室未及时拔除对讲机充电器;三区下场口消火栓、灭火器被推车遮挡。及时通知相关区域整改完毕,保障剧院安全运营
巡查人员签名	

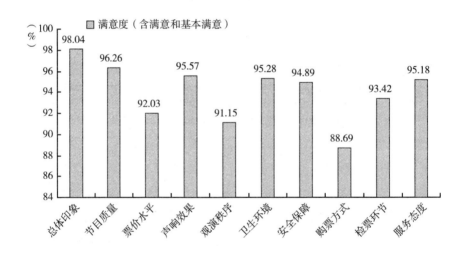

图 2　2015 年上海东方艺术中心观众满意度测评基本情况

（3）扶持。

一是实施动态考核奖励。对经营方的考核奖励是政府扶持的重要方式之一。业主方对经营方的年度考核,采取打分量化的方式,以百分制为基数,将经营方的经营行为与经营水平,一一与《评估标准》的各个细项对标,如果达到相应指标要求,则给足分数,有不达标之处,则扣去相应分数,最后根据总分值，给予经营方相应的资金奖励。分值越高，奖励额越高，上限为300万元。这种动态的资金扶持政策，不仅保障了东艺公益性活动的有效开展，而且能够使业主方根据市场环境的变化、经营方管理水平的状况，及时地对东艺未来发展方向做出调整。

二是共同承担日常维修费用。剧场各种设施设备的日常维修是剧院运营最重要也是负担最重的成本之一。为了减轻经营方的运营压力，保障国有资产的完好，业主方和经营方按照约定的方式共同承担维修费用。根据最新的《经营管理合同》，经营方固定承担剧院日常维修费用250万元/年，超出部分则由业主方给予补贴。每年的日常维修费补贴必须专款专用，经营方须提供剧场日常维修的具体项目及相关财务证明，经业主方审核之后，还会请专业的审计事务所进行审计，从而保证了最大限度地发挥政府专项扶持资金的使用效能。历年日常维修费补贴情况如图3所示。

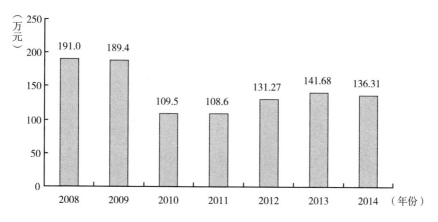

图3　上海东方艺术中心日常维修费补贴情况（2008～2014年）

（4）保障。

一是定期进行大修。为了提高设施设备的工作效率，降低能耗，确保国有资产的可持续利用，根据《经营管理合同》，业主方负责每隔五年对剧场和重要设备进行一次大修。大修的具体计划和大修设施清单，则由经

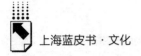
营方根据剧院的实际情况制定，业主方负责审核把关，并按基本建设程序报批。

2010年即剧院运营五年之后，东艺进行了第一次大修。大修期间，业主方特别注重协调工程开展与剧院正常运营之间的关系。比如，舞台机械大修要求剧场停业，经过与经营方反复协商，最终确定仅歌剧厅停业1个月，且安排在演出较少的淡季，基本不影响经营方正常的演出活动。东艺第一次大修总投资约1400万元，为排除剧院故障、保障安全演出、提升舞台等剧院重要设备功能、减少日常维修投入、降低能耗等，做出硬件上的保证。2015年是东艺正式运营的第十年，业主方根据第一次大修的相关经验，正在积极开展第二次大修前期准备工作。

二是积极开展协调。业主方会经常主动了解经营方的需求，并及时地提供帮助。对于经营方申报的需政府资金扶持的项目，业主方积极配合完成审批手续。当剧院出现突发情况，尤其是涉及资产安全管理方面，业主方会及时与相关部门进行沟通协调。比如，2013年9月，东艺突遇暴雨侵袭，部分设施受损。业主方根据投保情况，主动跟进，协调各方进行定损理赔，使剧院设施得以尽快恢复运转。

三是妥善应对投诉。对于观众通过各种层面提出的投诉和建议，业主方会妥善解决，全力维护东艺形象。以2015年5月一位市民向"市委领导信箱"投诉为例，该市民投诉剧场内手机信号屏蔽设备不足，个别响铃影响了观剧体验。业主方在了解投诉情况之后，积极联系经营方对东艺三个主要演出场所的手机信号屏蔽情况进行测试，探索出现铃声的各种可能，提出针对性的解决办法，并及时反馈处理结果，得到市民的认可。

3. 进行综合研究

业主方一直都在密切关注东艺发展状况和经营方的有益做法，并结合演艺市场的现状、趋势以及各地剧院的发展情况，进行综合研究分析，形成一系列课题成果。同时，业主方还积极开展前瞻性思考，策划制定东艺中长期发展规划，不断探索深化完善东艺管理体制和运行机制。

三 "东艺模式"运行成效

浦东作为"中国改革开放的象征""上海现代化建设的缩影""先行先试的试验田",其制度化、规范化、阳光化的政府风格,敢闯敢试、勇于创新的社会氛围,开放、平等的市场环境等有利条件,为开风气之先的"东艺模式"结出硕果奠定了坚实的基础。剧院同时兼顾市场化运作和公益性导向,成功地探索出一条"商演为主""公益为重"的独特发展道路,获得经济效益和社会效益的双丰收。

运营十年来,东艺累计举办演出5000余场,来自90多个国家和地区的艺术家先后亮相,接待观众达520余万人次,东艺从一所崭新的剧院逐步成长为中国顶尖的艺术殿堂之一、上海开展国际文化艺术交流的重要平台之一。不仅如此,东艺的飞速发展,也是浦东文化迅猛发展的一个典型缩影。

(一)剧院市场化程度较高,品牌影响力不断扩大

浦东新区政府严格以合同规定的权利和义务为边界,依照法治思维作为,为经营方更多地运用市场机制和市场手段对东艺实施现代化运营管理,营造了良好环境。如今,东艺已经成为剧院市场化运营的典范,为繁荣区域演艺文化、丰富市民文化生活、提升浦东文化形象做出重要贡献。

1.剧场活跃,为浦东文化市场注入活力

剧场活跃度是衡量剧院发展水平的重要指标之一。由于经营方拥有优秀的管理团队、市场化的运营理念、创新的营销手段,东艺在演出质量、演出场次、上座率等剧场活跃指标上均名列前茅。

东艺的演出质量有口皆碑,现已成为国际名家大师、著名乐团聚集的重要舞台。近十年来,到上海表演的世界著名交响乐团的数量远远超过在此之

前近百年的总和，其中大部分是在东艺登台。① 另外，据文化部《全国专业剧场发展情况调研报告》显示，2013 年平均每个专业剧场演出约 46 场。② 通过图 4 可以看出，同年，东艺的演出场次达到 516 场，是全国平均水平的 10 倍以上。再以东艺的品牌项目之一"未来大师·欧美独奏重奏系列音乐会"为例，该项目举办八年来，使室内乐这种音乐形式逐渐为上海观众所熟知，近年来的现场上座率平均达到九成以上。③

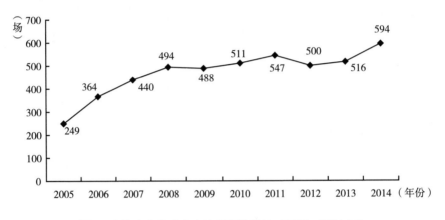

图 4　上海东方艺术中心演出场次统计（2005～2014 年）

2. 品牌确立，进一步彰显浦东文化魅力

经过十年运营，东艺品牌基本确立，在浦东乃至全市、全国都具有巨大的影响力，形成以品牌促市场、以市场促品牌的良性循环。经营方不仅在市民心中强化了"听交响到东方"等核心品牌形象，还培育了"跨年度演出季""东方市民音乐会""东方名家名剧月""未来大师·欧美独奏重奏系列音乐会"等一系列多个层次、不同导向的演出品牌，极大地丰富了市民在高端文化演出上的消费选择。通过图 5 可以看出，这些品牌演出的观众知晓度稳中有升。

---

① 施晨露：《剧院品牌若比作一只美丽的孔雀，东艺运营十年的感悟——名团只是"孔雀"的正面》，《解放日报》2015 年 3 月 26 日。
② 许亚群：《文化部发布〈全国专业剧场发展情况调研〉》，《中国文化报》2015 年 3 月 12 日。
③ 徐璐明：《东艺"未来大师"将推 26 场室内乐》，《文汇报》2015 年 2 月 5 日。

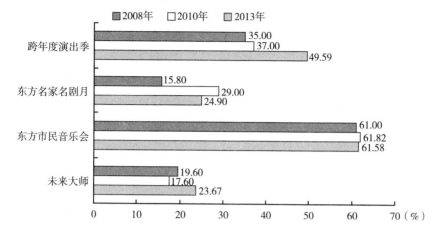

图5　上海东方艺术中心部分品牌演出观众知晓度

　　东艺高品质的演出，吸引了越来越多的浦西市民过江前来观赏，从一个侧面反映了浦东的文化魅力和文化磁力。近期面向东艺观众和会员的调查显示，浦东观众占比仍然最大，为37.78%，其他的观众大多来自上海其他各区县，以杨浦区和徐汇区占比最高，甚至还有近3%的观众来自外省市。

（二）市民文化消费意愿增强，艺术欣赏能力逐步提高

　　伴随着经济社会的迅速发展，上海包括浦东在内的中高收入群体持续增长，但是文化消费行为尤其较为高端的文化消费相对滞后。经营方本着"用公益的心态来做商演，用商演的思维去做公益"①，通过顶级演出、公益性演出双向交流，实行会员制营销，在激活观众、培育市场、引导大众艺术欣赏等方面，取得显著的成绩。

　　以东艺公益性演出最具代表性的品牌项目"东方市民音乐会"为例，它被媒体誉为"全国规模最大的普及型音乐会"，一直是观众在东艺欣赏次数最多的品牌演出，并已成功创建为"国家公共文化服务体系示范项目"。"东方市民音乐会"自2006年7月开始举办，票价为30元、50元、

---

　　①　林宏鸣：《上海东方艺术中心的昨天、今天和明天》，《光明日报》2015年7月16日。

80 元，学生票甚至只有 15 元，这使无数原本无法走进剧院的普通市民，有了享受高雅艺术的机会。截至 2015 年 8 月，"东方市民音乐会"已成功举办演出 500 场，观众超过 80 万人次。通过图 6 可以看出，2008～2015 年，东方市民音乐会的观看率和满意度有着明显的提升。相关观众调查还显示，每场东方市民音乐会，平均有 35.2% 的观众是首次进剧场聆听音乐演奏。①

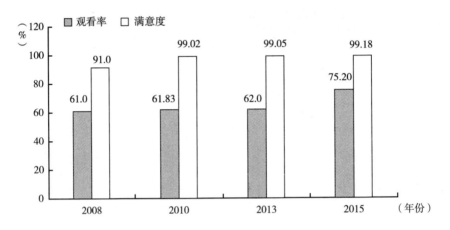

图 6 东方市民音乐会观众观看率和满意度（2008～2015 年）

正是音乐会的普及推广，带动更多的观众支付更多的费用去观看质量更高的演出。系列调查显示，观众对于最低票价的承受力从 50 元一路走高到 200 元、300 元，对高票价的接受度也在逐年提升（见图 7）。

为了吸引观众，提高观众的忠诚度，东艺经营方在运营伊始，就在全国首先推出"会员制营销"的方式。目前，东艺会员人数已接近 3.5 万名。经营方通过精心策划"会员活动日"主题活动、举办免费艺术欣赏讲座等，使得东艺观众的文明程度和欣赏水平也在发生着可喜的变化。比如，在"听交响到东方"艺术氛围的熏陶和引导下，越来越多的普通市民开始走近、了解、熟悉并爱上交响乐，古典音乐鉴赏力逐步提高，艺术品位也日趋

---

① 杨建国：《满意度：接近满分》，《新民晚报》2011 年 7 月 16 日。

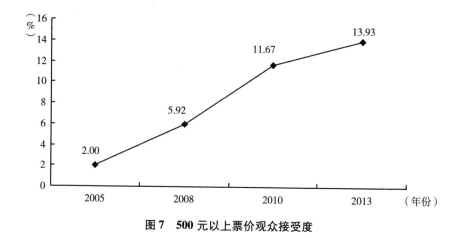

图7　500元以上票价观众接受度

提升。再如，"东方名家名剧月"已经连续举办八届，逐渐培育了一批喜爱戏曲的观众，为弘扬民族文化、提升文化自信，发挥了积极的作用。

四　未来发展建议

东艺在探索剧院现代化管理之路的同时，也面临着一些困难和问题。比如，国内剧院建设加速、演出市场竞争加剧、潜在需求旺盛和实质消费不足的现象并存、观众艺术素养仍有待提高等，都是东艺未来发展必须面对的现实问题。如何进一步突出政府引导作用，强化东艺品牌形象，构筑浦东多元文化生态，政府相关部门需要做进一步的思考。

（一）加大文化消费培育力度，扩大东艺影响力

1. 提升配套服务，吸引更多观众"走进来"

剧场是剧院的主要演出场所，不过除此之外，剧院还有其他一些空间和设施，可以综合开发利用。未来可以考虑进一步开发东艺的展厅、环廊等公共空间，设计一些与剧场演出密切相关的展览展示活动，挖掘提升演出之外的配套服务功能，使文化服务项目更立体、更丰富，从而吸引更多市民走进东艺。

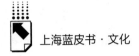

2. 突破剧场限制，整合优质资源"走出去"

浦东是中国（上海）自贸区所在地，各开发区白领人群占有很大比重，他们对于高雅文化艺术的消费需求尚未得到充分激发和满足。目前，东艺经营方正在积极探索突破剧场限制，主动地"走出去"，已经在小陆家嘴区域开展了户外大屏直播音乐会、艺术家与观众见面会等一系列高雅艺术普及与推广活动。接下来，东艺可以依托自身演艺资源比较丰富的优势，继续有计划、有步骤地拓展高雅艺术推广活动的范围和规模，进一步培育和促进文化消费，扩大东艺品牌影响力。

（二）借力"互联网+"，加快推进剧院运营方式升级

如今已进入"互联网+"时代，各传统行业都需要和互联网融合发展，才能进一步赢得市场，剧院也不例外。东艺作为在剧院行业创新管理体制和运行机制的先行者，需要进一步开阔思维，探索构建"演出+科技+互联网"的新型运营模式，通过院线联播、线上直播、剧院专属APP的应用，从购票方式、营销推广到观看体验等各个服务环节，大胆地进行创新变革。充分利用互联网，拓展演艺行业垂直纵深经营，探索剧场观演与客户端、多屏幕等现代技术手段的融合，提升交响乐、歌剧、舞剧等高雅艺术的欣赏便捷性。新技术的引入需要大量的时间成本、资金成本、试错成本等非营利性成本，当然，这需要政府通过多种方式加强引导，只有这样，才能促进东艺再一次先行一步，不断巩固提升其在全国剧场行业的先行者地位。

（三）探索社会资本注入文化领域的更多可能

政府应加强政策引导，鼓励企业将资金投入文化领域，积极而稳妥地探索剧院与企业、社会资本合作的渠道和途径，比如通过冠名、建立基金会或其他方式，寻找到一种互利共赢的模式，建立长期合作的有效机制。根据东艺自身实践，并借鉴国内一些文艺院团的经验，举办大型公益性演出项目是一个比较好的切入点，既可以提高企业的社会影响力，也有助于

进一步建构公益性演出"政府支持、媒体参与、企业赞助、市场运作"的良性模式。

（四）适时推广"东艺模式"

"十三五"时期，将是浦东文化活力和影响力进一步提升的关键阶段。上海博物馆东馆、上海图书馆东馆、上海大歌剧院等一批市级重大文化设施将落户浦东，浦东美术馆、浦东群艺馆、浦东青少年活动中心等一批区级文化设施项目也在有序推进。"东艺模式"将剧院的所有权与经营权相分离，在创新管理体制和运行机制方面，进行了长期的探索和实践，其有益的部分完全可以为这些新建文化设施的运营管理提供借鉴。

城市空间与社区营造篇

Urban Spaces and Community Construction

B.7

上海曹杨新村文化风貌保护与
社区发展研究

王伟强[*]

摘　要：　曹杨新村是新中国建设的第一个工人新村，见证了新中国成
　　　　　立后上海城市住宅发展的整个过程和上海社区文化发展过程。
　　　　　虽然历经60多年的更新变迁，但工人新村的发展脉络保存完
　　　　　好，建设历程清晰可循，公共服务配套完善。这种层级式更
　　　　　新发展，导致多种不同类型的居住模式共生，无论是建成环
　　　　　境的更新、社会治理的提升，还是都市文化的演进、社会阶
　　　　　层的融合，都具有典型意义，是一个不可多得的城市更新与

[*]　王伟强，同济大学建筑与城市规划学院教授、博士生导师，同济大学建筑与城市空间研究所
副所长，中国城市规划学会城市影像学术委员会主任委员。本报告为国家自然科学基金委项
目"基于低碳城市目标的住区模式选择研究——以上海曹杨新村为典型案例"（批准号
51178316）的阶段成果。

社会研究的样本。本报告从曹杨新村的规划思想与布局结构、形态演进与社会矛盾、历史建筑与风貌保护、环境整治与社区更新、社区治理与构建和谐等五个方面，阐述了曹杨新村城市更新与社区发展的研究成果。

关键词： 曹杨新村　城市更新　风貌保护　社区发展

曹杨新村始建于1951年，是新中国成立后上海乃至全国第一个工人新村，历经60多年变迁、多次重大社会变革，新村的住宅建设也发生了较大的变化，从最初的两三层联排住宅，到后来加层加高，再到多层居住小区的兴建；而随着住宅制度的改革，高层商品住宅又如雨后春笋般涌现；曹杨新村正是在这样的背景下见证了新中国成立之后上海城市住宅发展的整个过程。作为新中国成立以来在上海大规模建设的工人新村，虽然也经过局部的拆改建，但是工人新村的发展脉络保存完好，建设历程依然清晰可循，公共服务配套完善。这种层级式更新发展，导致多种不同类型的居住模式共生，无论是建成环境的更新、社会治理的提升，还是都市文化的演进、社会阶层的融合，都颇具典型性，是一个非常成熟而又不可多得的社会样本。

一　曹杨新村的布局特征

曹杨新村位于上海市普陀区南部，沪宁高速公路入城段地区，由武宁路—中山北路—金沙江路—桃浦河所围合的区域构成，设曹杨街道办事处，现总用地2.14平方公里，居住人口132419人（2010年统计数据）。由于选址位于当时的商业集中地曹家渡与杨家渡之间，故由此得名。

曹杨新村的规划采用了"邻里单位"的规划理论，并带有明显的"花园城市"和"郊区化"的特征。在邻里单位总体布局下，曹杨新村外围被

曹杨路、中山北路等多条城市干道围合，内部组织结构则采用了"街坊 -
街坊群 - 新村"层级清晰的组织模式，同时提倡道路分级分类，住宅成组
成团布置，在争取朝向均好性的情况下，打破行列式布局的单调，并将原有
地貌中河浜水系组织在绿地系统中。

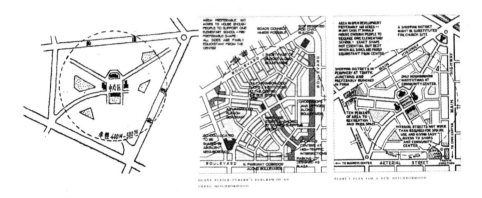

图1 曹杨新村"邻里单位"示意图、佩里邻里单位示意图、
DPZ 新城市主义示意图比较

曹杨新村的"邻里单位"与佩里的"邻里单位"、新城市主义的模式，
尽管在结构形式上具有相似性，但实际上存在着尺度差异和逻辑结构的差
异。以佩里的"邻里单位"概念进行辨识，曹杨新村"邻里单位"实质上
多了一个结构层次，也就是在"中小学"这个核心之上，曹杨新村多了商
业中心区这一层次。因此尽管两个"邻里单位"半径类似，但人口密度和
规模容量差异很大。"新村的人口是比一般邻里单位的人口为大，实际上，
它已经是一个小住宅区的规模，这是考虑为了维持一定规模的公共建筑和居
民经济状况而拟定的。"（汪定曾，1956）这种分歧和差异既来自"邻里单
位"的原型概念在几十年之中、在不同地域的发展带来的应用性演进，也
来自不同社会经济背景下实际社会组织结构的差异，尽管同样是低层低密度
的建设模式，曹杨新村却采用了低居住标准、高户内密度的人口密度组织形
式，使得公共服务设施配置的数量和等级进行升级。

邻里单位模式奠定了曹杨新村居住的空间结构，而以之为原型的居住区

模式则构成其等级化的组织结构。历经 60 多年建设，特别是土地市场化和住宅商品化，曹杨新村从最初一期的 1002 户发展到 3 万余户，随着面积的扩大和人口的增加，新村在原有规划基础上进行了较大规模的改建，但基本上邻里单位的模式依然清晰，以最初的总体规划为依据，新村延续了整体内向型的布局模式，使之成为我国居住区规划史演变的缩影。

二　曹杨新村历史建筑与风貌保护

（一）曹杨新村历史文化风貌区的划分

1. 历史风貌保护的相关内容

上海是国务院公布的第二批国家历史文化名城。1989 年以来，上海市人民政府分四批公布了 632 处优秀历史建筑，共 2154 幢，总面积约 400 万平方米。已划定历史文化风貌区 44 片，其中中心城 12 片、郊区 32 片；风貌区内划定了 144 条风貌保护道路，总长度超过 100 公里。2002 年 7 月市人大通过《上海市历史文化风貌区和优秀历史建筑保护条例》，2003 年，市委、市政府又提出"建立最严格的历史文化风貌区和优秀历史建筑保护制度"的要求，把历史文化风貌区和优秀历史建筑的保护作为城市规划工作的重要组成部分和当前规划工作的重中之重。

表1　上海四类历史风貌保护内容

对象	区域		优秀历史建筑	风貌保护道路
	历史文化风貌区	历史风貌街坊		
相关文件和研究	《上海市历史文化风貌区和优秀历史建筑保护条例》	《上海市历史文化风貌保护保留对象与范围的深化扩大研究》	《上海市历史文化风貌区和优秀历史建筑保护条例》	《关于本市风貌保护道路（街巷）规划管理若干意见》
管理方式	刚性控制	适度控制	刚性控制	刚性控制
资金筹措	政府专项资金		政府专项资金	政府专项资金

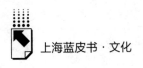

对象	区域		优秀历史建筑	风貌保护道路
	历史文化风貌区	历史风貌街坊		
激励机制	在历史文化风貌区建设控制范围内新建、扩建建筑,其建筑容积率受到限制的,可以按照城市规划实行异地补偿			
保护主体	政府	投资商自行解决	政府及建筑所有人	政府
功能管理	以风貌区保护规划确定的功能为依据,强调混合使用		以延续建筑原有功能为主	
技术层面	控制新建建筑体量、高度及色彩,其余新元素可放宽标准	控制新建建筑体量、高度及色彩,其余新元素可放宽标准	根据建筑的历史、科学和艺术价值以及完好程度,分为四类。对建筑立面、结构体系、平面布局和内部装饰采取不同控制要求	

2. 曹杨新村历史文化风貌区的保护内容

2005 年曹杨一村被评为优秀历史建筑,结合社会各界对工人新村、工业遗产等亟待抢救性保护的呼声,市规土局开展的"上海市历史文化风貌保护保留对象与范围的深化扩大研究"课题,提出对现有风貌区之外的工人新村、工业遗产、里弄建筑等扩大风貌保护范畴。鉴于此,本课题组建议采用多层级的保护办法:a. 曹杨一村整体性扩大为历史风貌保护街坊;b. 花溪路为风貌保护道路;c. 曹杨环浜为风貌保护河道;d. 划定曹杨新村历史文化风貌区。

3. 曹杨新村历史文化风貌区的边界划分

工人新村作为计划经济时期的重要居住建筑形式,与里弄建筑、老城厢一样,是上海城市发展的重要历史阶段特定的政治、经济和社会状态在城市形态上的折射。大量的工人新村塑造了上海当下的城市空间肌理,其形式与规模是城市空间风貌得以不断延续的重要保证。

曹杨新村历史文化风貌区的划分需要多层级、多角度的研究并分析曹杨新村的历史沿革与风貌特征。基于此，本研究提出了两个历史文化风貌区划分方案，即"高方案"与"低方案"。

（1）历史文化风貌区划分的"高方案"。

"高方案"：将1951年曹杨新村规划范围（包括曹杨八村）作为基础，划定为曹杨新村历史文化风貌区，其优势主要有以下几方面。

①就保护范围而言，这是对于曹杨新村的历史文化风貌保护最为完整的举措，保障了曹杨新村整体作为第一个社会主义工人新村的历史地位和历史文化风貌特征，可以完整反映曹杨新村的历史记忆、空间特征、建筑肌理与城市风貌景观。

②曹杨新村是依据邻里单位思想统一规划建设的，将曹杨新村整体划定为历史文化风貌保护区，可以完整承载曹杨新村的原始规划理念，深化对邻里单位思想在我国实践的研究。

③曹杨新村作为一个社区整体，其社会网络系统是成体系的，空间组织网络是相互交织的，将曹杨新村整体划为历史风貌保护区有助于保存社会网络体系、空间组织网络的完整性。

划定曹杨新村历史文化风貌区，还应建立差异化的保护策略。鉴于在20世纪90年代开始的住房改革与拆旧建新的历史浪潮中，曹杨新村内原有的"二万户"住宅拆旧建新，对城市肌理、空间网络的结构均有一定的影响。因此，需要对风貌保护区内不同的历史建筑制定差异化的风貌保护策略。这将有助于针对工人新村不同住宅类型、不同建设年代的居住区，提供多种保护策略。

（2）历史文化风貌区划分的"低方案"。

"低方案"以曹杨新村内部环浜为核心，西起杨柳青路，北、东、南面被梅岭北路、梅岭南路所环绕的内部核心地段。这一片区主要包括曹杨新村环形河浜与"T"字形（兰溪路、枣阳路）的公共服务设施中心结构，可以被认为是曹杨新村空间构架的基石。

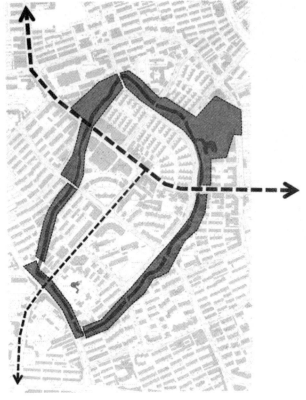

图2　"T字形"公路服务设施中心结构

依据此范围划分的历史风貌保护区，虽然较"高方案"保护范围小，但依然可以将曹杨新村的核心体系与主要城市肌理特征进行整体保护。同时相对较小范围的历史风貌保护区，可以给予"低方案"保护范围外的其他旧新村住宅更为宽松的更新限制。这为通过容积率转移、抽户成套化改造等方式进行的优秀历史建筑与历史风貌街坊的整体更新改造提供了实施的基础与动力。

（二）曹杨新村居住历史建筑保护与更新策略

1.针对上海一般老建筑的保护与更新策略

自20世纪90年代上海尝试采用市场机制改造城市旧住宅至今已有近20年，其间，上海旧住宅更新速度大大加快，经过多年对改造方式研究和运作模式探索，目前上海旧住房更新逐渐形成"拆、改、留、修"四种更新措施。

（1）拆迁改造：指拆除旧住宅，搬迁原有居民或部分居民（即新住宅建成后部分居民回迁），将腾挪出来的土地通过批租的形式进行商品房开发。

（2）成套改造：指以不成套住宅为改造对象，通过建筑平面格局重新划分，使各家有独用的厨卫设施，措施包含"贴扩建"。

（3）平改坡综合改造：是以多层住宅平屋顶改坡屋顶为契机，对多层住宅进行供水、保温等多项内容综合性维修改造。

（4）拆落地改造：针对上海旧住宅成套改造进程中困境和难点而采用的改造方式，其操作路径是将旧住宅拆除重建后，对所有居民进行回迁。

2. 针对曹杨新村建筑的保护与更新策略

曹杨新村居住情况较为复杂，其居住建筑面积小，设施不成套，无法独立成户，居民对改善自身居住质量，提高居住品质的愿望强烈，尤其体现在实施旧住房成套改造工程、扩大居住面积、售后公房二次修缮及小区环境整治方面，建议如下。

（1）优秀历史建筑曹杨一村的保护更新。

曹杨一村作为优秀历史建筑，是凝结新中国成立初期一段历史的代表性建筑，其文化价值大于建筑价值，在对曹杨一村的改造中，本课题组提出三个建议方案。

方案一，鼓励采用抽户成套改造的方式。对整个曹杨一村实施抽户方案，由政府组织牵头，邻里协商抽户，部分承租人搬迁，以实现整个曹杨一村小区的厨卫独用，解决一村的住房成套化改造。在资金上采取部分政府补贴，部分由受益人承担。

方案二，以市场化为原则，通过使用权产权市场化赎买的方式来完成成套改造。针对曹杨一村未成套的住房，鼓励居住者互相购买或者第三方介入购买，让其不成套的住房兼并成套化，从而提高房屋使用功能。

方案三，政府统一征收，转为其他用途。通过政府统一征收曹杨一村，可考虑在保护曹杨一村外部立面基础上，改变建筑的用途，如建设养老设施、青年人才公寓、保障性廉租房，或其他商业性用途，使其功能随着社会需求的转变而不断得到更新。

（2）一般历史建筑的保护更新。

针对曹杨新村的一般历史建筑，一是对于不成套的住宅如七村，鼓励成套改造，如拆落地改造，允许适度增加新建住宅面积，增加部分可用于一村的抽户安置;二是对于居住面积狭小的,可采取贴扩建改造。在保留建筑主体结构前提下,通过局部调整房屋平面与空间布局,扩大居住面积。在贴扩建改造中还应探索节能改造和加建电梯等项目。

(3)住宅二次修缮工程方面。

曹杨地区除非成套房屋,剩余老旧成套房屋已基本实施改造,完成综合整治工程或平改坡工程,但相较于现在推进的屋面及相关设施改造工程,标准低。现拟对2009年之前完成综合整治工程的小区,推进屋面及相关设施改造工程,花5年时间对这类房屋进行全面的二次修缮,以提升居住质量。对于成套住房的二次修缮,还可以积极探索外墙保温节能改造、加建电梯。

图3 曹杨新村建筑的保护与更新分区

(4)须突破相关政策。

第一,优秀历史保护建筑政策突破。优秀历史保护建筑原则上不能进行建筑外观和内部的改变，但由于曹杨一村为非成套居住房屋，建议在保留曹杨一村空间肌理和外观的情况下，能对住宅内部格局进行适当改造。

第二，日照间距问题。参照现行的《上海市旧住房综合改造管理暂行办法》，曹杨地区的成套改造工程，无论是加层方式、贴扩建方式、拆落地方式，均涉及日照间距标准的突破，建议将曹杨地区成套改造工程的日照间距标准从现行的 1：1.2 适当放宽（见图 4）。

第三，对于高度控制问题。依照现行民用建筑分类，多层住宅以 24 米为限，对于部分结构质量允许的六层住宅，建议允许通过加层和贴扩建相结合的方式进行改造，以取得较好的效果（见图 5）。

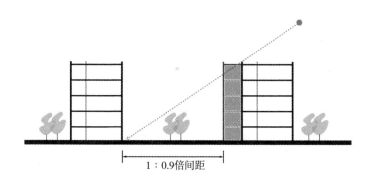

图 4　贴扩建改造缩小日照间距

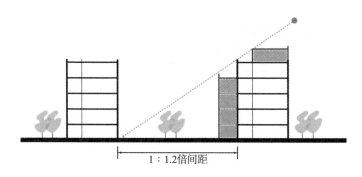

图 5　贴扩建改造不缩小日照间距

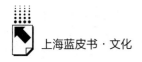

第四，资金问题。针对加层及拆落地方式的成套改造工程，市房管局无详细的改造资金匹配政策。建议由市、区两级财政各承担50%费用。屋面及相关设施改造工程单价为220元/平方米，且市、区各承担50%费用的政策，目前仅落实至2015年，建议将曹杨地区屋面及相关设施改造工程单价调整至300元/平方米，市、区按照各承担50%费用分摊改造资金，并将此政策延续至"十三五"期末，即2020年。

三　曹杨新村社区更新与发展实施策略

经过60多年的发展，曹杨新村和其他工人新村一样，也面临设施老化、建筑质量差、环境品质低等建成环境的问题，以及社区老龄化、外来人口增多、低收入群体集聚等诸多社会矛盾。为此，市、区政府及曹杨街道办通过各种措施，不断改进以适应社会发展的需要，例如适老型社区建设、环境治理、社区网络化管理、社区文化培育等，取得一定的成效。尤其是2015年区政府提出建设一批花钱少、见效快的环境治理工程，这和我们所做的居民问卷调查和访谈所反映的呼声不谋而合。当前居民需求较为迫切的多是集中在住房成套化和环境改造两大类矛盾。因此，相关部门应本着先易后难、雪中送炭的原则，先开展环境治理，再逐年推进住房、环境改造系统工程和社会治理系统工程，提升曹杨新村社区发展品质。

（一）环境整治与设施改造策略

1. 桂巷路步行街改造更新

（1）桂巷路区位概述。

曹杨新村桂巷路步行街位于曹杨新村核心地段，环浜西北部，全长约200米。北接新村内部的重要交通性干道兰溪路，南至杏山路，西靠金梅园小区，东临环浜。步行街西侧有桂巷菜市场和青田公寓；东侧沿街界面现为小商业店铺，包括服饰销售、小商品零售、餐饮娱乐及美容美发等日常生活性服务设施。由于桂巷路步行街建设已有十年之久，日常使用强度较高，店铺流转率高，存在铺面设施年久失修、街道环境品质下降、部分场地活动功能丧失等问题，成为街道响应区政府要求树环境形象的首选工程。

（2）桂巷路现状问题研究。

桂巷路两侧街面破败、设施陈旧，主要问题体现为以下三方面。

①景观休憩地带过于强调绿量，而缺少居民活动空间。

②商业设施界面凌乱、店招店牌随意设置，缺乏统一的形象规划。

③文化展示墙面装饰手法单调、空间消极，缺少活力。

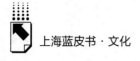

（3）桂巷路的改造更新。

①设计目标。

采用低强度改造的策略，尊重桂巷路步行街的原有基础，在保持桂巷路步行街地面主体铺装基本不动的前提下，完善两侧的商业街及绿化景观改造，打造一条具有商业、娱乐、休闲、活力特色的步行街。

②改造策略。

统一店铺立面。维持原有业态，统一商业街广告牌规格和样式，同时整改商业街出现的卷帘门外露、铺地破损等问题。

改造绿化景观。通过缩减花坛，增加乔木的方法，在保证绿地绿量的基础上，增加活动场所，扩大活动空间。

改造消极空间。将浮雕墙面地带改造为休闲设施带，增加相配套的街具、座椅、绿化墙等休憩设施，加强可驻留性和可参与性，变消极空间为积极空间。

梳理规范停车。在菜市场出入口及步行街出口处设置停车位，统一规范非机动车停车。

2. 环浜绿地系统改造更新

（1）环浜绿地系统概述。

曹杨新村环浜绿地全长 2208 米，绿地面积 3.5 公顷，水面 24933 平方米。有乔木 2900 株，灌木 6100 丛，地被 6800 平方米，成为曹杨新村中一条绿色环廊。

环浜绿地系统是曹杨新村因地制宜规划的亮点和精髓，早年它是一个完整、系统、开放的公共空间。自 20 世纪 90 年代以来由于社会治安矛盾突出以及实施物业化管理，各个小区和单位各自为政，肢解和蚕食了绿地，妨碍社区居民活动，降低空间品质，居民要求改造的呼声高涨。

（2）环浜绿地系统存在的主要问题。

通过对环浜绿地系统的岸线权属分析、功能分析、空间连续性分析等，探索环浜绿地的空间构成特征、人群使用特征，以达到优化滨水岸线、完善环浜绿地系统的目标，使其成为公共生活休憩带。目前问题主要集中于以下四方面。

①环浜绿地被分割，缺乏整体性。

曹杨新村环浜两侧岸线用地属性复杂，有新商品住宅及旧小区混杂，有公共建筑与企事业单位，也有休憩公园及市政公用设施等多种用地属性，使得环浜总长4400米左右的两侧岸线，被侵占的专属用地总长度超过2400米，公共开放岸线不足一半，且整体岸线被分割严重，环浜岸线的可达性严重不足。

图6　环浜周边用地权属示意

图7　环浜岸线通行路径示意

②环浜绿地草坪多，活动场地少，缺少人气。

曹杨新村环浜绿地系统草坪面积过多，可进入性和开敞度不足，无法吸引居民活动（见图8）。

图8　环浜绿地系统大面积草地

③环浜节点缺少功能组织，相互孤立，缺乏聚合效力。

环浜绿地沿线的节点功能定位不清，导致内容单调，不能满足居民需求；同时，在一些地段还存在环境卫生较差、影响环境品质等情况（见图9）。

图9　环浜活动场地设施不足、环浜岸线上的孤立节点和环浜绿地环境品质差的现状

④环浜绿地景观整体品质亟待提高。

环浜绿地的景观小品等有一定特色，但整体品质仍有待提高（见图10）。

图10　环浜景观小品

（3）环浜绿地系统的改造更新策略。

更新的总体目标——通过梳理环浜连续系统，增加环浜活动场地，提升环浜景观品质，旨在打造"富有活力的环浜、连续可达的环浜、高品质的环浜"，即将环浜绿地系统建设为居民活动休憩的主要载体，使之真正成为曹杨新村绿色的项链，塑造具有本地特色的核心公共空间。

①富有活力的环浜。

从整体定位上看，环浜更新的主要实施策略将以社区休闲、生活健身、文化活动等功能为主导，集其他相关配套功能为一体，形成复合的、生态的滨河生活圈（见图11）。

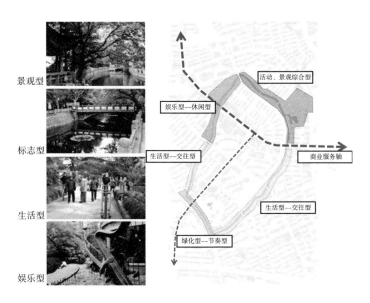

图11 环浜分区段改造策略

②连续可达的环浜。

在环浜路径中需要明确改造的三种类型，即拓展原有的狭窄路径，打通被环浜周边设施、围墙阻断的路径，对于难以打通的环浜路径还需要进行水面步道架设的额外改造措施。改造后，环浜两侧开放步道至少能够保证单侧连续，开放岸线总长达到3450米左右，可占岸线总长度的78%（见图12）。

③高品质的环浜。

通过增加驳岸类型、丰富观景视角、增强场地活力等措施，打造高品质的环浜景观系统。

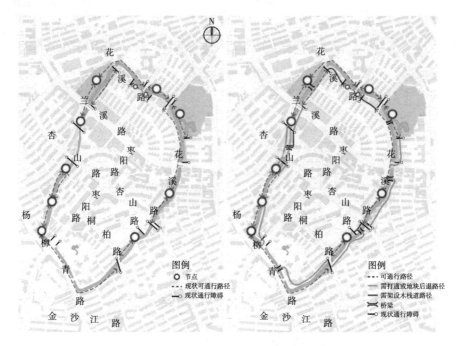

图12　环浜路径改造前后对比示意

（二）面向老龄化的曹杨新村

根据全国第六次人口普查数据，曹杨新村全街道常住人口为98350人。60岁及以上人口共23212人，占常住人口的23.6%。在研究上海城市老龄化对策方面具有一定的标本作用。作为老龄化居民高度集中的曹杨新村，已经列为普陀区首个宜居（适老型）试点社区，社区重点聚焦老年特殊群体，形成"久龄家园"概念，围绕"老村、老房和老人"，在适老性设计改造、为老服务设施布局、为老服务能力、为老服务内容以及增配适老型设施等方面做出探索。

1. 曹杨新村与适老化改造相关的公共服务设施配置的问题

（1）服务设施不足。

在国家、上海市居住区规范及老年人设施规划规范中，曹杨新村街道层面应配建的、与适老化改造相关的公共服务设施项目都满足要求；小区层面设施的配建上，除托老所、服务站和小区级的老年服务中心和球场外，标准中要求配建的项目，曹杨新村也都有。但是曹杨新村在医疗卫生设施、文化教育设施、体育健身设施、社区服务设施、公共绿地及广场的配置指标上均达不到上海市标准。

（2）设施布局不合理。

整体来看，曹杨新村内部核心地区的各类设施的可达性在整个街道内处于较高水平，但在核心的外围社区中，新建社区可达性较好，而旧社区中因设施配置水平较低，在整个曹杨新村中设施的可达性最差，以南部金沙江路沿线、北部小俞家弄最为突出。

2. 曹杨新村老年人行为特征与社区公共服务设施需求分析

（1）曹杨新村老年人基本情况分析。

①曹杨新村老龄化情况、老年人年龄结构。

根据"六普"数据，曹杨新村全街道常住人口为98350人。60岁及以上人口共23212人，占常住人口的23.6%。从老年人分布年龄特征来看，其中最多的是60~64岁的老年人，曹杨新村老龄化呈现出少龄化的特点，表明老年人整体上活动能力较好、生理机能较好。因此，适老化改造中公共服务设施应按自理老人、老人的体能和心态特征进行配置与设计。

②曹杨新村老年人的社会层次结构。

知识文化结构、职业结构等方面的不同都会影响老年人对居住生活环境（包括公共服务设施）的认知和需求。曹杨新村老年人大部分教育程度集中在初中及以上，整体教育水平不低。

（2）曹杨新村老年人社区服务设施的改进需求。

①老年居民普遍反映家门口缺少交往和活动空间。街坊/小区层面设施、场地的缺乏使得一些组团与老年活动室/文化活动室距离较远，不能满足老年人就近使用的需要。

②部分老年公共服务设施的正常管理和运行缺乏足够的资金保障。这一问题在老年活动室上表现得尤其突出，部分老年活动室因缺乏人员管理、资金支持，造成开放时间短、室内的设施简陋，组织的活动类型单一，对老年人起到的服务作用极其有限，大大影响了其使用效率。同时，一些室外邻里交往空间缺乏相应的配套设施，如一些室外的老年活动场所缺乏休息座椅、健身设施等。

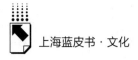

③公共设施在设计上没有重视老年人对无障碍环境的需求。例如公共设施、住宅的出入口缺少无障碍设计；公共设施休息座椅旁没有考虑轮椅停留的位置；视觉标识设置还不普及。这给行动不便的老人的生活带来了诸多不便。

3. 曹杨新村社区适老化改造策略

（1）宏观策略及空间设计。

①优化设施的空间布局。

曹杨新村在进行社区适老化改造的时候，提出以下针对公共服务设施空间布局的整体优化策略：一是在满足使用功能兼容和互不干扰的前提下，鼓励将不同设施进行垂直综合布置；二是整合各类资源，实现设施的资源共享，鼓励企事业单位和社会团体的硬件设施在一定的时间段内向公众开放；三是合而为一，提升社区各类服务设施的综合功能。

在曹杨新村适老化的改造中，还应从居住区/曹杨街道层面和居住小区层面出发，补充完善医疗卫生设施、充实文化体育设施和设置老年专业照料服务设施。比如，将小区卫生服务站与其他老年服务相结合，综合设置成为老年人俱乐部，其服务内容包括日托、社区服务、就诊、康体活动、文体活动等，并与一定面积的室外活动场地相结合，满足老人室内外活动的需求。

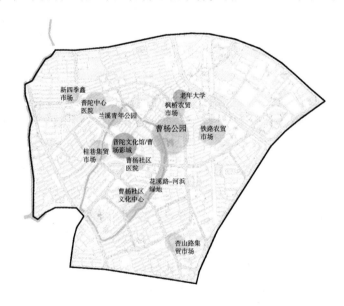

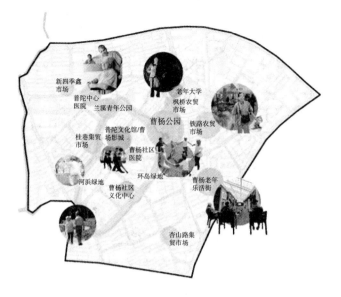

图13　曹杨新村居住区区级公共服务设施/公园

居住小区层面（基层）（见图14）。

对于老年人来说，必需也是政府强制配置的设施是小区卫生服务站。结合曹杨新村实际情况，可以考虑将小区卫生服务站与其他老年服务相结合，综合设置成为老年人俱乐部，包括日托、社区服务、就诊、康体活动、文体活动等，并与一定面积的室外活动场地相结合，满足老人室内外活动的需求。

针对日后老年人的巨大需求，按照小区卫生服务站的最高配置标准，应在曹杨新村内新建7个老年俱乐部（见图15）。

②老年人慢行体系。

曹杨新村整体的道路系统适于慢行，道路多为丁字路口，内部交通可达性较强，但周边局部地区的交通可达性与中心比较差，且部分小区过大。部分道路步行环境较差，延河浜绿地不连续，部分河浜岸线被居住区或单位"占领"。

建议从老年人需求出发，和青年人的慢跑径相结合，建立慢行体系。把老年人使用强度和频率较大的地点进行有机串联（见图16），并根据老年人的特殊需求，在彩色沥青路面上做路径标记，沿路设置指示牌、坐憩设施等。

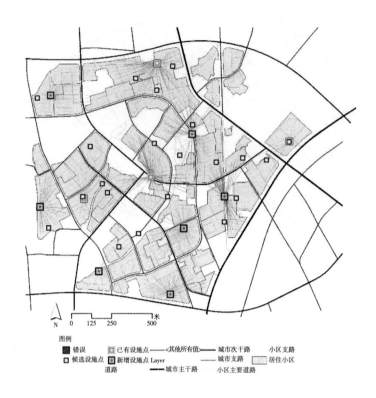

图14 居住区及设施/公园整合后老年人活动场所示意

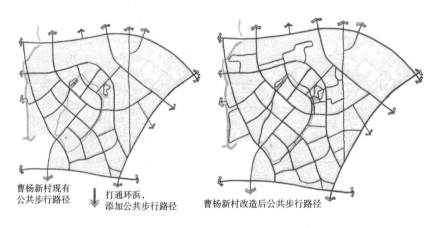

曹杨新村现有
公共步行路径

打通环浜，
添加公共步行路径

曹杨新村改造后公共步行路径

图15 老年人俱乐部设施选址优化

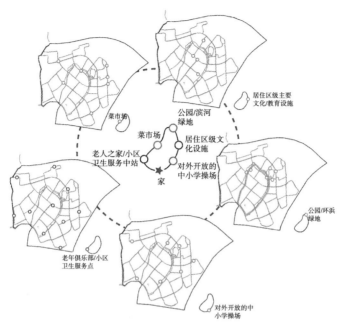

图16　曹杨新村老年人慢行路径示意

③老年邻里单元的构建。

以老人俱乐部为中心，构建老年邻里单元。曹杨新村的总体规划带有邻里单位的思想，整个曹杨新村半径约为 0.6 公里，中心设有多种公共建筑，包括老年人使用频繁的公园、文化设施、老年大学等，新村未来规划建设 7 个老年俱乐部。

（2）中观层面适老化改造策略及手段。

针对老年人的特殊需求本课题组提出在街道/居住区层面与小区层面相应的空间做以下八项设计。

①对私人庭院"去围墙"化，改为栏杆、篱笆、低矮灌木等，可以与户外公共活动空间产生视线联系的方式，创造交往机会和社区安全。

②在住宅入口创造相当于门厅的空间，供老年人休憩，也可在建筑入口附近布置座椅，给老年人提供观察小区内活动、看报、休憩的场所。

③有条件的可在小区内提供一些可成为老年私人园圃的地方，鼓励老年

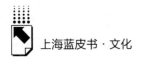

人在公共空间养花种草，美化小区环境的同时，促进老人间的沟通与活动。

④在主要公共建筑的室内外空间之间，可设计一个过渡区，比如带屏风的门廊，一方面可以提供一个坐憩聊天和观赏的地方，另一方面可以给老年人以安全感，免受天气的影响。

⑤建立相互连通、能形成环路的步行道体系。并且最少每隔15米设休息座椅或休憩区。

⑥注重户外照明与标识系统的设计。标示物最好有夜间照明。

⑦注重场地设施和无障碍设计。

⑧为了满足老龄化社区中老年人的需求，应该根据住宅内老年人实际需求和居住建筑条件，结合贴扩建改造，加建电梯。

（3）曹杨新村环境微观适老化改造策略及空间设计。

内容包括：①完善标识系统；②营造门厅、住宅的底层庭院、楼梯间等半公共、半私密空间，增进老人间的交往；③注重活动设施、街具设施的细部设计，适宜老人使用；④在老人行走沿线，增加停驻休憩空间。

四 构建和谐的曹杨新村

影响社区发展的因素有很多，从空间形态来看，决定社区差异的是建筑密度和建筑面积密度（容积率）；从社会生活来看，社区密度又包括人口密度、就业密度。不同的密度在住宅的体量、形式、高度以及空地率上具有不同的空间特性和社会特征。这种在一定空间形态上的居民社会特征形成社区的社会模式，根据这种社会模式的差异，探讨具有针对性的社会治理模式是社区和谐建设的根本。

（一）社区治理的结构类型

社区治理一般理解为：在一定区域范围内，政府与社区组织、社区公民共同管理社区公共事务的活动。社区治理的实质就是在多元主体共同参与的情况下对社区公共事务进行的一系列管理活动。根据治理的特征二维比较框架，构建出中国城市社区治理结构的三种典型类型（见表2）。

表2　当代中国城市社区治理结构的三种典型类型

类型	传统型社区	协作性社区	行政化社区
治理网络的扩展	驻区单位	NGO(业主委员会)	社区工作站 NGO(业主委员会)
协作的主要形式	非正式关系	协商或者协调	协商
典型个案	南京市苏州路社区	南京九龙新寓社区 上海华山社区	深圳彩虹社区

（二）曹杨社区治理路径

曹杨新村是上海市加强社区建设扩大试点单位，也是上海文明社区之一。1998年以来，为探索社区治理的模式，曹杨新村勇于探索大胆实践，在社区治理模式方面取得较大的成就，并在体制创新、载体创新、机制创新、方法创新、模式创新等方面探索出新路径。

从行政、居民区、驻区单位"三条线"入手，形成社区党建工作"条块结合、资源共享、优势互补、共驻共建"格局。既强化了对行政派出机构的双重管理，又强化了对驻区单位的协调沟通。

挖潜整合社区生活服务中心、综合治理中心等公共服务平台，以及乐活家园、精神家园、社区卫生服务站、联勤联动中心、老年日间照料中心、阳光之家等，逐步建立与社会发展相适应，面向社区全体成员，涵盖帮困救助、为老服务、公益慈善、健康卫生、就业指导、公共安全等内容功能相对完善的曹杨社区公共服务体系。

通过网格化管理模式，曹杨新村协调联动城管、公安、工商、市容、环保、绿化、房地产等相关单位，对市容环境、公共安全、社会稳定等齐发力，共商共治城市综合管理顽症。建立了"综合协调、巡查处置、源头管理、互动参与"工作机制，有效推行政资源整合，实现条块共治，提升政府管理效能。

成立曹杨社区民间组织服务中心，为社区内的民间组织开展全面服务和有效管理，具体落实了培育和管理监督的责任，为推进政府职能转变，改进

社会管理方式，加强党的执政基础，增强民间组织自我发展能力提供了社会化管理运作平台。

建立健全小区居民自治体系，加大居委会自治家园建设。扩大和巩固小区管理的群众基础和支持度，丰富群众社区生活，加强居民间沟通，为居民各得其所、各尽其能、各展所长提供平台。

（三）完善社区治理模式的对策

当前上海中心城区的社区治理模式虽仍以行政力量为主导，但已开始融入政社合作、社区共治的理念和机制。曹杨街道在传统模式上创新机制，提出"管理与治理相结合、自治与共治相结合、服务与引导相结合"的社区管理新机制，同时进一步完善社区治理结构，理顺社区中政府、市场、社会三者之间的关系，大力发展专业性的社区服务组织等中介机构，及时总结经验，做好制度沉淀，培育治理范本，提升居民社区意识，培养社区自治能力。

社区建设要不断地增强居民的社区归属感和认同感，拓展居民参与的范围和程度，要重视社区功能的开发，发展社区服务，塑造社区文化，满足居民的各种需求。只有通过增进政府、社区、居民之间的协商合作，才能共同促进社区的和谐发展。

B.8
剧场，表演与记忆政治
——对上海民间淮剧戏班及剧场的考察

杨　子*

摘　要：　本报告以上海民间淮剧戏班及剧场为考察对象，探讨在全球
文化流动的背景下，地方性文化处于何种位置，以及在地方
性日益被消解的全球都市空间中，地方性主体如何通过"剧
场"与"表演"实践构建记忆政治，重建社区共同体及身份
认同。

关键词：　地方性文化　文化记忆　记忆政治　剧场　表演

　　全球化对地方性文化的削弱与摧毁在当下已成一种常态，因而，作为
特定文化共同体共享的记忆，文化记忆成为人文社会学科日益关注与聚焦
的主题。本报告对上海民间淮剧戏班及其所驻剧场进行考察，旨在对以下
问题进行探讨：地方性文化以及基于地方性文化之上的文化记忆和全球城
市之间的关系，当地方性文化在全球化进程中被更新、被消解，地方性主
体如何通过剧场及剧场中的"表演"实践构建记忆政治，进而重建共同体
及身份认同。

　　作为移民社群的文化场域，分布在上海的苏北移民聚居区的民间淮剧戏
班和剧场，可作为独特视角来考察全球语境下地方性文化的构成、生产和发

---

　*　杨子，文学博士，工商管理博士后，任职单位为上海艺术研究所，研究领域为城市文化、文
化产业、影视戏剧艺术理论。

展，以及"苏北人"这一特殊的移民群体——地方性社会主体的社会空间及其与客居城市之间的关系。本报告以上海民间淮剧戏班的剧场与表演实践为例，探讨在全球文化流动的背景下，地方性文化处于何种位置，在地方性日益被消解的全球都市空间中，全球化与地方性如何相互建构，进而探讨地方性主体在剧场表演实践的记忆政治驱动下，如何进行社区共同体与公共空间的重建。

一 地方性文化的社会属性

地方性文化是一种复杂的现象，是关系化和语境化的，表现为特定的社会性、能动性和再现性。[1] 作为非原生的上海地方性文化，上海民间淮剧戏班及所驻剧场承载着苏北移民的集体记忆和共同生命史，是他们家园情感的延续和想象力的再创造，对其在全球都市化进程中的生存状态、发展态势以及"苏北人"这一地方性主体文化记忆的考察，有必要对淮剧戏班南迁入沪进行追踪溯源，并对"苏北人"这一特定概念进行爬梳厘清。

（一）被污名化的"苏北人"

19世纪中叶南下移民进入上海的苏北人及其所带来的苏北小戏，当属外来人口及移民文化。在历经百年与城市的交融发展中，苏北小戏成为多样性的上海城市文化中独具特色的地方性文化。对起源于苏北的淮剧在上海的发展兴衰进行回溯之前，首先对"苏北人"这一概念进行意义界定。在对"苏北人"的研究中，韩起澜指出："苏北人这个概念源于移民格局，极有可能是一种标签，用以描述江南和上海的移民人口。"[2]

19世纪中叶，频发的自然灾害促使大运河沿岸居民南迁，包括上海在内的富庶江南地区成为首要迁移之地。这些来自苏北的移民大多数从事非技

---

[1] 〔美〕阿尔君·阿帕杜莱：《消散的现代性》，刘冉译，上海三联书店，2012，第179页。

[2] 〔美〕韩起澜：《苏北人在上海，1850~1980》，卢明华译，上海古籍出版社、上海远东出版社，2004，第31页。

术性行业，如黄包车夫、码头工人、澡堂侍者等。从 19 世纪晚期以后很长一段时间里，居住在上海的苏北人，一般被看作是穷人。[①] 当"苏北人"作为社会底层穷人的标签，用来描述江南地区或上海的外来移民人口，"苏北作为一个地方的理念便产生出来，用以界定他们的原籍"[②]。职业的低下使得"苏北人"成为社会偏见和歧视的对象。"苏北人"被"污名化"的历史在他们南迁的背景中拉开序幕。南迁艺人将江淮戏带入上海，淮剧在上海的发展兴衰，在某种程度上成为"苏北人"被"污名化"、被边缘化的典型表征。

（二）淮剧进沪

一百多年前，淮剧发源于淮河流域的苏北里下河地区。清光绪三十二年（1906），苏北发生特大水灾，部分艺人来到上海，也将江淮戏带入上海，在苏北人群体中广为传播，观众主要聚居在黄浦江和苏州河沿岸码头、市区四周边沿地带和郊区市镇等地区，他们大多是码头搬运工、环卫工人、车夫等。民国初年，江淮戏艺人主要在街头坐唱演出，1916 年，陆小六子在闸北开设了第一家专演江淮戏的群乐戏园，第二年，马金标在南市三合街开设了三义戏园，江淮戏自此从街头演唱进入剧场登上舞台。[③]

淮剧早期能够进入的剧院远离租界，地理位置比较边缘，如南市的民乐大剧院，斜桥的黄山大戏院，闸北的凤翔大戏院，上海大西大戏院、高升大戏院，后两家戏院位于上海西区棉纺工人集中之地。新中国成立前，淮剧从未在上海的公租界或法租界的大戏院里演出，能够接纳淮剧演出的戏院，也只是靠拉黄包车起家、来自淮安的刘慕初夫妇所开办的民乐戏院。

从 20 世纪 20 年代末开始，一些京剧演员加入淮剧班社，或与淮剧戏班

---

① 〔美〕韩起澜：《苏北人在上海，1850~1980》，卢明华译，上海古籍出版社、上海远东出版社，2004，第 1 页。
② 〔美〕韩起澜：《苏北人在上海，1850~1980》，卢明华译，上海古籍出版社、上海远东出版社，2004，第 31 页。
③ 《中国戏曲志·上海卷》编辑部：《中国戏曲志·上海卷》，1992，第 49 页。

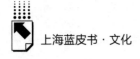

同台演出，无论是剧目、行当、表演艺术，还是音乐和舞美，淮剧均从京剧中获得丰富"养料"而日渐发展。抗战胜利之后，众多逃离战乱的淮剧艺人重返上海，组成众多班社，这一时期，民间淮剧戏班得到较大发展。淮剧有史以来最为昌盛的发展时期是在1949年5月上海解放后，产业工人政治地位及社会地位得到提高，生活也有了较大改善，"苏北人"占据上海产业工人的大多数。这一时期，淮剧观众迅速增加，演出团体达到14个，分布于各区，演职员达到近千人，淮剧进入各区主要剧场演出，政府甚至出资专门设立淮剧演出的剧场，如这一时期的沪西工人剧场和黄浦剧场都是专演淮剧的剧场。同时，市区各大剧场也向淮剧开放。1951年，由马麟童领衔的麟童淮剧团和筱文艳、何叫天领衔的联谊淮剧团合并，并吸收竞成、日升等剧团部分演员，组成民营公助性质的淮光淮剧团，不久改名为上海淮剧团，1953年更名为国营上海市人民淮剧团。

20世纪五六十年代新中国的"戏曲改革运动"简称"三改"，亦即"改人、改戏、改制"，艺人改造和剧目改编都在人民政府巩固新政权的背景下进行，艺人被赋予"戏剧工作者"的新身份纳入意识形态宣传。部分民间戏班被改造成国办剧团，对剧目的改造同步进行，一批优秀的整理传统剧目和现代题材剧目涌现，与此同时，一些传统剧目被禁演，禁戏过多导致一些剧团无戏可演而被迫解散。"文化大革命"开始后，上海市人民淮剧团被勒令停止艺术生产，区属淮剧团则全部被解散，遑论民间戏班，其更是无从生存。

（三）戏班重兴

苏北人的南迁在新中国成立后严格的户籍制度和计划经济管制下，在很长时间内一度停滞。20世纪八九十年代，民间淮剧戏班在上海重兴，一定程度归结于80年代初人口流动政策的放松。人口的自由流动为剧场的发展注入新的力量。

上海淮剧团作为上海市唯一的国办淮剧艺术团体，从80年代初到90年代开始逐渐式微，观众流失严重，淮剧在上海的市场萎缩可主要归纳为如下几方面原因。其一，老一辈苏北籍观众因年事已高而逐渐减少，新生代观众缺乏，社会长期存续的对"苏北人"的刻板印象，使得在上海本地出生的移民后裔为摆脱歧视和偏见、融入上海文化而摒弃苏北文化。其二，电视、电影等大众文化娱乐产业高速发展，大众可选择的艺术欣赏类型增多、趋向多元化。包括淮剧在内的戏曲观众大幅度萎缩。其三，20世纪90年代上海城市产业结构大幅度调整，大量制造业外迁，产生大批下岗工人，他们中淮剧观众占一定比例，低下的消费能力导致淮剧市场急剧萎缩。

与上海淮剧团的市场大幅度萎缩形成鲜明对照，20世纪90年代中期到21世纪初民间淮剧戏班迎来一段鼎盛发展时期。淮剧艺人在闸北、杨浦、浦东新区、虹口等区的苏北籍人居住区内设立简易剧场，低廉的票价和便利的地理位置吸引了大批苏北籍人进入乡人开办的剧场。据调查，这一时期出现在上海的苏北民间淮剧戏班多达17家，在一定程度上弥补了上海淮剧团在全市范围内覆盖面的不足。

（四）戏班式微

民间淮剧戏班的式微始于21世纪初。调查结果显示，到2011年初，上海的民间淮剧戏班尚存7家，但到2015年初，上海市民间淮剧戏班只剩4家，其他或关或转或迁回苏北。

2015年之前，全市的民间淮剧演出剧场共有6个，面积最大、设备最齐全的是由工会社团和普陀区政府设立的沪西工人文化宫剧场，它是正式的舞台剧场，可容纳百余名观众。其他剧场均为戏班租赁的民宅或者商铺。比如位于瑞虹路的新兴淮剧团剧场由废弃的造纸厂仓库改造而成，可容纳观众50人左右。位于闸北区的杨四戏班和杜红梅戏班租用面积狭小的临街商铺，只能容纳20余名观众。这些剧场都分布在苏北籍人居住区内，观众以该街区老年苏北籍移民为主。[①]

根据调查得知，民间淮剧戏班衰微始于2003年前后，这一年"非典"

---

① 杨子：《剧场作为"空间的再现"——以上海市民间淮剧戏班为例》，《艺术百家》2010年第8期。

暴发，但"非典"不是导致戏班衰微的绝对原因。城镇化带来的城市拆迁给了剧场最后的致命一击。

根据《上海统计年鉴》数据，在上海市旧城区改造中，从1995年到2006年，拆迁户数最多的年份为2002年（101097户），第二为1996年（89137户），第三为2006年（81126户）。如果按区域划分，2000～2006年，以苏北籍人主要聚居的虹口区、闸北区和杨浦区三区为例：闸北区2002年拆迁户数最多（7643户）；虹口区2003年拆迁户数最多（10417户）；杨浦区于2002年拆迁户数达最高点（10707户）。[①] 显而易见，2002年和2003年是旧城改造的高峰期，这也就解释了为什么2003年前后上海民间淮剧戏班会走向式微。在旧城改造运动中，不仅因为苏北籍人被迁于郊区而导致淮剧观众被分流，戏班赖以生存的剧场同样面临被拆迁的命运。

二　观演场域：记忆政治的构建

民间淮剧戏班的式微显示了全球化城市运动剥夺记忆与消解历史的治理方式，以及地方性文化在权力与资本范式下的记忆政治中被消解的现实，由此引出进一步探讨的问题是，地方性主体如何通过"非权力范式"的记忆政治展现并保存其原有的文化形态。

剧场是民间淮剧戏班赖以存在的要素之一。演员和观众、观众与观众之间的社会交往与行为，是剧场中核心的社会关系构造，为观演关系、消费共同体的构建及家园想象这几重剧场实践提供了一个彼此互相借力的互动场域。这一场域，笔者称之为"观演场域"，是一个动态的权力关系结构，是地方性主体通过剧场、表演实践所建立起来的、与权力和资本范式的记忆政治相抗争的新的记忆范式。

---

① 《上海统计年鉴》（2001～2007年）。

（一）观演关系：情感认同

民间淮剧戏班实行薪水日结制，其收入主要来源于观众给演员的小费，行话称为"彩头"。观众打彩的具体金额不等，根据自己的经济状况及自己和演员的关系深浅来定。但在节日或者封箱日，观众打彩的金额要比平日多一些。演员和戏班之间是一种互相依赖的关系，演员为戏班带来收入，但若没有戏班、没有剧场的存在，也就没有固定的观众，那么，演员的收入也必定受到影响。所以，将自己所收"彩头"上交，与戏班共同分成，演员对此是认可的，在经济利益共享和生存压力共担的情况下，上交"彩头"成为一种必然趋势，这也促使演员与戏班构成比较稳固的利益共同体。

演员和观众之间关系的深浅，决定了观众是否给"彩头"及"彩头"金额的大小。对演员来说，戏班的观众就是他们的衣食父母。因此，戏班的经济运作模式决定了观演之间的权力场域和社会关系构架。

1. 观演互动

在剧场中，观演互动无处不在——无论是在演出前、演出后，还是演出过程中。观众进入剧场，演员敬烟倒茶，热情相待。演出前演员和观众之间的互动与亲热，为演出时的打彩奠定了情感基础。"打彩"是演出过程中观众与演员互动最为重要的一环，观众借"打彩"表达对演员的喜爱，或因被剧情所感动而打彩；对于演员和戏班来说，"打彩"则是一种价值认同的表达，更是他们唯一的营收方式。很多时候，在演出前被演员热情招待的观众，往往不是因为对方的演技，而是出于情面上台前打彩。演员在台上唱，对谁给自己打过彩谁未打彩心中有数。唱完下台后，收到"彩头"的演员一身戏装走进观众席，向刚刚给她/他打彩的观众致谢并敬烟。

观众对演员的"打彩"及演出前后的热络互动，是基于人际的情感联系与经济往来，除此之外，观众和演员所扮演的角色的互动在剧场中也屡见不鲜。

以2010年2月4日晚杨四剧场演出的《凶婆恶媳》单本剧为例：该剧是关于婆媳之间的家庭伦理剧，故事大意为：徐婉贞自幼失去双亲，秉性贤淑，嫁给郑仲青为妻。婆婆周氏性情凶悍，对媳妇百般虐待，邻人皆敢怒不敢言。一日，仲青染疾病，周氏将之归罪于媳妇婉贞，将其驱逐出门，婉贞无奈，投靠夫舅周仁骏栖身。婉贞同窗蒋剑秋获悉甚为不平，自设一计嫁给仲青之弟幼青为妻，以图改变婆母周氏态度。周氏对剑秋凶悍如故，剑秋痛殴周氏并将其逐出家门。周氏无奈之下藏身于其胞弟宅中养伤，婉贞佯装女佣服侍周氏。周氏愈后知情，幡然悔悟，痛斥"廿年媳妇廿年婆"陈腐观念。剑秋亦前来认罪，周氏婆媳遂言归于好。

在恶婆周氏虐待婉贞时，台下一位70多岁的老太太大声地与台上互动应答，带动全场观众笑闹起来。当艺人吉凤珍扮演的剑秋对高永梅扮演的婉贞道："人善被人欺，马善被人骑，她打你，你为什么不还手呢？"台下观众大声应和："打，打，也打她！"而当婉贞在周氏的虐待下跪在舞台上泣唱，因天气寒冷，一位老太太起身从座前扔了一块坐垫到台上，示意演员高永梅将膝盖跪在坐垫上抵寒，高永梅将垫子垫在膝下，以眼神向老太太示谢，在此过程中，表演并未中断。

在这个剧场里，演员与观众之间并不存在交流障碍，观演互动随时发生。当演员高永梅演至悲处，流泪痛哭时，观众中上前打彩者众多。由戏生情，有感而发，观众完全为演员的表演所打动，乃至高声应和或者泫然欲泣，他们全然忘了它是在戏台上发生的。这套认知系统实则为一种传统的力量：婉贞的悲惨遭遇促使他们同情她的经历，他们在台下情不自禁的表现是因为他们无法认为她（高永梅）只是在演戏。惩恶扬善的传统伦理道德在此时占据制高点，中国戏曲在其特有的"情感之域"① 中组织并运作所创造出的，是剧场中内在的、能够自洽的、使观众信以为真的标准。中国传统戏曲及其表演方式绝非关于自然和再现，它通过假设和虚拟的结构、言语、行

---

① 颜海平：《情感之域：对中国艺术传统中戏剧能动性的重访》，高瑞泉、颜海平主编《全球化与人文学术的发展》，上海古籍出版社，2006，第81页。在演出者、角色和观众中的交流的特殊关系所构成的正是"情感之域"，是"被表演的关于情感的结构和视界"，它有别于自然和常规的生活，是一个关于不可思议的真实性的美学境界，在其感动天地与人的同时具有说服力。

动和音乐性等元素的风格化而产生意义。因而，在中国戏曲及审美中，正是这个全然由假定性或虚拟性行动构成的"指而可识"从本质上为观众设置了一种积极参与的角色。[①] 观众的自发性情感通过舞台上的"非真"表演形态得以释放，进而接受表演所传达的一种认知或感受层面的真实。而"打彩"则是观众在这种状态下所表达的双重认同，即便这种认同以经济手段来实现：与故事角色感同身受及对演员的肯定。这涉及在看中国传统的"演戏"或"将虚拟性的故事的扮演作为戏"的过程中的"戏剧能"的运作意义：它不仅包括观看戏剧的场上行为，而且包括心理与行为的参与，剧场从本质上调动了人的能动性的制造。从这个意义上说，打彩是观演过程中人对演剧的直接参与和交流，是观者能动反应的具体呈现。

2. 拜干亲

列斐伏尔在阐述"什么才是社会关系的真正存在方式"这一问题时，[②] 指出社会关系与空间之间互动的辩证关系，即"只有当社会关系在空间中得以表达时，这些关系才能够存在：它们把自身投射到空间中，在空间中固化，在此过程中生产了空间本身"。[③] 从这个角度，不难理解在剧场独特的运营机制下所建构的一种特有的观演关系，亦即"拜干亲"，演员与观众所建立的一种非血缘式的亲缘关系。

"彩头"是演员的主要收入，为稳固和增加收入来源，演员将自己与观众的关系亲密化、稳定化，通过"拜干亲"的方式，以非血缘性的"亲属"关系来保证经济上的稳定与获利的最大化。

传统农村社区，人们的社会行为在以血缘、地缘为基础的熟人社会网络中进行，依据传统农村社区的文化与行动系统维系村民生活与村社运转。这些来自苏北乡镇的民间艺人从原居住地迁入城市时，依据原有社区的传统人际网络群聚而居，建立起一个独特的演艺与生活空间。观演场域中非血缘式

① 颜海平：《情感之域：对中国艺术传统中戏剧能动性的重访》，高瑞泉、颜海平主编《全球化与人文学术的发展》，上海古籍出版社，2006，第90页。
② Lefebvre, H. , The Production of Space, Blackwell Publishing, 1991, p. 129.
③ Lefebvre, H. , The Production of Space, Blackwell Publishing, 1991, pp. 30, 31, 37, 46.

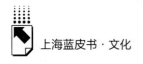

的"干亲"关系，一定程度上化解了城市资本竞争中难以避免的生存压力。传统农业社会共同体的文化伦理内含的人性关怀及在此基础上生发出的非血缘的亲缘关系，作为丰富的再生性的社会资本，弥补了戏班艺人进入城市后势单力薄、无制度性保障的不足。所谓社会资本，是个体通过社会网络来获取稀缺资源并由此获益的能力。利用自身具有的社会网络资源不仅是移民融入城市的最有效和便捷的介质，而且是他们在客居地得以安身立命的最有效和直接的依靠。

源于剧场空间且延伸于剧场之外的空间关系——"干亲"，巩固了演员的观众群，在一定程度上保证了演员收入的稳定性。布尔迪厄认为，具有工具性功能的社会资本存在于不可置换的人们自己所属的结构性网络中。在边缘化和底层性的剧场空间中所建构的"亲缘关系"是戏班艺人与苏北籍观众所共有的，具有最丰富的社会资本资源的结构网络，在剧场/戏班的生存中发挥着积极的最具实际意义的作用。

文化人类学的研究显示，人的关系网络涉及工具理性和理性计算，也涉及社会性、道德、意向和个人情感。它既是一种权力游戏，也是一种生活方式。在生活世界领域的建构上，人们在剧场中建立的对传统社会关系的承续保证了淮剧艺人与观众内心的相对平衡感，亲缘关系的传统与温情在此建构着他们对客居城市的生活意义和社会环境的适应性。显然，剧场的生存方式与运作模式内在地建构了观演之间独特的社会交往方式，而剧场空间正是这一独特的社会关系存在的基础，社会关系在生产实践中也相应地生产、稳固了剧场空间本身。

（二）消费共同体：认同机制

综上所述，观演场域中剧场共同体的结盟体现在其无所不在的观演互动，以及独特的亲缘关系的建立，而通过"打彩"建立的"消费认同"机制则建构了剧场的"接纳"与"排他"性的身份识别机制。

在调研中，笔者亲受从被冷落到被接纳的全过程。一个结构稳定的空间一旦被外来者所闯入，必定令空间中原有的社会群体产生不适感，冷漠甚至敌对情绪由此产生。在屡次对多个演员进行打彩后，剧场的观众大多对笔者表露出善意，甚至有几位老年观众对笔者连声道谢。在这个熟人化的人际关系网络里，观与演之间的相互依赖与相互利用加强了空间组织关系的内部合作，针对笔者这样一个外来者亦即"他者"的闯入，观众自觉和演员结成同盟，观演之间的利益关系在一定程度上呈一体化状态。故当"他者"向演员——这个共同体中的一员——施予友善和经济赠予时，观众会代表演员表达感谢。而观演之间所结成的"干亲"关系，更增强了观众"越俎代庖"地代表演员对笔者的经济赠予表达谢意这一行为的正当性和合理性。

可见，在剧场中，"打彩"这种消费行为充当了剧场共同体的"接纳"与"排他"制度。消费行为在这里是具有生产性的活动，其不仅仅是经济意义上的生产，而且是社会意义上的生产。法国社会学家尼古拉·埃尔潘认为：

> 消费是一种"社会参与体验"的生产活动，即参与某种共同的快乐或基本福利的体验。这种社会参与体验直接影响到我们的自我认同感和社会认同感，影响到我们对自我与群体或社会的关系的定义和态度。在这个意义上，消费活动是一种社会语言、一种特定的社会成员身份感的确认方式。[①]

根据埃尔潘的观点，剧场观众的消费行为亦即对演员的"打彩"，是一种免于陷入某种社会孤立的社会参与体验的生产，在这个意义上，剧场既是"接纳性"的，又是"排他性"的，通过"打彩"消费，"他者"获得剧场空间所认可的合法身份而被接纳，"打彩"成为一种重要的社会身份识别与社会整合机制，通过它，剧场成员构成特有的"消费共同体"。

通过非血缘式的亲缘关系的建立及剧场消费认同机制的运作，一个稳固的剧场共同体得以建构：亲缘关系的建立源于演员获得稳定收入来源的利益

---

① 〔法〕尼古拉·埃尔潘：《消费社会学》，孙沛东译，社会科学文献出版社，2005，第2页。

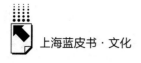

驱动而与观众进行的利益结盟，"打彩"是亲缘组织建立的主要目的，"打彩"的剧场消费与认同机制则在一定程度上稳固了观演之间自组织亦即剧场共同体的关系，三者形成一个逻辑自洽的剧场体系：观演场域。

（三）看戏的人：家园想象

剧场具有集群化功能。在剧场中，熟悉的乡音和共同的苏北籍身份吸引观众走进剧场，在观众高度趋同的认同感和归属感基础上，剧场不仅是一个实在的地理空间，而且也是一个共同的历史集体记忆的载体。对于一个在外客居多年或者已与客居地同化融合的苏北籍人，他或她在许多方面都会发生改变，但唯一很难改变的，是来自胸腔深处、与生俱来的故乡的音调。"乡音无改鬓毛衰"，"乡音"由先民代代相传，与所处的山川水土有关，也与漫长的社会变迁有关，是在长期的历史社会发展中建立起来的具有地方特色的话语系统，是刻写在人的思想和逻辑深处的某种声学振荡。

传播学家 E. 卡茨提出的"使用与满足"过程的基本模式，比较立体地解读苏北籍观众对剧场的空间认同及淮剧的接受过程，他将受众对某种媒介的接触行为概括为一个"社会因素＋心理因素→媒介期待→媒介接触→需求满足"的因果连锁过程，指出"人们接触传媒的目的是满足他们的特定需求，这些需求具有一定的社会和个人心理起源"。[①]

在对观众的随机采访中，观众的述说证实自身对剧场（媒介）与淮剧（传播内容）的"使用"来源于特定的社会因素及由此而生发的心理因素，并由此产生对淮剧/剧场的"心理期待"。当笔者对观众提出"为什么来剧场看戏"这一问题时，观众给出的回答大多为，"苏北人就该听苏北戏"，或者"有一种熟悉的乡情在里面"。可以说，剧场、舞台传唱的乡音，是观众对故乡存在的确认，是对家园的想象和建构，也是进剧场"看戏的人"的心理期待。

剧场作为"呵护场所"，提供了人们一种和故乡家园有关的"可行的、

---

① 郭庆光：《传播学教程》，中国人民大学出版社，2005，第 183 页。

有序的、有度的感情生活"，它"给予普遍的、分散的、持续变化的肉体感觉一个特别的、明显的、确定的形式；对我们天生就服从于它的不断变化的感觉施加一种可认识的、有意义的秩序"[①]。对于"感情生活"的发生，兰格做了如下阐释：

> 它是由想象力形成的感觉，它能给予我们所知道的外部世界。正是思维的连续性，将我们的情感性的反应系统化为有着明显感情色调的态度，并为个人情感提供了一个确定的范围。换言之：凭借我们的思维和想象，我们不仅有了感情而且有了感情生活。[②]

格尔茨所确认的"可行的、有序的、有度的感情生活"，"是由想象力形成的感觉"，并"能给予我们所知道的外部世界"，也正是进剧场之后"看戏的人"所获得的"需求满足"。杨四剧场中的现场表演所引发的观众的想象力具有双重维度，其一是舞台上的"非真"的故事通过演员的"非再现"（nonrepresentational）[③] 表演手法进行表达和演绎，令观众获得一种认知或感受层面的真实；其二，凭借想象力，听觉认知——作为一种联系着社会和人的存在的社会感官——为苏北族群建构了一个想象的家园，以及由此产生的家园认同，剧场实践成为苏北移民族群抵达"家园"的可行路径。

三 记忆政治：乡愁，地方性生产与表演的权利

作为一个社会活动过程，文化记忆指的是"对过去社会的、建构式的理解"。[④] 苏北移民通过剧场观演场域所建构的情感认同、社区共同体与家

---

① 〔美〕克利福德·格尔茨：《文化的解释》，韩莉译，译林出版社，2008，第86页。
② 〔美〕S. 兰格：《情感与形式》（纽约，1953年，第372页），转引自〔美〕克利福德·格尔茨《文化的解释》，韩莉译，译林出版社，2008，第86页。
③ 颜海平：《情感之域：对中国艺术传统中戏剧能动性的重访》，高瑞泉、颜海平主编《全球化与人文学术的发展》，上海古籍出版社，2006，第87页。
④ 张俊华：《社会记忆研究的发展趋势之探讨》，《北京大学学报》2014年第5期。

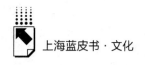

园想象，是在全球化城市运动记忆剥夺与历史消解的治理政治下，对这一族群集体文化记忆的存续与传承。

本报告以地方性剧场与表演实践为例，勾勒出在一个去领土化的全球文化中，地方性文化生产及其文化记忆存续所遭遇的困难。在资本的同一性运动中，生产地方性（作为一种感觉结构，一种社会生活特质，一种特定处境中社群的意识形态）日益艰难。① 剧场观演场域的建构体现了"苏北人"这一移民族群在全球都市空间中通过剧场实践造就新的社会关系和生产空间，在现代都市空间规划所给予的有限空间中，展现了"看戏的人"与"演戏的人"的主体能动性。在面临集体身份危机和文化记忆如何存续下去这些问题时，剧场实践是保证断裂时期地方性文化能够生存下去的一种策略和实践方式。

作为民间淮剧戏班在客居城市赖以生存的空间，剧场中特有的由演剧实践与观演关系所建构的观演场域凸显了这一场所的文化特殊性，成为移民社群建构的记忆范式：它不仅仅是一个演剧空间，而且是集体文化记忆的承载和记录；它有着塑造记忆载体群体身份的功能，民众的生活体系很清晰地雕刻在剧场空间；它作为一个文化交流和生产的样式，不仅是地方性主体的社会关系、文化习惯的行为模式，且涉及他们在城市现代化进程中如何感知自己的空间位置，进而通过剧场实践重建公共空间与社会关系。

总而言之，剧场是一个想象的共同体，想象资源来自共同体成员对家园的共同想象，以及共有的生活经验与历史记忆，经由这种由共同记忆和历史认同的情感所构筑的观演场域，正是移民族群抵达"家园"的主要路径。从这个意义上说，地方性主体进行剧场"记忆政治"的运作本质，是运用"乡愁"的力量抵抗某种带有敌意的或强势的社会环境，通过想象性建构，生产新的社会关系与社会空间。

人的主体能动性和实践性是决定其所固有的地方性文化以何种方式进行现代性展演的关键因素，以及能动者通过怎样的实践方式将传统文化带入当

---

① 〔美〕阿尔君·阿帕杜莱：《消散的现代性》，刘冉译，上海三联书店，2012，第252页。

下，进行延续和再造。苏北民间淮剧戏班及其剧场实践让我们重新检视，人的身体感官知觉和空间生产通过剧场被充分联系起来，同时也提出这样的问题：这是谁的城市？谁可以在这个城市中被赋予"表演与观看的权力"？弱势族群的诉求通常被城市设计者和规划师忽略，在这些自我营造的"剧场"空间里，苏北移民族群以"乡愁"式的家园想象参与生活公共空间的生产，显示了弱势族群自行创造的隐性城市空间，以及他们在面对巨大的社会和城市变革时，延续生活和文化记忆的本能和方式。基于"乡愁"的自主空间的营造，表明城市空间不应只是被体制行政力量所操控，它也是市民/移民族群自觉地向资本逻辑所掌控的城市规划体制进行抵抗的领域，尽管这种抵抗在全球化高涨的当下如此微弱，在强势的都市发展逻辑面前不堪一击，但他们通过剧场抵达家园的想象，则提醒裹挟其中的每个人不要忘记自己特有的时空"定位"（locatedness）和价值"体现"（embodiment），亦即每个人都有在这个空间中"表演与观看的权利"。因为，这个城市不仅被资本与权力所构造，也是情感和记忆的聚集地。

城市文化交流篇

Urban Cultural Exchange

B.9

上海市对港澳台文化交流工作的
探索与思考

饶先来*

摘　要：　上海在对港澳台文化交流工作方面具有历史、地缘、人缘和
　　　　　文化资源等方面的优势。近年来，上海通过探索与港澳台建
　　　　　立常态化的合作交流机制，形成了工作特色，深化了沪港澳
　　　　　台四地的文化交流合作与文化的融合。在港台社会生态出现
　　　　　变化的新形势下，要提高四地文化交流的质量和成效，就必
　　　　　须坚持以文化认同促人心回归，以中华文化为纽带促进文化
　　　　　交流，坚持通过多层面、多频次的交流活动做好港澳台地区
　　　　　民众，尤其是青少年的心理回归工作。

* 饶先来，上海社会科学院文学研究所副研究员。

关键词： 上海 对港澳台文化交流 探索 思考

近年来，按照中央要求，围绕国家战略，上海正在致力于四个中心建设、国际文化大都市建设和全球科技创新中心建设，上海在国际社会的影响力日益提升，已经成为国际社会了解中国、观察中国的重要窗口。与此同时，上海不断深根厚植，着力加强对港澳台文化工作，坚持以文化认同促人心回归，以中华文化为纽带促进沪港澳台文化交流，坚持通过多层面、多频次的交流活动做好港澳台地区民众，尤其是青少年心理回归工作，取得显著成就。

一 对港澳台文化交流的上海实践与经验特色

（一）对港澳台文化交流的上海实践

根据中央对港澳和对台工作的总体要求部署，在上海市委、市政府的领导下，上海各区、各部门紧密围绕国家对港澳和对台工作大局，一方面坚持立足主流、面向青少年，着眼长远，以文化认同促进人心回归的工作思路，以爱国、爱港、爱澳力量为依托，以港澳青少年为重点，打造示范性的交流品牌；另一方面，努力发挥祖国大陆人文资源优势，以弘扬中华文化、增强台湾同胞的中华民族认同为主线，以进一步争取台湾民心为重心，关心下层社会和底层民众的利益，加大对台湾基层民众和青少年群体的工作力度，努力增进两岸同胞的思想沟通和情感交融，构建对台文化交流与合作的新格局。

自 2012 年沪港签订《沪港文化交流合作协议书》以来，沪港两地文化交流十分频繁。沪港每年的文化交流项目超过 50 项，既有香港话剧团、香港舞蹈团、香港城市当代舞蹈团、香港中乐团、香港芭蕾舞团等代表性艺术团体来沪演出，也有上海昆剧团、上海京剧院、上海歌剧院、上海民族乐团、上海越剧院等著名的表演艺术团体赴港弘扬中华传统文化的演出，受到两地市民的热烈欢迎。上海自贸区内的"国家对外文化贸易基地"力推两地文化贸易合作，每年组织全国近20家文化影视企业赴港参加国际影视展和国际授权展，提升国内影视作品质量、拓展国际市场。上海与澳门的文化交流也已形成规模。2014年9月"海上风韵"赴港澳戏曲展演，云集了上海六大戏曲院团的名家名角及中青年艺术家，上海京剧院在澳门文化中心上演《铡美案》获得巨大成功，成为澳门盛况空前的戏曲演出。澳门乐团、澳门中乐团等澳门地区代表性艺术团体也频繁来沪参加文化交流活动。

上海依托文化部对台文化交流基地建设，积极推动沪台两地文化交流与合作，发挥上海文化特色与资源优势，着力拓宽交流领域，建立交流机制，打造交流品牌。自2010年上海与台北签订《上海市与台北市文化交流合作备忘录》以来，两地近年来相继举办了"海峡两岸文化管理论坛""双城文化论坛"等活动，签署了《上海图书馆与台北图书馆合作备忘录》，上海国际艺术节和台北艺术节签署了《台北艺术节与上海国际艺术节交流合作备忘录》，上海木偶剧团与台北偶戏馆签署合作备忘录。充分挖掘利用海派文化特色和资源，持续打造"海派文化艺术节"品牌，五届艺术节活动中每一届都选定一个艺术主题，包括戏曲、视觉艺术、非遗等，推动文化入岛。借助海峡两岸共有的中华民族传统节庆文化，打造"欢乐春节"文化交流品牌，每年组派上海文化艺术团赴台湾各地巡演，举办文艺晚会，进行演出交流，落实中央关于文化入岛"南移下沉"的精神，受到台湾基层民众的欢迎。做好台湾青少年和重要人士的思想工作，开展"中华文化进校园"系列活动，组派上海戏剧学院戏曲学院团组进入大学校园，举办京剧昆曲交流演出和推广活动，组派上海小荧星艺术团赴台湾交流演出，中福会儿童艺术剧院赴台巡演，不仅令台湾青少年接触了解国粹与中华经典文化，也建立起沪台青少年的友谊之桥。沪台两地媒体之间的文化合作频繁密切。2015年上海电视台与台湾中天电视台的两岸青年论坛将举办三场系列论坛，充分发挥了沪台两地青年交流平台的优势，在台北、上海和澳门各举办一场。2014年，上海电视台电视新闻中心与台湾中天电视台双方首次策划举办"上海—台北双城电视周"，现已成为两台持续开展合作交流的品牌项目，不仅在沪台两地赢得良好口碑，沪台两地电视台的海外频道更是将活动的影响力扩展到亚洲其他地方、澳洲、美洲、欧洲等地。

（二）对港澳台文化工作的经验特色

上海不断扩大和深化与港澳台的文化交流，着眼于增进四地的文化认同，丰富文化内涵，把文化交流作为争取民心的重要工作载体。创新思路，不断丰富工作形式和内容，探索完善长效交流机制，打造交流品牌，不断提升文化交流的质量和效益。通过实践探索，上海在增进四地的文化认同、促进文化融合等方面形成一系列的工作特色。

1. 不断探索完善常态化交流合作机制

为推动沪港澳台四地文化交流活动规范化，上海政府文化主管部门加强与港澳台文化部门的沟通和互访，建立了一系列常态化的文化交流合作机制，密切往来，如签订《沪港文化交流与合作协议书》《上海市与台北市文化交流合作备忘录》等。这些建基于文化需求共同点的常态化交流合作机制，使四地文化机构得以形成合力、深入合作，建立起常态化的通畅有效的合作交流模式，对地区文化的互动产生了积极的效果，地方之间的联系更加紧密。

2. 注重民众参与，加强互动融合

上海对港澳台文化交流着力突破常规演出、常规展览等一般形式，更注重和强调民众共同参与、共同表演，注重在互动交流中实现文化融合。沪港澳台之间的文化交流活动已经从对文艺作品的欣赏和艺术创作的交流拓展到文化艺术创作的所有层面，以及文化产业的各个环节，各个领域的艺术家也纷纷主动地通过互访的方式，亲自参与到四地之间的交流活动当中。民众参与文化交流的常态化在客观上加深了文化交流的程度，而文化交流程度的加深又进一步拓宽了文化交流的渠道。四地之间的文化交流活动已经步入相对稳定的良性循环轨道。

3. 重点关注青少年群体，打造品牌活动

着力打造品牌活动，加强青少年之间的交流，做好青少年人心回归工

作。比如上海文化联谊会与台湾地区大学院校艺文中心协会共同主办"中华文化校园行"交流演出推广活动，由中国福利会、中华幼儿教育策进会联合主办"同根文化 点燃童心"项目，上海戏剧学院附属戏曲学校赴澳门举办"中学生普及艺术——鉴赏国粹·细味戏曲"系列演出讲座活动等，加强了港澳台青少年群体对中华文化的了解和认同。

4. 多层次交流格局逐步形成

对港澳台的文化交流呈现出多层次的交流新格局。既有政府主办的官方项目，也有企业、学校和社会团体积极参与组织的活动；既有专业剧团、剧院举办的文化交流活动，也有很多非专业的民间交流形式；既有通过政府渠道推进的项目，也有文化经纪公司积极运作的市场项目。比如每年举办的重要品牌项目"国粹港澳校园行"由上海市文化部门主办。2015 年 3 月，上海市文联书法家协会与上海市海峡两岸交流促进会、台北中华教育文化经贸促进协会、香港两岸和平发展联合总会联合举办的"台北上海香港纪念孙中山先生首届联合书画展"，是由沪、港、台民间社团主办。另外很多港澳台地区的同乡会、文化社团、企业等都非常关注文化交流领域，并主动参与和上海的文化交流与合作。

二 对港澳台文化交流工作的新要求与新挑战

2015 年 11 月，习近平与马英九在新加坡实现了历史性的会面，双方达成原则性的共识，夯实了两岸关系的政治基础，开创了两岸交流合作的新局面。这必将给两岸文化交流合作开创新空间、提出新要求、创造新机遇。

另外，近年来随着国际环境和港台内部社会生态的急剧变化，以往主要靠密切双边经济贸易关系来促使港台人心回归策略的边际效应有逐渐下降的趋势。对港台要主打文化牌，通过文化双向交流和文化产业的整合来实现文化整合，达至人心回归，实现中华民族的统一。因此，文化交流工作不能再被视为一项常规性的工作，为交流而交流，要有更强的战略性设计，成为两岸关系政策制定落实和国家战略推进实现的有力推手。

新形势新情况给对港澳台文化交流工作既提出新要求也带来新挑战。对港澳台文化交流工作于中华民族伟大复兴，可谓具有全局性和战略性的意义。但从宏观方面来看，上海对港澳台文化工作有以下几个问题尚待破解。

（一）现行以"控制和审批为主"的管理方式，主要侧重管理，瓶颈显而易见

现行规范制度总体上是根据现阶段国情设置的，但仅靠行政措施管理而没有配套法规，内容往往偏重于管理，对义务和处罚等内容的设定过多，条款规定得过于原则和笼统，可操作性较差，偏重于设定各种审批权、管理权、处罚权。政府审批部门和执法部门工作各自为政：审批部门往往以前置审批为工作重心，而执法部门则因为项目众多、信息不明而顾此失彼。多头管理现象依然存在，管理手段方式不够协调。目前文化单位分属于不同的部门，存在多头管理的情况，对统一整合与港澳台交流资源、统一协调文化市场不利。

（二）对港澳台文化工作主体相对单一，社会参与度有待提高

目前上海的对港澳台文化工作模式仍然以政府为主导，资金来源以政府投入为主，企业、学校、科研机构、社会团体等社会力量参与的持续性和规模不够，普通民众参与性不强，且缺少系统性、长效性。文化交流工作如果过度依赖政府，就会导致文化活动官方色彩过于浓厚，缺乏亲民性和趣味性，使受众产生抵触心理，不利于文化的有效传播。社会力量参与文化外交具有渠道多样、方式灵活、深入人心等特点，需要进一步调动社会力量参与对外文化交流和提升传播的主动性、积极性和自觉性。

（三）交流项目缺乏上海特色，形式比较单一

由于历史渊源关系，以及上海城市文化所具有的开放多元特质，港澳台地区民众对上海文化有一定的认同和好感。但目前上海与港澳台的文化交流

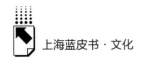

项目大多还局限于传统的文艺演出，形式多为京剧、杂技、民族舞蹈等，在内容上很少体现出上海的地方特色，尤其缺乏对上海这座城市特有的文化品位有所呈现、对上海当代社会生活有深入思考的文化艺术作品。

（四）与港澳台文化交流机制化、制度化建设仍需加强

参与文化交流的主体不仅包括专业领域的团体和人士，也包括广泛的社会受众及工商、税务等众多部门，仅靠民间协调和习惯运作难度很大，交流成本大为增加。由于政治制度、意识形态、法律体系和运作方式不同，目前上海与港澳台地区的文化交流限制还比较多，操作程序复杂，非常需要机制和制度来保障。但目前来看，长效机制以及完善的制度和组织保障比较缺乏，这在很大程度上制约了与港澳台文化交流的深入发展。

（五）与港澳台文化交流存在不均衡的现象

虽然近年来沪港澳台文化交流项目每年都稳步上升，但从需求来看，来沪的港澳项目以流行歌手演唱会、实验话剧、交响乐等现当代表演艺术为主，而赴港澳的项目以戏曲、民乐以及书画展等传统艺术为主。沪台两地的文化交流项目也是传统的较多，创新的较少。与普通的交流项目相比，只有品牌项目交流更规范化、常态化，而品牌项目数量偏少。

三 对进一步加强对港澳台文化交流工作的思考与建议

上海进一步提升对港澳台文化交流工作的成效，不能仅局限于传统的举办演出、展览，一定要积极创新思路，不断丰富工作的形式和内容。要注重发挥自身文化资源优势和上海文化的影响力，开发和推展一些具有包容性、上海特色的文化项目，坚持把扩大文化交流合作与满足港澳文化建设、文化需求相结合，与文化大都市建设相结合，令沪港澳台共享中华文化的发展成果。要依托上海及周边区域的台商和台籍专业人士众多的资源

优势，吸引更多台籍人员和台资进入对台文化交流领域，通过项目合作、税费优惠、基金支持，强化对台文化交流项目的针对性、在地执行力和实际效应。

由于历史的原因，港澳台地区长期与祖国内地分离分治，意识形态、文化习俗、教育模式、生活方式、历史认知、价值观念、审美习惯与内地存在着一定的差异。这些差异妨碍了彼此之间的沟通理解，在心理上形成距离，情感上造成隔阂，认知上出现偏差。长期的分治和西化教育，疏远了情感，模糊了归属，这些特征在年轻一代人身上表现得尤为明显。政治和意识形态的隔阂分化造成情感接受障碍，西化教育和资本主义意识形态的浸润造成思想沟通障碍，母语文化的断层和历史传统的缺失导致主体意识扭曲模糊，再加上台湾和香港青年人感受到全球化带来的竞争压力，对社会未来发展滋生一种危机感和焦虑感，于是境外敌对势力就有了可乘之机，港台地区的种种乱象便由此而生。

近年来，港台地区一系列的街头政治活动，参与的主体多是未成年或刚成年的中学生和大学生，其幕后的策划者支持者大多是境内外的反华组织和团体。反华组织和团体利用的是这些年轻人的单纯幼稚和文化断层形成的角色错乱，运用的手段是思想控制、利益诱惑、情绪引导、心理暗示。他们十分清楚这些青年群体自身的弱点和问题，借助既有的资本主义体制和貌似公允权威的文化教育体系，大行反华排华之道，不择手段地进行渗透、蛊惑，培植根深蒂固的偏见，将极其险恶的居心用所谓的国际标准、普世价值观包装起来，以此来混淆视听，浑水摸鱼。问题之所在，就是文化交流着力点之所在。青少年文化工作是基础性工作，应从系统的传授历史文化知识开始，将中华民族灿烂文明史、优秀的传统文化艺术、富有生命力的哲学思想、价值观念充分地展示出来，让所有的炎黄子孙为之倾倒，为之自豪。

青少年是国家和民族的未来与希望，对港澳台文化工作的着力点应在青少年一代身上。面对其多元的文化教育背景、尚不成熟的思维评判能力、不成体系的历史认知和模糊不清的主体归属，文化交流工作必须引入新思维、新思路，摸索新途径。其一，文化交流要切入根本，凝聚人心，留住根。文化工作是人心工程，培育情感，凝聚人心，是文化交流的根本宗旨。其二，修复文化断层，矫正历史认知，把根扎牢。港澳台青少年在远离祖国母语文化的语境里难以接受系统全面的母语文化熏陶，因而维系其与祖国的文化纽带容易断裂，造成文化断层，认知错乱。港澳台政治生态里成长的青少年最切要的问题就是要修复文化断层，矫正历史认知，把中华民族之根扎牢扎深。其三，要强化对中华优秀传统文化的学习和交流。探索设立国学奖学金，举办国学专修班、夏令营，吸引港澳台青年归来学习深造。以人文艺术为纽带，扎牢华夏文明之根，这是面向未来的大战略。加强学术交流，教育互动，善用国学沙龙、艺术沙龙、历史文化之旅等活动形态，创建富有魅力的文化工作平台。其四，以汉语言文字为载体，夯实港澳台青少年心灵工程。汉语言文字是中华文明的符号载体，更是中华民族大家庭血脉相连的纽带。维系祖国与港澳台青少年的纽带非汉语言文字莫属，运用好这一纽带和载体，就抓住了根本，找到了着力点。

可见，在大变革大转型的全球化时代，文化交流工作承担着实现祖国完全统一的历史使命，承担着维护中国特色的社会主义发展成果的历史责任。新形势下港澳台青少年文化工作必须引入新思维、新策略，注入新活力，通过高屋建瓴的顶层设计，科学严谨的策略谋划，倡导以人为本的工作模式，凝聚人心，回归华夏，从而使新时期港澳台青少年文化工作呈现新局面，破解新问题，取得新成就。

为了应对国际环境深刻调整背景下港澳台社会生态的变化，根据"习马会"就两岸交流合作所达成的原则共识，结合上海市对港澳台文化工作的实际情况，借鉴当前国内外城市开展文化交流合作的做法和经验，上海下一阶段应该多层次、宽领域推进对港澳台文化交流工作，具体可以从以下几个方面着手。

（1）加强对港澳台文化交流的总体战略设计。

要深入研究"习马会"就海峡两岸交流合作所达成的原则和共识，分析其对未来两岸文化交流与合作的政策影响，探索沪台文化交流合作的新框架、新途径、新载体,提升沪台文化交流的层次和水平。鉴于密切"两岸四地"经贸关系还不足以充分发挥作用,要切实发挥文化在联系"两岸四地"和中华民族伟大统一中的重要作用,针对社区基层民众和青少年群体着力投放相关资源,让他们在生活中感觉到与祖国的亲近,疏解他们在竞争压力下的危机感和焦虑感。

在深入分析研究港台政治环境、社会生态和人心流向的具体特点和总体趋势的基础上,由中央层面制定对港澳台文化工作总体战略规划,对港澳台文化交流应成为制定"两岸四地"关系政策的制高点,常规性的文化交流工作应该服务于对港澳台整体战略和人心回归。利用内地庞大的文化市场,在文化产业方面拓展对港澳台开放的程度和范围,引进港澳台先进的文化产业理念、管理、技术、资金和创意,本着合作共赢的原则,先行整合"两岸四地"的文化产业。通过文化产业的一体化、文化市场要素的互补性、文化产品的同一化,做好港澳台人心回归工作,服务于中华民族统一大业。

(2)以沪台交流合作为切入口,推动大陆与台湾全面开展文化交流合作。

以文化为媒增进融合,加强总体规划,强化机制建设,整合各领域的文化资源,推动沪台文化交流活动规范化、常态化。比如在深化上海与台北《文化交流合作备忘录》的基础上,不断扩大上海与台湾文化机构、文化团体的机制化、项目化交流。

以上海—台北文化交流合作机制建立为切入口,争取其他省市与台北、高雄、基隆、台南、台中等台湾骨干城市签订类似文化交流合作协议,力争促成大陆与台湾签订全面文化交流合作的协议,建立定期全面交流的机制。

(3)深化对港澳地区文化交流与合作机制。

根据近期签订的《〈内地与香港关于建立更紧密经贸关系的安排〉服务贸易协议》和《〈内地与澳门关于建立更紧密经贸关系的安排〉服务贸易协议》的要求,在内地与香港、澳门地区《更紧密文化关系安排协议书》和

《沪港文化交流与合作协议书》的内容基础上，研究制定"沪港澳文化交流与合作实施细则"，推动三地文化交流活动规范化、常态化。进一步落实好第三次沪港经贸合作会议上达成的合作框架中有关文化产业合作发展和文艺团体交流的内容，建立年度执行计划，推动沪港澳三地文化创意产业密切合作，支持港澳两地文化企业入驻国家对外文化贸易基地（上海），鼓励上海文化企业参加香港国际授权展和国际影视展。积极推动上海与港澳电影电视产业合作发展，引进港澳影视产业先进的管理模式和创作人才，加大上海电影市场对港澳地区的开放力度。开展和香港地区的知识产权贸易合作，充分利用香港作为知识产权中介和采购平台的作用，更好地为上海文化创意产业服务，谋求共赢局面。密切沪港澳青少年交流活动，弘扬中国传统文化，促进港澳地区青少年对中华文化的了解和认同。

（4）着眼文化交流的品质，突出交流的品牌项目效应。

要打造文化交流品牌，切实培育和整合好一批有感召力、有吸引力、可持续发展的上海对港澳台品牌文化交流项目。既要抓好传统品牌交流项目，也要拓展新的品牌项目。品牌文化交流项目要打好节庆文化牌、文化贸易牌、文化论坛牌、海派文化牌和校园文化牌，以中华文化为引领，注重融入港澳台的文化元素，体现"你中有我，我中有你"的文化融合。

（5）搭建多层次、多渠道对港澳台文化交流平台。

着手文化交流平台建设，以激励引导为举措，加强服务和指导，搭建沪港澳台之间的文化交流桥梁。要夯实特色文化交流平台，不断推进各种交流平台建设。首先，强化重点交流平台。突出抓好上海国际电影节、上海电视节、中国上海国际艺术节、上海艺术博览会、中国上海动漫游戏博览会、"欢乐春节""海派文化艺术节"等年度重点文化交流平台建设。在此基础上，充分整合上海现有活动平台和文化优势资源，鼓励具备条件的文化单位与港澳台的对口部门签订交流协议，切实加强文化对口交流。其次，要构建新型交流平台。充分发掘利用海派文化特色和资源，持续打造品牌活动，推动上海文化产品进入港澳台地区。最后，要把与港澳台文化交流纳入本市文化交流的整体平台，享有同等的参与评选、评比和政策扶持力度，积极鼓励和引导民间与港澳台的企业及文化机构通过承办、合办、资助、投资和捐赠等形式参与文化交流，形成合力，为沪港澳台文化融合搭建更为广阔的平台。

（6）以沪港澳台文化人才培训和合作为抓手，促进四地文化交流的深度互动和成效提升。

文化交流的深度和合作的成效关键在于人的互动。上海与港澳台地区在文化人才交流与合作方面优势互补明显，上海文艺人才众多，开放度高，具有丰富的文化资源和巨大的市场空间，港澳台则有大批高素质的管理人才和国际性的经营人才，市场运作经验丰富。研究制定沪港澳台优秀文艺人才交流合作计划，鼓励四地人才的双向交流和合作策划、共同创作、联合演出，共同打磨艺术精品，实现深度互动，联手打造适应海内外市场需求的精品项目，扩大中华优秀文化的品牌影响力。

B.10
上海市对外文化交流的现状、问题及策略

王 雪*

摘 要： 对外文化交流是中华文化吸收融合其他优秀文明的发展成果，
推动全球治理规则公平公正合理的重要手段。近年来，上海
非常重视对外文化交流的全局性和战略性意义，在渠道建设、
内容建设、融合发展等方面，均取得令人瞩目的成绩。上海
对外文化交流的规模、等级、范围和影响空前提高与扩大。

关键词： 上海 对外文化交流 策略

近年来，为顺应国家战略发展需要、顺应社会建设和文化发展形势，上
海对外文化交流的工作体制机制不断完善，交流主体更加多元，范围不断扩
大，形式和内容不断丰富，渠道不断拓宽，层次不断提升。上海在拓展对外
文化交流平台和载体、打造特色文化交流品牌活动、构建多层次对外交流格
局等方面取得了可喜进展，充分展示了上海深厚的文化底蕴和独特的文化
魅力。

一 上海市对外文化交流现状

（一）发挥自身资源优势，不断拓宽交流渠道

一是通过品牌文化活动项目，深化对外文化交流。上海通过在海外举办

---

* 王雪，上海社会科学院文学所研究员。

重要节庆、展会和论坛的交流和推介活动，广泛开展各领域、多层次、全方位的对外文化交流。比如中国上海国际艺术节、上海国际电影节、上海电视节、上海之春国际音乐节、上海艺术博览会、土耳其中国文化年、庆祝中法建交 50 周年活动、亚信峰会文艺晚会、夏威夷上海电影展、谢晋海外影展、中韩文化产业交流会、美国演艺出品人年会等，形式多样化，对象广覆盖，取得了良好效果。

二是借助国内外现有成熟平台和渠道，推动文化产品和服务"走出去"。近年来，上海把握国家外交和外宣的战略时机，借力大平台，面向国际主流社会、主流群体和主流媒体进行重要的海外推广活动。2015 年 6 月，市委外宣办在意大利米兰和土耳其伊斯坦布尔分别举办"魅力上海"城市形象推广活动。在米兰的推广活动以世博会为契机，举办主题论坛，宣传上海的城市形象。这一品牌活动已先后走进美、德、法、意等国家，取得了良好的对外传播效果。上海市新闻出版局利用深耕多年的国际商业图书销售渠道，积极推动多语种版《习近平谈治国理政》上市，推动该书进入美国、德国、法国、西班牙、英国、加拿大、澳大利亚、新加坡、捷克、波兰、罗马尼亚、新西兰、中国香港、泰国、印度尼西亚、马来西亚等 17 个国家和地区的书店共计 400 余家。配合国家主席习近平对美国进行的国事访问，上海市新闻出版局在华盛顿、纽约等地承办"中国图书销售月"活动，重点推介《习近平谈治国理政》，在美国主流书店举办该书推介会，直接面对美国民众，活动气氛热烈。另外上海还利用洛杉矶艺术展、工商大展等展会和平台，发挥其在世界范围内的专业影响力和渠道优势，推动和支持文艺院团与国际知名演出经纪公司合作，提升国际影响力和竞争力。

三是充分发挥文化中心作用，开拓对外文化工作新渠道。上海积极参与文化部"央地合作"计划，充分利用驻外中国文化中心平台，先后与巴黎中国文化中心、柏林中国文化中心等开展年度合作。特别是 2015 年 2 月上海市政府与文化部正式签订了"部市合作"共建"布鲁塞尔中国文化中心"工作协议，积极开展与比利时当地文化机构的直接合作，使其成为展示海派文化的重要窗口，形成对外文化交流的重要模式，极具示范借鉴意义。

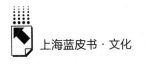

（二）推进融合发展，拓展交流领域

传统文化领域对外交流进一步拓展。一是充分利用国内外重大电影电视节展播优秀节目，进一步深化上海与国际广播电影电视领域的交流合作。二是积极拓展国际市场与渠道，着力培育具有国际影响力的中国品牌，在推动上海艺术品交易业发展、打造亚洲演艺之都等方面取得了新进展。上海文广演艺集团通过文化交流、商业演出、国际比赛、艺术节推介等形式，向世界展示海派文化，拓展国外演艺市场。2014 年，所属相关单位赴国外及港澳台地区演出 16 批次，123 场次，435 人次：其中交流演出 15 批次，72 场次；商业演出 1 批次，51 场次。交流访问 4 批次，8 人次。三是与国际知名的艺术馆、博物馆合作，推进文博领域对外交流。上海博物馆、中华艺术宫以中美建交、中法建交等节庆活动为契机，与国际知名的艺术馆、博物馆合作，举办了一系列高规格的展览活动，为展出地的市民打开了一扇了解中国文化和上海文化的窗口。

文贸结合，推动对外文化贸易"走出去"。坚持文化交流和文化贸易"两条腿"走路，为对外文化贸易搭建平台。成立了全国首个国家对外文化贸易基地（上海），打造对外文化贸易的优质服务平台，发挥其在入驻政策优惠、组织参展参会、搭建交流平台等方面的优势和功能。每年组织上海和全国优秀的文化企业参加美国洛杉矶艺术展、美国洛杉矶华人工商大展、德国科隆游戏展、香港电影节等海外著名展会，以及举办中国上海国际动漫游戏博览会、上海艺术博览会、中国上海国际艺术节演出交易会等主要品牌活动，逐渐扩大上海的对外文化贸易。通过深度参与国外各优质高端专业文化贸易展会，依托上海自贸区的现行政策和优势促进产业发展，积极推动国内各细分行业的文化企业和项目在世界各主流市场建立营销渠道，为推动中华文化"走出去"发挥积极作用，做出贡献。

文教结合，推动中国电影"走出去"。2014 年成立的上海温哥华电影学院，借助当下中国电影市场在国际上崛起的契机，提供种种产业政策上的支持以及利用上海作为国际化大都市的优势，实现教育和文化产业的无缝对接。通过引进北美的电影教育，培养符合国际标准的电影人才，实现中国电影"走出去"。

（三）注重内容挖掘，创新交流形式

推动文化产品的内容创新，增强吸引力。在对外文化交流中，注重传播内容的取舍，充分挖掘和展示中华文化的独特魅力，贴近国外受众文化需求和消费习惯，增强文化产品和服务的表现力、吸引力，传递当代中国价值观。上海杂技团《十二生肖》在欧洲巡演，通过将中华民俗文化的十二生肖与十二星座巧妙联系，成功地向欧洲观众传递了诚信、包容和友善等中华传统美德；上海广播电视台外语频道在加拿大举办"欢乐春节——上海电视周"期间，每天播映2小时反映当代上海人生活和精神风貌等的电视节目，受到西方观众的欢迎。这些活动既有中国传统元素，又有西方元素，真正把代表中国和海派文化的精华，体现当代中国形象、反映中国核心价值理念的优秀文化全面展现在世界面前。

创新传播手段，增强传播效能。近年来对外文化交流的形式除了传统的展会、演出外，也注重运用互联网新媒体等现代科技手段，增强文化传播的效果。上海电影电视节利用科技手段制作《市民手册》，将300多部影片的精彩介绍、重点推荐以及电视展播节目编入其中，《市民手册》图文并茂，增强了双节的传播效果。

（四）坚持整合资源，构建多层次对外交流格局

"央地"联手，服务国家外交大局，开展一系列重要文化外事活动。2015年6月，为配合上海市委书记韩正同志赴德国、比利时等国访问，上海市文广局组织上海文化艺术团赴德国友城汉堡交流演出；8月，为配合习近平主席9月访问美国，根据外交部和文化部要求，上海交响乐团在纽约联合国总部举办纪念世界反法西斯战争胜利70周年暨联合国成立70周年音乐会；11月，为配合国家新闻广电总局在南非举办"南非中国年"活动，上海市文广局组织上海影视企业赴南非参加DISCOP非洲电视节。另

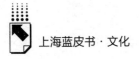

外还有"欢乐春节"文化品牌活动、中国文化年系列活动、庆祝建交周年活动的成功举办以及布鲁塞尔中国文化中心的建立等，都是"央地合作"的重要成果。

官民合作，引导多元主体积极参与，共同助推文化传播。通过政策引导、信息发布、经费扶持等多种方式，积极发挥社会各类文化主体的作用，尤其是调动民营文化企业、院团、民办非企组织的积极性和主动性。上海市文广局采取场租补贴、场次奖励等措施鼓励民营院团积极开拓海外演出市场，在政府对外文化交流中给予优秀民营院团更多展示和承办的机会，积极推动民营院团成为对外文化交流的新生力量。上海锦辉艺术传播有限公司等5家民营文化机构抱团参加美国国际演艺出品人年会，上海绛州鼓乐团参加奥克兰元宵灯会，新西兰政府和民众反响热烈。

市区联动，扶持和推动区县文化"走出去"。市区合作，利用"欢乐春节"、部市合作等渠道为其搭建平台，推动区县和民营院团"走出去"。2014年共有奉贤、闵行、松江三个区参与到市文广局与柏林中国文化中心的合作中，奉贤区的滚灯民俗文化表演、闵行区的传统美食和手工艺表演、松江区的丝网版画展览受到德国观众的热烈欢迎。

区域协作，联合打造七省市对外文化交流品牌和平台。以上海为龙头的"华东七省市对外文化工作协作联盟"及其共同组建的"长三角国际文化贸易发展联盟"，打造对外文化联合体，强化了国际文化贸易的区域间合作机制，依托长三角地区优质文化企业相对集中和外向型经济特点突出的优势和海外渠道资源，协同推进上海及长三角乃至华东地区对外文化交流及文化产品和服务贸易，取得了不俗的成绩。

二 上海市对外文化交流中存在的问题

上海对外文化交流取得突破性的进展，与此同时，在很多方面也存在着一些突出的问题，需要认真思考。

（一）统筹协调机制尚未建立，顶层设计有待加强

上海对外文化工作资源分散在各个条线和部门中，尚未在全市层面建立统筹规划和协调配合的工作机制，头绪繁多，各自为政，导致对外文化交流传播的信息碎片化、零散化，难以给国际受众留下持久、深刻的印象。对外文化交流工作的顶层设计有待加强，沟通协调机制需要进一步理顺，各个条线的对外文化工作资源亟待整合，统筹能力尚需加强，包括政府和行业协会之间、市级单位和区县单位之间、全市各横向部门之间的联系都需加强。

（二）对外文化交流主体不够丰富，社会参与度有待提升

社会力量是最活跃的因素，他们参与对外交流活动的方式更灵活、渠道更广泛、交流更深入，他们有更大的内容自主性、更多的市场吸引力和更好的效果评估。目前由各级政府运作的文化交流项目仍占文化"走出去"的大多数，企业、个人、社会团体等社会力量参与对外文化交流虽然从数量上看有一定的增长，但影响力和规模不够。参与主体的不丰富，影响了对外文化交流的水平和效果，社会各界共同参与对外文化交流的格局有待继续完善。

（三）市场化手段运用不足，交流项目运作缺乏长效机制

目前对外文化交流仍主要通过行政手段推动，对在国外举行的文化交流项目，往往忽视了其中隐含的商业价值，一场演出演完就结束了，没有后续的推广和商业运作。这种工作模式成本较高，效率不高，可持续发展的动力不足，缺乏长效机制，无法对中国文化进行持久有效的推广，也不能使之渗透到当地人的生活当中。另外通过市场化运作"走出去"的经验尚不成熟，专业的文化经纪公司、大型国际文化传播公司以及可以形成商业网络的大型演艺中介机构等仍然比较缺乏，"多元投入、协力发展"的格局尚未形成。

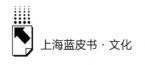

（四）对外文化交流对象范围偏窄，与周边国家交流薄弱

上海市对外文化交流活动的重点是发达国家，而针对周边国家、发展中国家，特别是非洲和拉美地区的文化交流项目较少；文化产品出口则主要面向亚太地区，产品主要进入中国港澳台地区，以及日本、韩国、新加坡、澳大利亚等国，能够进入欧美地区的产品还很少。根据 2013 年皮尤研究中心（Pew Research Center）提供的关于中国形象调查的研究结果，在 38 个调查国家中，对中国正面评价最高的国家（超过 60%）主要是东南亚和非洲、南美洲等的第三世界国家；正面评价最低的国家则集中于欧美和中东地区。对外文化工作"外外有别"原则需要进一步重视，受众市场研究亟须加强，分层化、差异化、梯度化文化外交策略有待制定和遵循。

（五）文化产品缺少内容竞争力，品牌战略有待加强

目前上海对外文化交流的项目还局限于传统的文艺演出，形式多为京剧、杂技、民族舞蹈等，在内容上能体现上海地方特色的项目不多，文化产品的科技水平和创新能力不高，文化交流的内容和形式亟待创新和包装。

（六）对交流媒介认识不充分，渠道建设有待进一步拓展

网络信息技术的发展和应用使整个社会呈现出"媒介化"特征，这为进一步拓展对外文化交流渠道和方式提供了空间。但是，目前我国对文化交流媒介的理解和认识还不够充分，仍有局限性，对外文化传播方式创新不足，文化和其他领域的合作如"文贸结合""文商结合""文金结合""文教结合"有待进一步深化。

三 上海加强对外文化交流的发展策略

（一）建立对外文化交流的沟通协调机制

传统的体制机制是制约对外文化交流的因素，所以要进一步转变政府职

能，优化体制机制，逐步形成更高层次的对外文化交流的新格局和机制，打破条块分割，形成合力，实现资源共享，从而拓展上海对外文化交流的广度和深度。建议市外办、市外宣办、市新闻办等市级单位，各区县文化（广）局以及行业协会等建立起更加紧密的合作关系，推动建立上海市对外文化工作联席会议制度，实现信息共享，统筹项目资源，协调文化"走出去"步伐。

（二）突出交流重点，服务国家"一带一路"战略大局

按照习近平总书记在上海视察时提出的要求，上海文化应积极参与"丝绸之路经济带"和"海上丝绸之路"建设等国家战略的实施推进，结合国家周边外交战略，充分发挥上海的人文资源优势，突出"亲、诚、惠、容"周边外交理念，创新工作的思路、形式和内容，会同本市相关政府部门、企业集团、高校和智库，积极探索搭建开展文化合作交流的总体平台。落实中央关于共建"一带一路"的战略构想，在对外文化工作中有计划、有重点地规划与所涉及 64 个国家组织开展各类交流活动。积极参与文化部《"一带一路"建设文化工作规划（2015～2020 年）》重点项目，以及"丝绸之路文化之旅"项目，组织丝绸之路沿线国家的文化交流。参与"丝绸之路国际艺术节""中阿丝绸之路文化之旅"系列活动和中阿合作论坛等重点项目，发挥上海在"一带一路"战略中的文化先发效应。

（三）进一步丰富个性化的对外交流品牌

对外文化交流的优势，不在于它所拥有的文化资源的丰富程度，也不在于它所占有的交流平台的高度。只有形成有特色的对外交流品牌，才能把对外文化交流做好。上海一方面要推动现有品牌可持续发展，充分发挥上海国际艺术节、上海国际电影节、上海电视节、上海之春国际音乐节等重大节庆活动的对外文化交流平台作用，进一步创新和丰富活动内容与形式，吸引更多国际一流影视、演艺团体和知名艺人来沪参加展览、展演和

展示。另外，要进一步打造个性化的文化品牌，使之成为上海城市的名片，进一步提升文化传承力、传播力和影响力。对具有上海特色、民族特色，又具有核心竞争力、易于输出的强势文化产业和拳头产品，通过建立奖励制度，扶持鼓励各种原创，培植一批有影响力的知名文化品牌。在品牌初步形成后，要注重对其进行后续开发，建立产业链，并不断加以宣传，扩大影响。

（四）引导社会参与，丰富交流主体

在对外文化交流中既要重视发挥政府的作用，又要重视发挥社会主体的参与作用。正确处理政府、社会、市场和企业在对外文化交流中的关系，明确政府的权力边界，将社会可承办的交给社会，将市场可调节的交给市场，将企业主体可承担的交给企业，将区县和行业可做的交给区县和行业。从拓展参与空间、提供参与平台、建立参与机制方面充分调动国有、民营、行业协会等各类文化机构和文化企业的积极性，形成多主体、全社会的对外文化交流大格局。

（五）培育对外文化交流的市场机制

随着经济规模的扩大，社会和民间资本有实力和意愿来参与对外文化交流活动。上海应该因势利导，通过制定相应的配套政策和法规，鼓励民间资本更多地参与对外文化交流并给予他们相应的鼓励和认可。通过建立一整套的信息机制、管理机制和运营机制，逐步培育和扩大对外文化交流的市场力量，扩大对外文化交流的资金来源，达到国家和社会双赢的效果。

（六）整合渠道资源，积极拓展对外文化交流新渠道

任何层面的对外文化交流都离不开渠道的支持，渠道宽、路径多，才能有更广阔的交流平台和更深入的沟通与合作，对外文化交流也才能更加富有成效。上海应建立对外文化交流协调统一的工作机制，加强全市各横向部门

之间的联系，促进文教、文经、文贸、文金、文旅、文体等在对外交流领域
的全方位融合发展。

（以上部分材料由上海市文广局、上海市新闻出版局、上海广播电视
台、上海市图书馆、上海市文广演艺集团、上海报业集团、上海市外办等单
位提供，在此对他们表示感谢）

B.11
上海文化外宣工作的实践和思考

陈凌云*

摘　要： “文化外宣”是对外文化传播的重要内容。党的十八大以来，上海着力于加强国际传播能力建设，增强对外话语的创造力、感召力、公信力，综合运用广播影视、图书出版、新闻媒体、学术论坛、重大活动等多种载体与平台，构建了形式多样化、内容多层次、对象多元化的“大外宣”体系。在取得成绩的同时，也存在着协调沟通机制不完善、主体相对单一、缺乏针对性、话语策略有待加强、资金和人才瓶颈制约等问题。本报告在总结和思考上海近期文化外宣工作实践经验的基础上，提出加强顶层设计和加大人才、资金投入，形成多元化主体参与外宣格局，创新对外文化传播途径，实施差异化传播策略，优化外宣语言等对策建议。

关键词： 文化外宣　对外传播　民间外交　话语策略

　　“文化外宣”又称“对外文化宣传”，是对外文化传播的重要内容之一。我国的文化外宣在形式上以文化为载体，利用现代化传媒等各种手段，客观、真实地向世界各国人民介绍当代中国现状和中华优秀文化，争取外国人士对中国的理解、尊重和支持，从而塑造正面国际形象，营造良好国际舆论环境，提升文化软实力和核心竞争力，扩大国际文化影响力，并为我国和世

---

* 陈凌云，上海社会科学院文学研究所研究员。

界各国在政治、经济、科技等领域开展深入交流合作牵线搭桥。

文化外宣具有跨国性、跨文化、跨语言性等特点。在经济全球化和文化多元化的当今时代，世界文化交融、交流、交锋日趋频繁，新媒体的崛起及其"去中心化"的特质降低了人们获取、传播和使用文化信息的门槛，致使文化传播内容日趋复杂，传播渠道日益多样，传播效果越来越无法控制。文化外宣也面临更多的机遇和挑战，需要我们趋利避害，有所作为，主动应对，在提高文化领域开放水平、积极向外传播中华文化的同时，警惕西方国家通过文化交流、文化产品输出等方式实施的"西化""分化"策略。

文化外宣不仅是国家层面的战略部署，更是城市文化外交的重要手段。作为改革开放和文化贸易的排头兵，上海在对外文化宣传工作中，围绕国家外交战略大局和上海城市品牌形象推广的目标，立足展示中华文化独特魅力、构建世界文化新格局的高度，与对外文化贸易、文化交流密切融合，搭建文化互通的桥梁，在包容中输出海派精品文化，弘扬当代中华文化创新的精神，诠释"中国梦"的思想内涵和价值观念，推动"对外文化宣传"向"国际文化传播"转型。

一 上海文化外宣工作的基本现状

党的十八大以来，上海认真贯彻落实习近平总书记关于"提高国家文化软实力，要努力提高国际话语权"的指示精神，着力加强国际传播能力建设，增强对外话语的创造力、感召力、公信力，讲好中国故事，传播好中国声音，阐释好中国特色。综合运用广播影视、图书出版、新闻媒体、学术论坛、重大活动等多种载体与平台，构建形式多样化、内容多层次、对象多元化的"大外宣"体系。

（一）广播影视文化外宣

1. 内容建设

上海外语频道于 2013 年和 2014 年制作推出的《中国面临的挑战》系列

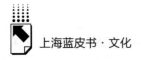

外宣节目，邀请国际知名中国问题专家库恩担任主持人，以"帮助国际社会理解当今的中国"为主旨，聚焦中国的经济、民生、创新、政治和价值观五大热点问题，以西方化的叙事方式，讲述真实的中国故事。该节目在美国 PBS 公共电视网和 WORLD 频道播出后反响热烈，在美国高端电视收视人群中产生较大影响，是中国电视外宣的一次历史性突破。

2. 渠道建设

目前东方卫视信号已覆盖美国、加拿大、澳大利亚、法国、荷兰、德国、意大利、英国、奥地利、波兰、新加坡、非洲撒哈拉以南等 38 个国家、中南美洲所有国家及港澳台地区，目前全球收费用户已达到 17 万，开放用户已超过 600 万。上海外语频道目前已经实现多个国家的海外落地，与美国 ICN 国际卫士、澳大利亚广播公司、加拿大新时代传媒等国外主流媒体建立了良好的合作关系。

3. 平台建设

上海广播电视台每年赴境外举办电视周和广播周节目展映活动。2013 年和 2014 年，先后赴克罗地亚、印度尼西亚、美国和澳大利亚举办"上海电视周"活动，并将"上海广播周"活动从美国和加拿大拓展到澳大利亚和新西兰。2015 年上半年，上海广播电视台、上海文广集团在法国戛纳国际电视节上，对其旗下全新的内容战略体系"SMG 智造"进行了全球发布，同时宣布与 FremantleMedia、A + E Networks、BBC Worldwide 等三家国际知名媒体机构在影视产品内容研发和交流方面达成战略合作协议。

（二）图书出版文化外宣

1. 内容建设

进一步提升以宣传中国理念、中国文化为主题的外语产品在世界图书市场的占有率。目前，外文版"文化中国"丛书已形成 330 多种的出书规模，成功进入各大洲 40 多个国家和地区的主流销售渠道，累计发行 100 多万册；"学术中国"英文出版项目初具规模。研究制定并发布上海翻译出版促进计划，重点支持外籍译者译介中国作品，提高上海出版对外翻译质量。

2. 渠道建设

国家新闻出版"走出去"重点项目——中国出版物进入拉加代尔等西方主流销售渠道工程建设取得扎实进展；华文图书在美国、新加坡、澳大利亚等地华文书店常年展销项目持续进行；沪台合作开办台北上海书店，举办台北上海书展，成为沪台两地出版界合作交流的桥头堡。

3. 平台建设

组建上海长江对外出版公司、长江出版交流基金会，成为新闻出版"走出去"的专业平台；成功创办"中国上海国际童书展"、ChinaJoy、上海国际印刷周等专业国际展会，成功打造新闻出版国际交流的综合性平台；上海书展创设"上海国际文学周"，增进了中外出版界、文学界的沟通交流，提升了上海出版的国际影响力；"中国最美的书"评选活动影响不断扩大，2003 年至今共评选出 229 种"中国最美的书"，其中有 13 种图书获得"世界最美的书"奖项，为中国书籍设计艺术及中国设计家走向世界提供了重要平台。

（三）新闻媒体文化外宣

1. 内容建设

《新民晚报》（海外版）目前已遍布全球五大洲 26 个国家与地区，新民晚报社荣获国家新闻出版总署新闻出版"走出去"先进单位称号。《上海日报》英文网站 70% 的浏览量来自海外，成为外国人了解上海乃至中国的重要窗口。从 2013 年起，《上海日报》分别在印度尼西亚、美国西岸针对当地主流社会人群推出了英文版周刊，以"新闻报道 + 新闻解读"的方式将上海最新发展情况及时传播至海外。

2. 渠道建设

《上海日报》与美国出版社 East View Information Services 签署了合作协议，授权其旗下的出版物 *The Current Digest of the Chinese Press* 使用《上海日报》的原创新闻内容；通过固定订阅、收入分成等多种方式与全球十多家海外出版商、通讯社和数据库等建立了内容合作关系。上海报业集团积极推进与澳大利亚 ABC 电视台的战略合作，与法新社签署战略合作备忘录，并

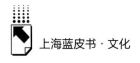

和《纽约时报》商讨版权合作事宜。

3. 平台建设

发挥上海国际文化大都市的对外文化传播优势，充分利用驻沪外籍人士资源，使其成为沟通中外文化交流的桥梁。做好驻沪境外媒体、记者的舆论引导工作，推动其如实对外报道上海和中国近况，增进海外人士对当代中国价值理念的理解和认同。以做好境外主流媒体工作为重心，通过政府高访公关服务项目、涉外媒体专访上海项目、"感知上海"境外媒体网上新闻服务中心项目，传播好中国声音，讲好中国故事。

（四）学术论坛文化外宣

1. "世界中国学"论坛

2015年5月，由上海社会科学院和美国卡特中心联合承办的"世界中国学"论坛美国分论坛成功举办，围绕"中国改革：机遇与挑战"这一主题举行高层演讲和学术研讨，直接面对美国主流社会讲述中国故事。举办"世界中国学"论坛美国分论坛是上海积极探索学术"走出去"新路径的重要举措，在美国有力地发出来自中国的正面声音，有效聚合了美国国内知华友华的声音，面向美国主流社会做了宣讲和解疑释惑，对于促进中外学术交流、讲好中国故事起到积极的推动作用。

2. "2015全球城市可持续发展"论坛

2015年3月，上海社会科学院专家学者赴英国参加由英国著名智库英国学术院和上海社会科学院联合主办的"2015全球城市可持续发展"论坛。主办该论坛是上海社会科学院进行新型智库建设国际化的积极探索。论坛围绕"特大型城市可持续发展中的挑战"主题，聚焦伦敦和上海两座城市发展实践，就组织规划、环境治理、人口政策、公共治理、文化融合等特大型城市可持续发展中的核心问题进行深入研讨。

3. 首届国际经济论坛

2015年5月，上海社会科学院与全球著名智库彼得森国际经济研究所签订谅解备忘录，并联合主办了以"中美在亚太贸易投资自由化进程中的合作与前景"为主题的首届国际经济论坛。论坛围绕亚太贸易投资便利化、亚太自贸区建设进程、中美经贸发展与合作、服务贸易自由化、上海自贸区建设等主题进行深入研讨。

（五）重大活动文化外宣

1. "魅力上海"城市形象海外推广活动

上海连续15年组织"魅力上海"城市形象海外推广活动，足迹遍及亚非欧美17个国家25个城市。每年的"魅力上海"海外推广活动都会根据年内国家外交、外宣战略重点和上海重点工作精选目的地城市。2014年，上海借助中法建交50周年、习近平总书记访法契机，组织在巴黎的推广活动；以意大利米兰世博会筹办为契机，组织在米兰的推广活动。

2. "城市背景板"工程

上海充分利用各类国际会议、展会论坛、体育赛事等平台，积极推进"城市背景板"工程。在F1大奖赛、网球大师杯赛、国际马拉松赛、世界极限运动大赛、环球马术冠军赛等世界顶级体育赛事中，将上海的著名地标设为场地背景，展现上海城市的人文情怀和文化气质，经过电视转播向全球数以亿计的观众反复播映，展现上海乃至中国的形象。

3. "劳伦斯"世界体育奖颁奖典礼

2015年4月，具有广泛国际影响、全球唯一的综合性体育颁奖典礼"'劳伦斯'世界体育奖颁奖典礼"在上海举行。本次活动引进国际化项目平台，创新合作运营机制，沿用国际项目模式，由政府部门保障民营企业担任中方主办单位，成功打造了城市大外宣的优秀案例、体育大外交的国际平台。

二 上海文化外宣工作存在的问题

（一）文化外宣的统筹协调沟通机制尚未建立

上海开展文化外宣工作的资源涉及多个领域，相关职能分散于各个条线和部门中，尚未在全市层面建立起有效的统筹规划和协调配合的工作机制，头绪繁多，各自为政，导致对外文化宣传传递的主要信息碎片化、零散化，难以给国际受众留下集中、鲜明、持久、深刻的印象。不同的外宣载体之间缺少有效配合。图书出版、影视广播、展览赛事、学术论坛等外宣工作虽然取得较大成绩，但多立足于本行业和系统内部进行文化外宣，缺少打破行业和部门限制实施的多媒介参与、全业态进军国际市场的成功案例。同时，受制于管理体制，还存在着在同一个国家或地区的外宣项目互相重复的现象，造成浪费，影响了文化外宣的效果。上海多样化的文化外宣资源亟待在市级层面进行整合，加强顶层设计，强化对外文化工作部门、条线之间的横向联系，互通有无，共享资源，形成合力，构建系统化、整体化的外宣体系。

（二）文化外宣主体相对单一

目前，上海的文化外宣活动主要由政府部门主持，资金和人力投入以政府为主，由企业尤其是民间团体等社会力量开展的文化外宣相对薄弱，且缺乏系统性、长效性。上海社会科学院举行的"世界中国学"论坛是民间学术文化外交的成功案例，各方面取得了良好效果，但是这类活动在文化外宣中所占比例仍然较低，有待进一步发展。

同时，"地球村"的形成，推动 21 世纪的文化传播从图书报刊、影视广播等媒介宣传手段向人际传播和口碑传播为主转变。而外宣工作者往往"忽视了人的因素的重要性，忽视了由人际关系、信仰、价值观和各种动机组成的复杂网络——而这就是文化的核心"[1]。人际传播（interpersonal communication）是国际社会了解上海的主要渠道。上海外籍人士、国际友人、上海荣誉市民、体育和影视明星、海外留学生等人际资源成为对外文化传播的重要载体，而这些人群的文化传播价值尚未得到充分挖掘和利用，从而限制了人际和口碑宣传效应。

---

① 联合国教科文组织、世界文化与发展委员会：《文化多样性与人类全面发展——世界文化与发展委员会报告》，广东人民出版社，2006，第 1 页。

（三）文化外宣缺少针对性

文化外宣最大的挑战在于不同国家的受众有着不同的政治、经济、社会和文化习俗背景，外宣效果受到交往主体特点、内容特点、受众心理因素等的影响和制约。约瑟夫·克拉伯指出，受众倾向于"选择性理解、选择性接受和选择性记忆"[①]，即受众易于关注和自身文化背景、欣赏习惯一致的内容，回避或者拒绝与自身价值观念反差大的信息。在多数西方欧美人士看来，中华文化是与其自身文化背景截然不同的"异质文化"，往往从本能上加以排斥，对中华文化的认识也流于肤浅、片面和零碎，更谈不上发自内心的认同。上海在开展文化外交过程中，对目标国家和受众的需求信息把握还不够，文化传播缺少针对性，在过程中也尚未建立起完善的跟踪、反馈和评估机制。根据2013年皮尤研究中心（Pew Research Center）提供的关于中国形象调查的研究结果，在38个被调查国家中，对中国正面评价最高的国家（超过60%）主要为东南亚和非洲、南美洲等第三世界国家；正面评价最低的国家则集中于欧美和中东地区。[②] 对外文化工作"外外有别"原则需要进一步重视，受众市场研究亟须加强，分层化、差异化、梯度化文化外交策略有待制定和遵循。

（四）文化外宣的话语策略和主题设置需要优化

上海的文化外宣在内容上更多关注"主流文化""高层政治文化""民族文化"，对普通社会民生文化重视程度不够；形式上以"大事件""大活动""大展览"为主，以小见大、具体而微、深入人心的文化交流项目和报道偏少；思想倾向上以正面报道为主，着力于塑造"高大全"的国际形象，对中国传统文化渲染较多，对当代中国实际国情关注不足。在西方，"宣传"（propaganda）一词含有贬义，具有"把新闻媒介当作政治传声筒"和

---

① Joseph Klapper, *The Effects of Mass Communication*, The Free Press, 1967, p. 19.

② Pew Research Center：Global Image of the United States and China, http：//www. pewglobal. org/2013/07/18/global－im－age－of－the－united－states－and－china/.

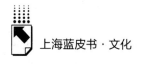

"对公众有目的、有计划的愚弄"的意味，欧美国家大多使用"传播"这一较为中性化的词语来代替"宣传"。如果文化外宣话语模式过于僵化，注重说教，主题设置过于官方化，势必难以得到外国民众的积极回应，使文化外宣陷入"自说自话，自拉自唱，自娱自乐"的境地，表面上轰轰烈烈，实际上收效甚微。

（五）文化外宣面临资金和人才瓶颈

资金匮乏是上海开展对外文化宣传的首要瓶颈。尽管上海的外宣媒体都在努力探索市场化道路，也取得一定的成效，例如《上海日报》基本实现了收支平衡，第一财经向 CNBC 提供的《中国经营者》栏目稍有盈余，但是外宣媒体公益性强、投入大、市场小、效果隐形化的特点决定了其难以完全按市场模式获得发展资金。目前，上海的外宣媒体仍然面临增加投入有限、运营成本高昂、发展资金不足等问题。人才严重流失是制约上海对外文化宣传工作的另一瓶颈。主要是图书对外翻译、外语媒体新闻报道对人才的素质要求较高，但政府人才扶持政策不到位，企业人力成本投入不足，导致此类人才大量流失。

三 上海进一步推进文化外宣工作的思考和建议

（一）加强文化外宣的顶层设计，加大资金和人才投入

鉴于目前文化外宣资源分散的情况，亟待在全市层面上建立统一的沟通协调机制，整合资源，重视开展文化调研工作，设立专门机构，配备专业人员，对本市文化外宣现状进行深入调查，定时统计公报，并加以科学分析、研究，及时把握国内外舆情和传媒发展动态。在此基础上，每年在政府层面确定一个对外文化工作的主题，编制年度对外文化工作总体规划，配套组织各项文化活动，明确时间节点和进度安排，落实责任部门，形成合力，实施系统化、目标化管理，充分利用本地优势，形成综合竞争实力，尽快实现预

定目标。

政府要充分认识文化外宣对于构建国家和上海城市形象,对于提升文化软实力,为跨国政治、经贸交流合作提供平台的重要作用,保障对文化外宣的年度资金投入,并鼓励、吸引企业和各种民间资本注入对外文化交流与宣传活动。积极培养和引进国际文化传播人才,通过人才倾斜政策,吸引和留住精通各种外语,懂得跨文化交流并具有对外传播能力的各类人才。在上海的各大高校和培训机构加强国际传播人才的培养,整合各类企业和社会组织的国际传播资源,建立国际传播人才资源库,加强队伍建设,在各大外宣媒体阵地建立起一支具备较强国际文化传播能力的人才队伍。

(二)推动形成文化外宣多元化主体参与的格局

文化外宣工作如果过度依赖政府,就会导致文化活动官方色彩过于浓厚,缺乏亲民性和趣味性,使国外受众产生抵触心理,不利于文化的有效传播。民间文化外交具有渠道多样、方式灵活、深入人心等特点,需要进一步调动民间主体参与文化外宣的主动性、积极性和自觉性。

要创新文化外宣工作体制机制,加大市场和民间组织在外宣主体中的比例。政府要真正实现从"办文化"向"管文化"转型,制定正确的方针政策,发挥好监督引导作用,建立民间文化交流专项基金,鼓励和支持社会团体参与对外文化交流与传播。

推动"送文化"向"卖文化"转变,建立适合市场经济发展规律的可持续发展的外宣工作机制。作为营利性组织,企业主要通过产品和服务实现文化外宣。政府可以通过提供财政资金支持、制定税收优惠政策、协助宣传推广等措施扶持企业参与对外文化传播。政府可以和获得财政补贴的企业签订责任书,用经济指标衡量文化产品输出的质量和效益,对文化产品出口的数量、市场占有率和利润率等指标进行后期评估,并对整个项目运作进行全程监督和指导,力求保证出口文化产品实现"量"的提升、"质"的飞跃,从而提升文化产品内涵价值的传播效果。

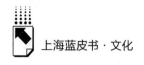

（三）创新文化外宣途径和渠道

互联网时代新媒体的运用已经极大地改变了世界各地人们的认知方式和思维模式，也对传统的文化外宣方式构成重大挑战，强化了西方媒体和意识形态的渗透效果，如社会化媒体境内外的快速传播对香港"占中"事件的推波助澜。只有充分运用新媒体语境下多元化的传播渠道，才能使文化外宣的内容有效影响多数国外受众，讲好中国故事。文化外宣必须有效利用"三微一端"（微信、微博、微视频和客户端）与境外"GTFA"（谷歌、推特、脸书和亚马孙）形成的内涵式传播渠道，多层次、全方位讲述中国故事。

要注意新媒体和传统媒体传播渠道不同的受众定位与心理状态，新媒体的使用人群以年轻人为主，他们所习惯和欣赏的话语模式有自身的特点，对主流、官方的宣传体系比其他的受众更容易产生排斥心理，而倾向于接受非主流、亲切、趣味性的表述方式。比如微信传播应"在一种颠覆传统、消解权威、对抗规则、解构自我的流行风潮和速食、个体性、抵制性的'微文化'背景下，完成一场'去官方'色彩的后现代叙事"[①]。因此，应对新媒体时代文化外宣面临的挑战，一是要顺应"互联网＋"时代文化发展规律，构建对外文化宣传新媒体平台；二是要针对不同的传媒渠道和受众特点，制定一套行之有效的话语策略。

（四）加强受众研究，实施差异化传播策略

外宣需要遵循"内外有别""外外有别"的传播原则，加强对不同对象国家受众市场和文化背景、心理特质的研究在强化宣传效果方面的意义非常重大。根据文化传播学者的研究，文化价值观可以分为个人/集体主义、不确定性规避、权力距离、阴性/阳性主义四个维度。[②] 欧美发达国家普遍具

---

① 宫承波、田园：《构建"微时代"的对外传播体系》，《对外传播》2014 年第 6 期。
② 〔美〕拉里·A. 萨默瓦、理查德·E. 波特：《跨文化传播》，中国人民大学出版社，2010，第 54 页。

有"高度个人主义+喜欢不确定性+权力距离小"的文化特征，包括中国在内的东南亚国家的文化特征则是"集体主义+规避不确定性+权力距离大"，南美国家多体现为"高度集体主义+规避不确定性+权力距离大"的文化特征。

因此，在文化外宣工作中，应区分对象国家文化价值观的差异，充分考虑不同地区国家对我国文化的接受程度，实施差异化、梯度化的宣传策略。亚洲国家和我国血脉相连、文化相近，可以作为对外文化宣传的第一梯队，非洲拉美国家作为第二梯队。对于第一、第二梯队国家，结合"一带一路"战略部署文化先行的理念，文化外宣要着力于加深彼此文化相融相通部分的阐释，使目标国家产生亲切感，更易于接受。对于文化差异最大的欧美国家，外宣的目的应定位于表现异质文化的吸引力，引发受众对中国文化的兴趣和向往。

（五）优化文化外宣的语言艺术

文化外宣要保持独立、专业的视角和态度，淡化官方宣传色彩，塑造和对象国家媒介生态相符合的传播者形象，树立对外宣传机构和媒体的权威与口碑。以BBC为例，"它既不为私人所有，又不受政府控制，其经费来源主要是依靠视听执照费。这一体制使得BBC在日常工作中能够最大限度地不受政府的干涉和商业利益的驱使，从而制作出公众普遍认可的相对客观独立的报道和高质量的信息产品，这一历史传统形成了BBC独有的公信力"。①

不同国家具有不同的文化语境。"文化语境"指语言活动进行的社会文化环境，体现了社会成员的群体习惯，可分为高语境文化和低语境文化。高语境文化在人际沟通中较少依赖语言符号，具有含蓄、内敛、灵活的特点，中国等东方国家多属于高语境文化；低语境文化在人际交往中更多依靠话语符号传达信息，具有直接、坦率、外向的特点，以美国和德国为代表的欧美

---

① 张昆、杨林：《BBC公信力的培育》，《新闻记者》2004年第9期，第51页。

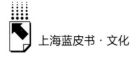

国家多属于低语境文化。高语境文化向低语境文化输出的过程中，在翻译表达上应注意编码—解码的符号差异。①

　　根据文化语境的差异，对外文化宣传要寓教于乐，去除宣传话语体系中过于官方化、政治意识形态色彩过浓的表述方式，"讲故事"而不是"讲道理"，避免生硬、僵化的说教内容，在各类对外文化宣传载体中融入平民视角、平常心态、平实风格的叙事内容，多用事实说话，以小见大，多诉诸受众情感而非理性，春风化雨，润物无声，直击人心。讲述中国故事在内容上和表述方式上都要力求接近当地民众的生活经验和心理诉求，在当地文化背景中寻找最佳切入点和契合点，量身定制具有中国元素的当地节目，引发受众对中国故事的情感共鸣，从而实现"自我"和"他者"之间的有效文化传播，让国际受众在不知不觉中受到中华文化的感染，听得懂中国故事，愿意、乐意听中国故事。

---

① Larry A. Samovar, Richard Porter, Edwin R. Mc Daniel, *Communication Between Cultures*, The Press of Beijing University, 2009, pp. 158 – 159.

国际比较与个案研究篇

Comparative Study and Case Studies

B.12

国际大都市比较研究：知识
经济与科技创新[*]

任一鸣　任　明　李艳丽[**]

摘　要：　上海要树立良好的国际形象、增强自身的吸引力和竞争力，
　　　　　了解和掌握上海的综合竞争力在世界城市各项重要指标排名
　　　　　中居于何种位置，是十分必要的。结合上海目前大力发展科
　　　　　技创新的目标，尤其应关注的是，与世界其他国际性大都市
　　　　　相比，上海在知识经济和科技创新方面有何优势以及不足，
　　　　　上海如何学习国外发展知识经济和开拓科技创新的先进经验
　　　　　并迎头赶上。本报告选取了 11 个世界知名研究机构发布的获
　　　　　得国际公认的城市排名表，从宏观的综合排名、微观的知识

---

　*　本报告为上海市欧美同学会2015智库课题。

　**　任一鸣，上海社会科学院文学研究所研究员；任明，上海社会科学院文学研究所助理研究员；
　　　李艳丽，上海社会科学院文学研究所助理研究员。

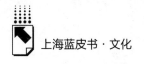

经济与科技创新排名两个方面，且特别着重于后者，试图回答上述问题。本报告还选取知识经济与科技创新排名中的核心指标——知识竞争力进行关联研究，力图找出与知识竞争力相关的主要因素，并在研究的基础上提出上海发展知识经济与科技创新的政策建议。

关键词： 知识经济　科技创新　国际比较

一　导言

根据英国地理学家、规划师彼得·霍尔对国际大都市的定义，国际大都市是指那些对全世界或大多数国家产生全球性经济、政治、文化影响的国际一流大都市。但这只是一个定义，具体到每一个城市，很难界定。因此，有必要建立一个相应的指标体系。国际大都市定义、分类指标的最早提出者之一是英国拉夫堡大学所属的全球化与世界级城市研究机构。它每四年提出一个世界领先城市的名单。在 2008 年排行榜上，前 8 位是纽约、伦敦、香港、巴黎、新加坡、悉尼、东京和上海。由此可见，国际大都市的衡量往往建立在国际比较的基础上。要把上海建成国际大都市和国际文化中心城市，加快实现"具有全球影响力的科技创新中心"的新定位、新要求，必须深入了解其他国际大都市在知识竞争力和科技创新力方面的发展现状，只有了解上海的知识竞争力和创新能力在世界城市中所处的位次，才能准确地把握发展方向，合理制定发展策略。

世界知名研究机构在国际大都市竞争力研究方面，借助社会学和统计学以及系统论等方法对城市进行量化的分析、比较和排名，是比较常见的。其中既有进行整体竞争力全方位比较的综合排名，也有聚焦某一领域的专项排名，比如对引领城市未来的知识经济和科技创新所做的排名、绿色城市排名、智慧城市排名、风险城市排名、机遇城市排名、宽带城市排名。这些排名虽然在指标设定上各有偏向，且某些数据样本的数量和质量有限，不能引以为定论，但由于发布排名的大多是世界知名研究机构或咨询公司，且数据来源具有一定的权威性，主要是各国各城市官方公布的统计年鉴、世界银行发展报告、联合国的发展指数和研究报告等，因此这些排名往往成为各国各级政府的决策参考，还成为各大企业和跨国公司制定投资战略的参考。上海要树立良好的国际形象、增强自身的吸引力和竞争力，就不得不关注自身在这些排名中的位次。那么，上海在这些排名中居于何种位次？与世界其他城市比较，上海的综合竞争力尤其是知识经济和科技创新有何优势以及不足？上海如何学习国外先进的知识经济和科技创新经验并迎头赶上？本报告选取世界城市排名中获得国际公认的 11 个排名表，从宏观的综合排名、微观的知识经济与科技创新排名两个方面，特别着重于后者，试图回答上述问题。本报告还选取知识经济与科技创新排名中的核心指标知识竞争力进行关联研究，力图找出与知识竞争力相关的主要因素，并进一步提出上海发展知识经济与科技创新的政策建议。

二 世界城市综合排名中的上海

根据"全球实力城市指数""全球都市综合竞争力报告""世界机遇城市排名""AT 卡尼全球城市指数"以及"城市吸引力排名"五个知名的综合城市排名研究，上海的综合实力最高排名全球第 5 位，最低排名第 36 位。

（一）全球实力城市指数

上海在 2013 年全球实力城市指数（the Global Power City Index）排名中名列第 15。伦敦、纽约、巴黎、东京、新加坡、首尔依次位居第 1~6 位，香港居第 9 位①。

全球实力城市指数由日本都市战略研究院和 MORI 纪念基金会发布，它

———————————

① 本报告所列 11 个排名数据均公布在其官方网站上。

是一个综合性指标系统，主要包括六大指标：经济、科研与发展、文化互动、城市活力、生态环境、便利性，涉及全球 35 个城市，69 个分类指数。在其六大指标中，科研与发展是直接关联知识经济和创新发展的指标，经济和城市活力等指标也不同程度地与知识经济和创新发展相关联。自 2008 年首份报告发布以来，纽约、伦敦、巴黎和东京在历年报告的综合指数排名中都稳居前四位。上海于 2011 年起进入前 20 名，属于亚洲城市中快速上升的新星。但相对于纽约、伦敦、巴黎等欧美城市而言，上海还有一段艰难的路要走。即便就亚洲城市而言，东京、首尔、新加坡也是强有力的竞争对手。根据该指数排名，上海的生态环境在所有 40 个城市中列第 34 位，倒数第七，仅胜于北京等城市，反映了上海生态环境所面临的严峻形势。

（二）全球都市综合竞争力报告

上海在全球都市综合竞争力（GUCP）2012 年报告中名列第 36 位。伦敦、纽约、巴黎、东京、香港、首尔、新加坡进入前十。

全球都市综合竞争力报告是由中国社会科学院、宾夕法尼亚 Bucknell 大学以及英国、加拿大、墨西哥、韩国、意大利、荷兰、日本等国的大学和研究机构合作完成的。涉及全球 500 个城市，九大指标：GDP 总量、人均 GDP、单位面积 GDP、劳动生产力、国际机构数量、专利申请数量、价格优势、经济增长率、就业率。上海虽然综合竞争力排名不尽如人意，但在一些单项指标中却有突出表现，比如在国际影响力指标中排名前十的城市中就有上海，位列第 8，在亚洲城市中，上海的城市国际影响力仅次于香港和北京（香港第 5，北京第 6）。上海的综合竞争力排名也呈快速上升趋势，由 2010年的第 46 位升至 2012 年的第 36 位。

当然，上海在许多单项指标中排名落后，这也是造成上海总体排名不高的原因。上海总体城市竞争力指标仅排名第 95 位，生产率排名第 69 位，而资源利用效率则列第 104 位。在人力资源方面，上海的排名只列第 84 位，其中教育覆盖和参与为第 82 位，科学技术专家指数仅列第 95 位。上海的生活质量列第 84 位，生活成本列第 78 位，而房屋状况列第 91 位。上海的工业竞争力也不高，制造业列第79位，运输与通信服务列第83位，消费服务列第96位，而社会服务更是低至第104位。值得重视的是，上海在商业环境方面也有需要迅速改进的地方，总体商业环境列第69位，商业信用排名只列第91位，法制系统和财产权列第90位，创新与科技列第86位，研究与开发投入列第85位，公共教育支出列第91位，信息基础设施列第90位，社会福利列第72位，政府规模则列第98位。

（三）世界机遇城市排名

上海在世界机遇城市排名中，知识资本指标与纽约、巴黎、伦敦、东京一起进入前5名。

世界机遇城市排名是普华永道公司与纽约伙伴机构合作于2001年开始启动的研究项目。研究方倾注了大量心血，于2007年发布首份报告。其关注点在于城市活力和经济增长力，依据为国际货币基金组织、世界银行、英国国家统计局以及美国统计局等提供的数据。2012年的报告则考察了世界上20个城市，这些城市被公认为世界上的商贸、金融和文化中心城市。上海的总体排名虽然不尽如人意，但上海知识资本排名却列全球第5位，在如全球前500名大学数量、接受高等教育人口比例、全球前100名商学院数量以及医学院数量等细分指标上均表现不俗。为此，研究报告还专门指出上海的突出表现。上海在商业机遇中的排名列全球第14位，特别是吸引外资投资于绿色项目的排名为世界第一。在科技与创新指标上，上海则相对落后，为倒数第三。在金融相关指标上，上海列全球第14位，表明上海金融业发展尚有巨大空间。在健康与安全指标上，上海列20个城市的倒数第三，仅仅超过约翰内斯堡和圣保罗，在犯罪率、医院数量、婴儿成活率、健康生活值、自然灾害风险等细分指标上均表现不佳。上海在可持续发展指标上也列20个城市中的倒数第四，在绿色城市、空气质量、绿地面积等细分指标上排名靠后。

（四）AT卡尼全球城市指数

上海在2014年AT卡尼全球城市指数中位列第18，纽约第一，伦敦第

二，巴黎第三，东京第四。

AT 卡尼全球城市指数由 AT 卡尼咨询公司与芝加哥国际事务委员会联合发布，主要关注指标有：商务活动、人文资本、信息交流、文化体验、国际机构、智库和国际政策等。2008 年发布首份报告，之后每两年发布一次。2014 年的报告涉及全球 84 个城市，上海位列第 18 位。与前几年相比，上海的排名有所上升。上海 2008 年的排名为第 20 位，随后 2010 年和 2012 年的排名均为第 21 位。值得注意的是，虽然上海的总排名尚未能进入前十，但上海在商务活动单项指标方面进入前五。上海 2012 年在最具发展潜力的城市中曾列第 2 位，但 2014 年仅列第 27 位，表明上海未来发展面临重大挑战，要维持良好的发展势头十分不易。

（五）城市吸引力排名

在城市吸引力排名中上海位列第 5，伦敦、纽约、巴黎、新加坡位居前四名，香港为第 6 名，东京为第 20 名。

城市吸引力排名是大巴黎投资研究机构发布的，旨在考察世界级城市的吸引力。该报告所秉持的理念是，一座有吸引力的城市应该具备以下特征：它不仅创造财富，且是高科技和创新中心，文化繁荣，财富创造和生活质量之间达到平衡。它所设立的指标主要有：市场规模、经济增长、政治稳定和法律安全、硬件设施、生活质量、技术型人力资源、生活成本与薪资和税收、教育质量、科研和创新。在单项指标排名前五的名单上，上海处于相对领先地位的指标是：经济增长指标上海位列第一，纽约第二，伦敦第四；市场规模指标上海位列第二，仅次于纽约，伦敦第三。技术型人力资源指标，上海名列第五，纽约、伦敦位列前二，巴黎第四。上海在其他单项指标上，如政治稳定和法律安全、硬件设施、生活质量、生活成本与薪资和税收、教育质量、科研和创新，相比于纽约、伦敦、巴黎、东京等城市处于落后地位。比如科研和创新指标，纽约第一，伦敦和东京列第 3、第 4 名；教育质量指标，纽约、伦敦位居前二，巴黎第 4 名；生活成本与薪资和税收指标，伦敦第 1，纽约第 2，新加坡第 5，上海在以上这些单项指标上均未能进入前五名。

三　世界城市知识经济与科技创新排名中的上海

"哈金斯世界知识竞争力报告""创新城市指数""世界网络城市报告""宽带城市报告""亚洲绿色城市指数""世界十大智慧城市"等6个知识经济与科技创新领域的知名排名，反映了全球主要城市在知识经济与科技创新方面的进步，并就各城市所取得的进展进行了比较，客观体现了各城市的优势与劣势。上海在这些排名中最靠前的为第28位，最靠后的为第110位。

（一）哈金斯世界知识竞争力报告

上海在哈金斯世界知识竞争力上排名第110。排名前20的城市和地区中，有包括美国纽约在内的13个城市，东京第9，新加坡位居第27。

哈金斯世界知识竞争力指数是世界上较早聚焦城市知识竞争力的指数研究，由罗伯特·哈金斯研究会发布，每两年发布一次，直至2008年。在2008年报告中，涉及了全球145个城市和地区，涵盖19个知识经济指标，主要有：研发（R&D）投入、人均GDP、申请专利数、教育支出、知识经济领域的就业状况、信息技术、私募基金准入等。排名较前的城市大多由于在信息科技、大学科研状况、研发投入和私募基金融资等单项指标上有突出表现。亚洲城市中东京从2004年的第38位迅速上升到2005年的第22位，2008年更是跃居第9位。新加坡也从2005年的第51位迅速上升为2008年的第27位。究其原因，不能不说这与上述城市对知识经济的重视程度和正确的发展方向有关。上海虽然在信息和计算机产业雇用这一细分指标上列全球第9位，在专利注册申请量上列全球第20位，劳动生产率列全球第20位，在新兴城市中处于领先地位，但上海的排名却一直徘徊于100名之外且上升乏力。与东京和新加坡相比，上海不仅排名大大落后，而且上升速度十分缓慢，从2005年的第112名到2008年的第110名，三年只艰难地上升了两个位次。

（二）创新城市指数

上海在2014年创新城市指数中位列第35，纽约第2位，伦敦第3位，

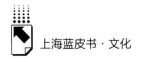

巴黎第 5 位，东京第 15 位，首尔第 12 位，香港第 20 位，新加坡第 27 位。

创新城市指数由澳大利亚智库机构"2thinknow"发布，涵盖全球 445 个城市，依据文化、艺术和体育事业发展成就，以及人力资源、基础建设、可持续发展项目及市场网络等 162 个指标对城市进行排名，考察城市创新发展的实力和潜能。以最新发布的 2014 年报告来看，上海虽然在 445 个城市中位列第 35，但相比 2011 年全球创新城市排名而言，却呈一路下滑趋势，上海 2011 年排名第 24 位，2012~2013 年排名第 29 位。亚洲城市中同样呈下滑趋势的还有香港，从 2011 年的第 15 位降至 2014 年的第 20 位，而东京和首尔则呈上升趋势，东京由 2011 年的第 22 名升至 2014 年的第 15 名，首尔从 2011 年的第 28 名升至 2014 年的第 12 名。上海不仅与全球领先创新城市纽约、巴黎、伦敦仍有较大距离，与亚洲城市东京、首尔等的距离也正在逐渐拉大。

（三）世界网络城市报告

上海在 2014 年世界网络城市中排名第 28 位（共 40 座城市），伦敦、巴黎、新加坡分别位列第 2、第 3、第 4 名，纽约第 7 名，香港第 9 名，东京第 10 名，首尔第 12 名。

世界网络城市排名由咨询机构 Ericsson 和 Arthur J Little 联合发布，从 2012 年之前涵盖全球 25 个城市到 2013 年涵盖 31 个城市，2014 年进一步涵盖 40 个城市的信息和通信技术发展状况。该报告目的在于突出数字技术在城市知识经济和科技创新中的重要作用。对比该报告 2012 年的排名，上海由 2012 年的排名第 12 位下降到 2013 年的第 20 位，2014 年更降至排名第 28 位，下降幅度较大。上海排名的持续下降，既与排名涵盖的城市不断增多相关，也与网络城市指数的指标侧重点调整有关。该报告 2012 年以前的指标偏重于信息和通信技术行业的投入和设施状况，而 2014 年报告则更加侧重于与网络科技发展密切相关的其他指标，如城市管理和服务、创新人群和产品、用户对新科技的体验等。指标侧重点的调整可能会引起排名的变更，但对一些在网络城市发展中确有实力的城市而言，对其排名的影响并不明显，比如纽约、伦敦、巴黎、东京等虽然位次有变，但基本稳定在前十位。

（四）"宽带城市：2011年互联网状况报告"

上海在"宽带城市：2011年互联网状况报告"中未进入前100名。

"宽带城市：2011年互联网状况报告"由Akamai公司发布，排名的主要依据是互联网平均网速和最高网速。2011年初的报告选出了全球100个网速最快的城市，结果发现，这100个城市中，60多个城市在日本，东京位列第68名；16个城市在韩国，其中有14个韩国城市跻身前20名，首尔位列第11名；香港也跻身前100名，位列第41；北美城市有11个；欧洲有12个。2011年第四季度的报告显示，北美有24个城市进入前100名，其中22个在美国，欧洲只有7个城市进入前100名。

（五）2012年亚洲绿色城市指数

上海在"2012年亚洲绿色城市指数"中综合评价属第三类，新加坡领衔亚洲城市，属于一类，东京、首尔、香港属二类。

亚洲绿色城市指数由西门子公司经济情报研究机构发布，2009年发布首份报告，主要考察人均碳排放量、年度碳排放量、污水治理等，按照欧洲、北美、南美、亚洲、非洲分类，选出最佳绿色城市。参评的22个亚洲城市分为五类，第一类最佳，第二类表现良好，第三类处于平均水准，第四、第五类分别为低于平均和最差。从分类指标看，新加坡在管理体制和公共服务、垃圾分类、水质治理等方面领先；东京在节能减排方面领先，属一类，香港、首尔、新加坡属二类；水质指标：新加坡、东京属一类，首尔属二类；空气质量指标：香港、新加坡、东京属二类；卫生状况和环境治理指标：香港、首尔、新加坡、东京均属二类。上海则在污水治理设施方面领先，但其他指标的表现不尽如人意，如节能和碳排放指标，上海属五类，最差；水质、空气质量、卫生状况和环境治理指标：上海均属三类，仅达到平均水准，均落后于新加坡、东京、首尔等城市。

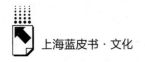

（六）2012世界十大智慧城市

上海在"2012世界十大智慧城市"中名落孙山。巴黎、纽约、伦敦、东京分列为第3、4、5、6位，香港列第9位。

世界十大智慧城市排名是城市战略研究专家 Boyd Cohen 的研究成果，主要考察城市的创新能力和可持续发展性。所选取的指标主要关注四个方面，即创新能力、绿色环保、生活质量和数字科技管理。细化指标共62个，涉及网络和交通设施、政府信息公开、网络连接速度、低碳科技、服务效能、科技创新、生活质量、文化、教育和创造力等。巴黎在鼓励清洁能源交通方面表现突出，尤其是其对使用自行车和电动车的鼓励。

四　知识竞争力相关指标的关联分析：以哈金斯知识竞争力指数为例

知识经济与科技创新的核心是知识竞争力，哈金斯知识竞争力指标主要包括研发（R&D）投入、人均GDP、申请专利数、教育支出、知识经济领域的就业状况、信息技术、私募基金准入等内容。通过对知识竞争力主要指标的关联性建模分析，我们得出如下结论。

首先，从单纯的关联性（correlation）角度来说，知识竞争力与企业研发（R&D）投入以及人均经济状况的几个指标（人均GDP、平均月收入等）最为相关（见表1），而政府研发投入、高科技领域就职人数以及政府对于高等教育的支出与知识竞争力的关联性并不大。而若以以下模型进行回归分析（regression analysis），结果也相类似（见表2）。

当然，由关联性并不能推导出因果关系，也就是说，虽然人均GDP高的城市知识竞争性往往也较高，但这并无法说明人均GDP是导致知识竞争指标优异的直接原因，而可能存在其他原因同时导致两者的发生。例如，城市居民的教育程度有可能是提升知识竞争力的直接因素，而往往受教育程度高的城市中的居民通常从事更高收入的工作也有更高的人均GDP，所以人均GDP和知识竞争力都只是结果，而并不是原因。

表1　知识竞争力与其他指标的关联矩阵

指标	知识竞争力
GDP per capita index（人均 GDP）	0.67
GDP per capita（absolute）［人均 GDP（绝对值）］	0.67
Knowledge intensity ratio（知识强度比）	0.48
Economic Activity Rate（经济活力度）	0.41
Number of managers per 1000 employees（每 1000 名雇员中管理人员数）	0.02
Employment in IT and Computer Manufacturing per 1000 inhabitants（每 1000 名居民中 IT 和电脑制造业从业人员）	0.56
Employment in Biotech & Chemicals per 1000 inhabitants（每 1000 名居民中生物化学业从业人员）	0.12
Employment in Automotive and Mechanical Engineering per 1000 inhabitants（每 1000 名居民中自动化和机械工程业从业人员）	0.01
Employment in High – Tech Services per 1000 inhabitants（每 1000 名居民中高科技服务业从业人员）	0.25
Per Capita Expenditure on R&D performed by Government［政府 R&D 投入（人均）］	0.33
Per Capita Expenditures on R&D performed by Business［企业 R&D 投入（人均）］	0.83
Number of Patents Registered per one million inhabitants（每百万居民注册专利数）	0.59
Private Equity ＄ Per Capita（人均私募基金）	0.68
Labour Productivity（劳动生产力）	0.75
Mean Gross Monthly Earnings（平均月收入）	0.81
Unemployment rate（Reversed）（失业率）	0.13
Per Capita Public Expenditures on Primary and Secondary Education［中小学教育公共投入（人均）］	0.62
Per Capita Public Expenditures on Higher Education［高等教育公共投入（人均）］	0.48

其次，最影响城市知识竞争力的几个因素为：经济发达程度、企业人均研发投入、私募基金以及专利数量。而政府投入，无论是在研发方面还是在教育方面，对知识竞争力的影响都不大；相反，在研发投入方面还有一定的反作用，会对企业等投入产生挤出效应（见表2）。

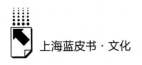

表 2   知识竞争力与其他指标回归分析结果

知识竞争力	(1) 人均 GDP	(2) 月收入	(3) 劳动生产率
经济发达程度指标	0.3481 ***	0.3379 ***	0.4068 ***
	(0.0404)	(0.04271)	(0.05165)
企业人均 R&D 投入	0.2129 ***	0.1893 ***	0.02088 ***
	(0.02032)	(0.02132)	(0.02118)
政府人均 R&D 投入	- 0.008932	- 0.005018	- 0.01027
	(0.006309)	(0.006473)	(0.006639)
私募基金	0.03118 ***	0.03211 ***	0.02751 **
	(0.01056)	(0.01098)	(0.01111)
政府高等教育公共投入	0.008734	0.05831 ***	0.01743
	(0.02021)	(0.02042)	(0.0.02087)
政府中小学公共教育投入	0.04989	- 0.007577	0.03032
	(0.03455)	(0.03834)	(0.03674)
专利密度	0.03943 **	0.0640 ***	0.03587 **
	(0.02045)	(0.02127)	(0.02136)
样本数量	87	87	87
R²	0.9488	0.9403	0.9401
修正 R²	0.9399	0.9350	0.9348

注:括号中为标准方差;* = p < 0.1, ** = p < 0.05, *** = p < 0.01。

最后,研究表明,无论用何种经济发达程度的指标(GDP、劳动生产率或月收入),对整体结果无大影响。而以上指标对知识竞争力的解释以及预测功效十分强,也就是说,单单用经济发达程度、企业人均研发投入、私募基金以及专利数量,就能够解释知识竞争力大小的 94% 左右。因此,知识竞争力指标中的最核心因素为:经济发达程度、企业人均研发投入、私募基金以及专利数量。这也为上海发展知识经济与科技创新指明了方向。

五 伦敦、新加坡和东京的经验借鉴

本报告选取在知识经济与科技创新领域取得突出成绩的伦敦、新加坡和

东京三个城市作为样本，分析其具体的政策措施和实施途径，从而为上海提供有益的借鉴。

（一）伦敦

伦敦一向是世界知识生产、创新及创业的中心，然而在科技进步日新月异的背景下，伦敦政府发现，没有新的发展途径及对新途径的新的投资方式，伦敦很难在保持增长的同时保持其领先地位。增加对新科技的投资是伦敦获得进一步发展的必要条件。受知识经济发展的推动，在高等教育机构与商业机构之间加快"知识转化"一直是伦敦的政策制定者首要考虑的议题。伦敦的教学机构在教学与科研之外，也扶持创业活动，其中比较典型的有伦敦城市大学为家具生产商所提供的设计服务支持、格林尼治雷文斯本学院的电视制作与孵化空间、中央圣马丁学院的创新中心、玛丽王后学院的数字音乐中心等。伦敦文化与创意领域的发展重点是数字技术与创新。数字技术极大地改变了创意产品及服务生产、提供与消费的方式。

伦敦市市长鲍里斯·约翰逊是数字经济的坚定支持者，不仅大力支持伦敦东区的"科技城市"数字创意创业及小微企业，还推出"智慧伦敦"项目，探讨如何利用科技与数字使得伦敦成为更好的居住与工作场所，并应对人口不断增长的挑战。"智慧伦敦"的目标是：确保伦敦居民参与到"智慧伦敦"的建设中并拥有能够建设伦敦未来的技能；运用数据鼓励伦敦居民及创业者更好地参与城市的运营；整合各方面的力量、人才及世界级的研究基地来应对所面临的挑战；为伦敦已经在探索及投资智能发展手段的机构提供支持；运用数字科技使伦敦居民、游客及企业能够更好地"使用"伦敦。

伦敦还成立"智慧伦敦创新网络"，为创业者、创新人才及已经投入伦敦的新设施和新服务建设领域的机构提供合作机会。伦敦也是全世界数据公开领域的先锋。伦敦还推出"医药之城计划"，目标是将由伦敦、牛津和剑桥组成的"金三角"建设成为世界领先的、推动跨界合作的生命科学的研究及商业化发展基地，实现健康水平提升及经济增长的双重目标。

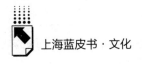

（二）新加坡

新加坡向来以诚信、质量、可靠性、法治、效率及严谨的知识产权法和执法政策闻名于世，这些也正是知识型经济的要素。作为理想的创新事业发展之地，新加坡建立了健全的研发生态系统和完善的知识产权保障制度，多年被瑞士国际管理学院《世界竞争力报告》评为知识产权保护的亚洲最佳地点。

新加坡政府积极推动在研究机构、工业与大学之间建立并保持密切的三边合作关系。2012 年新加坡研发开支总投入为 72.45 亿新加坡元，与 2006 年投入 50.1 亿新加坡元相比呈增长态势，其中私人部门投入最多，为 44.15 亿新加坡元，高校次之，为 11.93 亿新加坡元，公共研究机构为 9.12 亿新加坡元，政府部门为 7.25 亿新加坡元。按领域划分，工程与科技领域研发开支最高，为 45 亿新加坡元，生物医药及相关科学次之，为 14 亿新加坡元，其他自然科学排在第三位，开支为 8.35 亿新加坡元。研发产出方面，2012 年新加坡共拥有专利 5129 项，其中公共部门拥有 1251 项，私人部门拥有 3878 项。

新加坡向来是跨国公司设立亚洲总部的首选地点，有 1/3 的"财富 500 强"公司选择在新加坡设立亚洲总部。新加坡签署了 50 个避免双重课税协定和 30 项投资保证协议，使选择在新加坡进行跨国业务的总部公司享有税务优势。新加坡制定了名为"未来·新加坡"的发展战略，旨在在城市发展、康乐、老龄化与保健、生活时尚产品和服务等领域为投资者的新创意提供运作模式实验地点。在瑞士国际管理学院（IMD）公布的《2014 年全球竞争力报告》中，新加坡列第 3 位。

（三）东京

2013 年 4 月，东京都教育委员会发布了《东京都教育蓝图（第 3 次）》，指出社会的变化及教育所要发挥的作用，以及在急速变化的社会中，教育要培育能够承担起下一世代发展任务的人才，这是国家发展的关键。东京以

"全社会培育孩子的'知'、'德'、'体'，培养在全球化进展与急剧变化的时代中主动学习、思考与行动的能力，培养为社会的发展主动贡献的能力"为基本理念，从 2013 年起制定 5 年的中长期教育计划。

日本中小企业 99% 集中于东京，东京很多企业内部设置了研发部门，拥有全国性研发部门的企业大约 17% 集中在东京，多分布于综合建设、设备工程、建设咨询业以及电气、电子机械器具制造业。除了企业内部的研发，企业向外部支付的委托研发费也逐年增加，促进了产官学合作机制。东京拥有很多作为产学合作基础的大学和研发机构，全国学术研发机构的 15.3% 在东京，达 814 所。从事研发的研究生、博士生中 26.4% 在东京，约 69000 人，为产学合作提供了人才支撑。2013 年东京申请专利 139603 件，占全日本的 51.4%。

在东京都制定的"十年后的东京"规划中，"信息发信型产业"（创意产业）成为今后重点培育的产业之一。东京创意产业主要由软件业、建筑设计业、广告业、出版业构成。东京也聚集了全国一半以上的创意产业以及出版业、音像信息制作业、演艺场、表演团和广告业及其从业人员。日本信息通信业 35% 集中于东京，从业人员 78.7 万，软件业占全国总数的 31.2%。

六 上海发展知识经济与科技创新的对策建议

中共中央总书记、国家主席习近平近来对上海提出"加快向具有全球影响力的科技创新中心进军"的新定位、新要求，而发展具有全球影响力的科技创新中心也是一项国家战略。在这样的形势下，为建设成为具有全球影响力的科技创新中心，上海制定了近期（2020～2030 年）、中期（2030～2040 年）和长期（2040～2050 年）的战略目标及具体措施。

但从上文所列世界城市排名情况来看，上海在知识经济和科技创新方面的指标普遍落后，如在全球都市综合竞争力排名中，创新与科技列第 86 位，研究与开发投入列第 85 位，公共教育支出列第 91 位；在世界网络城市排名中，上海由 2012 年排名第 12 下降到 2013 年的第 20 名，2014 年更降至排名

第 28；哈金斯知识竞争力则更是徘徊在 100 名之外。这说明上海的知识竞
争力水平与纽约、伦敦、巴黎、东京等城市存在着较大差距。而在与知识经
济和科技创新相关联的单项指标中，上海在单项指标如企业或社会对研发投
入的比例、专利申请数和保护知识产权法治环境、人才环境、教育投入、环
保水平和环保科技应用、信息科技等方面的表现均远不如纽约、伦敦、巴
黎、东京、新加坡等城市。

通过考察和研究上海在全球城市的综合排名以及知识经济与科技创新排
名，在对知识竞争力指标进行建模分析的基础上，吸收了伦敦、新加坡和东
京的经验，针对上海的知识经济与科技创新实际，笔者提出以下建议。

第一，上海在知识产权保护和执法方面应先行一步。知识产权保护和执
法是发展知识经济的基础，也是知识经济与科技创新的基石，而专利是知识
产权的关键指标，前文对知识竞争力相关指标的关联分析充分证明了这一
点。2012 年，上海申请专利总数为 82682 件，授权总数为 51508 件。截至
2012 年底，上海有效发明专利量为 40309 件，比 2011 年增长 29.5%。但与
其他国际城市相比，差距明显。因此，上海不仅应加大对知识产权相关的品
牌、专利、数据库、软件开发等的投入，更应实施知识产权保护战略，强化
知识产权局相关执法功能，发挥知识产权法院与法庭在知识产权保护和执法
中的重要作用，建立无形资产良好的保护体制。

第二，上海应重视环保科技的研发投入。根据排名，上海的生态环境在
国际大都市中居后列，既反映了上海面临的严峻生态环境，也反映了上海在
环保科技研发方面的滞后。环保属于知识经济与科技创新范畴，环保指标考
察的不仅是环境，也是科技发展水平，是先进科学技术在环保领域的革新和
应用的体现。事实上，环保既是压力，也是增长的动力，环保产业是新兴产
业，是可持续发展的重要方面，是城市科技创新发展的重要目标，蕴藏着极
大的发展机遇。因此，上海应针对实际，在绿色城市、空气质量、绿地面积
等相关项目上加大投资力度，特别应重视环保科技的研发投入。

第三，加强数字科技在制造业中的应用，打造"上海智造"新概念。
按照全球城市排名，上海工业竞争力并不强，制造业列第 79 位，运输与通

信服务列第 83 位。上海的宽带网速、数字技术在生产和生活中的应用都在世界城市排名中偏后。此次国际金融危机以来，欧美国家均认识到实体经济尤其是制造业对于经济发展的重要性，美国提出了"再工业化"，德国的对策是实施"工业 4.0"战略。而且，信息技术、网络技术的发展及其与制造业的结合成为新工业革命的起点，竞争尤其激烈。上海应抓住机遇，重振上海制造业雄风，使上海制造业不仅领先全国，更要居世界前列。上海在新能源、新材料、电动汽车以及信息和网络技术等方面应加强投入，推动智能工厂、智能楼宇、智能电网、智能物流以及智能城市建设，使上海制造转型为"上海智造"。

第四，加大社会资本的研发投入，降低政府研发投入比重。对知识竞争力相关指标的关联分析研究表明，企业人均研发投入是最影响知识竞争力指标的核心因素之一，而政府投入，无论是在研发方面还是在教育方面，对知识竞争力的影响都不大；相反，政府在研发投入方面投入过多，还会产生一定的反作用与挤出效应。2013 年，上海市政府"研究与发展经费支出"为737 亿元，占全市 GDP 的 3.4%。2009 年，上海工业企业研发经费支出236.51 亿元，是 2000 年的 6.5 倍，年平均增长 23.2%，虽然企业研发投入呈上升之势，但依然不到政府投入的 1/3。所以，上海应通过税收减免等方式，推动企业和社会资本增加研发投入，进一步降低政府投入在研发投入方面所占的比重，从而促进科技创新。

第五，建设智慧城市是上海成为世界级科创中心的重点之一。上海在智慧城市相关硬件上投入巨大，全市光纤到户累计覆盖率、家庭光纤宽带用户普及率均居全国首位，国际互联网出口宽带扩容。但上海在全球十大智慧城市排行榜上名落孙山，在世界宽带城市排名中未进入前 100 名。这些都表明，上海虽然在硬件设施方面日新月异，但在实际应用中仍差强人意。因此，上海不应仅仅投资于网络设施建设，而应强化互联网技术与市民生活便利性的关系，提升互联网技术与人们使用这座城市的程度等，总之，高效、便利的网络应用才是实现 i - Shanghai 目标的关键，也是建成智慧城市的途径。

B.13

社会势力的互动与城市文化形象的形成

——解读香港中环永利街的文化形象

郑 洁 张回添*

摘 要： 香港中环永利街建成于20世纪50年代，为一普通的市民居住
小区。2001~2007年，这一地块先后被土地发展公司及香港市
区重建局收购，计划拆除旧里，重建新楼。2010年，以永利街
为城市背景的获奖电影《岁月神偷》，唤起了民众对于永利街
的保护意识，也引发了对永利街拆留方案的广泛社会探讨。本
研究从文化研究的视角出发，运用Michael Foucault关于话语
权与权力的理论，分析影响永利街发展方案的四大社会势力
（包括市区重建局、非营利组织、永利街居民以及媒体与艺术
家），如何从各自利益出发，以不同的立场塑造永利街的文化
形象。文章的论点是永利街城市文化形象的形成，这也是四大
社会势力相互碰撞、抵触以及影响的结果；永利街的文化形象
可从片区建筑特征、邻里温情、文艺作品的渲染、公众文化身
份象征以及历史遗存的尴尬境地等层次加以解读。

关键词： 香港中环 永利街 岁月神偷 历史街区保护 城市文化形象

　　在一个城市的发展过程中，对于城市文化资产的处理方式，例如，建设

---

* 郑洁，香港中文大学文化管理文学士课程助理教授；张回添，香港中文大学文化管理文学士
课程四年级本科生。

文化设施、拆迁或保护历史街区等，往往会牵涉社会不同阶层、组织及势力的利益，他们以不同的价值观表达、沟通及决策参与方式，影响着这些项目的发展方向以及形象特征。因此，从文化研究的视角出发，一个城市的文化形象的形成，被认为是以各自利益为驱使的各种政治及社会势力相互角逐、互动，并参与决策的结果。香港社会自1997年回归以来，保持相对较高程度的区域自治，除了政府、商业势力外，各种非营利组织及普通民众在小区发展项目中也具有一定的参与度。本报告以香港中环永利街历史街区拆留方案所引发的社会争议为切入点，剖析各方社会势力的主张，以及他们影响永利街发展及形象塑造的过程和结果，从而揭示出文化研究视角下，城市文化形象形成的方式以及永利街的形象特征。

该研究运用Michael Foucault关于话语权与权力的理论。Foucault分析了权力产生话语权的过程，这个过程同知识和权力同时发生，并使权力和知识相结合，最终以多种形式，加强社会控制。在Foucault看来，人是使用权力的工具，权力在每个层次产生，即权力无处不在。[1] 根据他的解释，权力与知识互相影响互相作用，换言之，任何领域的知识都在权力关系的影响下形成，知识不能预先假定或建立权力关系。

在研究方法方面，本研究采用目的抽样法，以便从目标个体中得到最有价值的信息，从而确保定性研究的代表性或典型性。[2] 研究资料的主要和次要来源是档案和新闻报道，除此以外还通过访谈和观察的方式收集数据。研究采用介于正式和非正式之间的半结构化一对一采访形式，以便采访者从预先设定的问题之外获得额外信息。[3] 参与这项研究的受访者包括市区重建局

---

① Walton, David, *Doing Cultural Theory*, London: SAGE Publications, Inc. 2012.
② Maxwell, Joseph, 2013, *Qualitative Research Design: An Interactive Approach*, London: SAGE Publications, Inc.
③ 一对一采访是指采访过程中仅有一位采访者和一位被采访者。根据O'Leary在*The Essential Guide to Doing Research*一书中的观点，为了实现专业性和取得互信之间的平衡，此类采访的形式可以介于正式与非正式之间。此外，一对一采访能够帮助作者更好地掌握采访进度，对被采访者施加一定控制。见O'Leary, Zina, *The Essential Guide to Doing Research*, London: SAGE Publications Ltd., 2004。

（Urban Renewal Authority，URA）助理总经理（规划及设计）区俊豪先生、中西区关注组（Central and Western Concern Group）召集人罗雅宁小姐、当地媒体代表（例如《苹果日报》）、香港本地艺术家和永利街居民（详见附录）。这些个体影响规划决策，或采用文学艺术手法表现永利街的形象，最后，影响永利街文化形象的形成。

本文的论点是永利街目前处于历史建筑临时保存的状态，这是代表商业及公营机构势力的市区重建局、文化领域的艺术家、关注公共利益的社会非营利组织及涉及居住利益的当地住户四方社会力量相互碰撞及影响的结果。永利街的形象是一种被电影作品、历史建筑审美、视觉艺术等文化手段渲染，在强大的经济利益及改善居住条件的诉求以及由文化作品引发的小区历史文脉关注的两股势力之间，勉强维持现状的香港中环历史街区的城市文化意象。

一 永利街项目的发展历程

永利街（Wing Lee Street）位于香港中环士丹顿街（Staunton Street）和中环警署（Central Police Station）附近，其建筑形式是一排现代主义建筑风格的四层唐楼（见图1、图2）。这些唐楼建于20世纪50年代，位于永利街的南侧，其北面是呎列啫士街街市（Bridges Street Market）。呎列啫士街街市是一幢具有国际现代主义风格的三层实用型建筑（见图3），于1953年在城市委员会的资助下修建，拥有26个出售蔬菜和肉类的摊位，现已被政府列为三级历史保护建筑。在历史上孙中山先生曾在此处居住生活。1969年，该建筑的一楼被部分改造为有顶棚的游乐场。现在呎列啫士街街市已不再进行商贸活动，而被规划用于文化娱乐。

1988年，土地发展公司（Land Development Corporation）通过投标方式取得对永利街重建和复原的资格，该项工程被注册为"H19"项目。一年以后，香港市区重建局成立并接管土地发展公司，同时该项目被推迟。从2001年到2007年，由于恒基兆业（Henderson Land）和城市规划委员会

图1 永利街街景一（摄影：郑洁）

图2 永利街街景二（摄影：郑洁）

（Town Planning Board）的纠纷，土地发展公司被剥夺对 H19 项目的所有权。2007 年，香港市区重建局制订计划拆除并重建永利街的所有建筑，但这一决定在当时被认为违反了城市规划委员会关于保护历史建筑的方针，遭到公众舆论的反对。

图3　呗列啫士街街市（摄影：郑洁）

由于 2010 年的一部知名电影《岁月神偷》（*Echoes of the Rainbow*），这个项目的命运被进一步改变。这部电影唤起了人们对 20 世纪 60 年代生活的集体记忆，促使公众采取行动保护永利街的所有建筑。出于对公众愿望的响应，2011 年城市规划委员会决定将永利街建筑从市区重建局 H19 发展计划中移除，并将其重新规划为综合发展区（Comprehensive Development Area）。自此以后，市区重建局主动修复原有建筑。同时，为了强化该地区的小区意识，市区重建局采取过渡性措施向社会非营利组织授权对永利街进行管理。永利街七号房屋地铺现已被改造为 G7 中心。G7 中心的主要功能为信息中心，同时也为多种小区活动提供展览活动空间。一年以后，为了对永利街的三幢建筑进行维修保养并重建其余底层建筑，市区重建局决定对之前方案进行修改并保留呗列啫士街街市。2009 年，为了保存永利街的露天廊道，市区重建局建议保留永利街 10 号到 12 号建筑，同时，永利街 4 号到 9 号建筑的低层屋宇需要重建。①

---

① 2010 年 3 月，迫于来自公众及媒体的压力，市区重建局最终放弃对永利街建筑的发展计划。Lin, Fengwen, News media interpretation on heritage rehabilitation and public perception: A case study of Wing Lee Street, 2014, http://hub.hku.hk/handle/10722/208080.

永利街项目这一话题开始在当地媒体扩散，尤其是在电影《岁月神偷》上映之后。大多数媒体对市区重建局的重建计划持批评态度，主张公众应该采取行动，通过保留永利街的方式保存集体记忆。这解释了后来"黄丝带行动"兴起的原因。该行动由中西区关注组发起，要求保存永利街的十二幢建筑。[1] 关于在媒体话语层面的争议和辩论，媒体主流观点反对市区重建局对永利街建筑实施的重建计划，并强调保存集体回忆和原始小区的重要性。

二 四方社会力量对永利街形象保护的不同行为表现及其动因

有学者注意到关于永利街拆留的争议反映出四方社会力量相互利益的抵触、权力的分散不统一，并且认为香港社会公众参与文化保育事务仍显不足，而且缺乏一个有效的社会机制。例如，Yung 和 Chan 将关注的重点放在永利街项目的公众参与，并对公众参与历史遗迹保育过程中出现的问题进行考察。他发现的问题主要有：确定具体保护对象时产生的意见分歧，决策过程中缺乏有效的公众参与机制和综合遗产保护途径，相关群体之间的利益差异和冲突，权力的不对等，利益集团的宣传和动员，缺乏遗产保护方面的知识。[2]

（一）政府与市区重建局

政府并未直接参与永利街的发展方案制定，角色相对中立，既通过历史建筑定级，肯定呲列啫士街街市历史建筑的保护价值（三级），又委托香港市区重建局开发永利街区的经济潜力。此外，政府还委托非营利组织，如香

---

① Anon：《数百人"抢救"永利街》，《苹果日报》2010 年 3 月 15 日，http：// hk. apple. nextmedia. com/news/art/20100315/13821561。

② Yung, Esther and Chan, Edwin, "Problem Issues of Public Participation in Built - heritage Conservation：Two Controversial Cases in Hong Kong," *Habitat International*, 2011, 35（3）：457 - 466.

港新闻教育基金，改造利用呬列啫士街街市①，并聘请专业机构，对建筑进行全面评估与技术考核。在《活化历史建筑伙伴计划呬列啫士街市数据册》中，我们可以查阅到呬列啫士街市的建筑学特点、符合可行用途的技术考虑、位置图和地形测量图等信息。②另外，城市规划委员会审批香港市区重建局的方案。这一机构（城市规划委员会的秘书处）目前依附于政府，并不直接对委员会负责，委员会的公共代表性有限。因此，该委员会的审批意见一定程度上代表了政府的态度。

香港市区重建局是根据《市区重建局条例》（《香港法例》第563章）设立的法定机构，进行鼓励、推广及促进市区更新。然而，因其在财政上不获政府补贴，自负盈亏，故而其实际角色和运作方式较为商业化。市区重建局大多以重建层数较少的楼宇为重点③，而层数较少的楼宇包含了相当一部分有文化价值的历史建筑及历史街区，因此，其重建过程往往造成小区历史建筑及元素的失落，以及小区社会脉络的毁坏，颇受诟病。而且，市区重建局拥有较大的自主权，"只要按照政府市区重建策略所订的指标和指引运作，便无须就每个提案向政府申请批准"。④故其改造旧区，威力巨大，被誉为"消灭旧区的推土机"⑤。数年前，利东街一带的湾仔老区H15（包含54座建筑、930家住户和100多家小商铺）全部拆迁，利东街和卖加力歌居民提出的"保存小区网络和小区特色"的原区规划方案遭到香港市区重建局的否决。市区重建局因此广受批评，被认为未能履行"改善较旧市区的整体环境""促进个别楼等的维修和改善"方面的职能，做派有如开发商。⑥

① 香港新闻教育基金受政府委托，通过公众参与计划改造利用呬列啫士街市场，同时，将向社会非营利组织和营利性文化机构颁发使用许可证。
② 见香港特区政府网站，《香港历史文物－保育·活化》，http://www.heritage.gov.hk/en/bsm/background.htm。
③ 政府总部规划环境地政局《市区重建局条例草案》，1999，第2页。
④ 政府总部规划环境地政局《市区重建局条例草案》，1999，第2页。
⑤ 梁文道：《以消灭小区为己任的市区重建》，《民主，从旧区重建开始》系列二之二，香港大学，2005。
⑥ 梁文道：《以消灭小区为己任的市区重建》，《民主，从旧区重建开始》系列二之二，香港大学，2005。

受商业利益的驱使，香港市区重建局一再向公众重申，永利街建筑最终将被拆除重建，因此，该局称永利街形象破旧不堪，且毫无历史保护价值，严重依赖物业维修，勉强维持。在采访中，香港市区重建局的区俊豪先生一再表示，永利街的房屋不仅缺少历史价值和建筑价值，而且大多已被荒废，存在诸多问题。例如，不同于香港其他地区的住宅物业，永利街公寓内的卫生间使用淡水冲厕，属于落后过时的卫生清洁系统。同时，永利街公寓缺少合格的消防设施。由于缺少楼梯，一旦发生火灾，后果将十分严重。此外，永利街的房屋大多已经废弃，对公众安全构成很大威胁。

永利街 G7 信息中心为市区重建局主导的对外宣传窗口，对永利街形象的描绘符合市区重建局的利益。根据笔者对区俊豪先生的采访，市区重建局主要通过 G7 中心展示永利街的形象。G7 中心的一项重要功能是就永利街重建的基本原则和公众进行沟通。G7 中心内的永久展览用于展示永利街的历史和露天廊道周边的小区环境，采用照片剪辑的方式展现永利街房屋整修前后的变化，重点表现香港市区重建局介入前后该地区实际状况的巨大对比。展览强调香港市区重建局的重建计划对该地区的改善作用，同时，对该地区重建后依然面临的问题和挑战进行简要介绍，例如管道漏水、地下白蚁等。另外，根据笔者在 G7 中心的观察，中心的工作人员大多依照展板内容向参观者介绍永利街，只有一两个员工（例如保安张先生）基于他们个人关于永利街发展变迁的理解补充一些信息。

（二）永利街的居民

和香港市区重建局对永利街形象的否定有一定相似之处的，是永利街居民的意见。永利街老化的设施、略显过时的建筑设计，以及略欠整洁的街区环境皆为小区居民所诟病。永利街居民何小姐认为，现在的永利街卫生条件不佳而且扰民，需要对其进行拆除。在我们的采访中，何小姐描述永利街是一个脏乱不堪且烦人的地方，许多菲律宾佣人经常沿着廊道遛狗，将狗的排泄物直接留在路面而不做任何处理。另外，从为社会各界人士创造一个更加舒适的环境这一角度，她支持拆除重建永利街。独立艺术家、香港浸会大学

讲师刘学成先生表示，如果人们尤其是外界民众有机会来到永利街并同当地居民进行沟通，他们会发现由于卫生问题和较差的居住条件，永利街的大部分居民希望能居住在公屋而不是现有住处。①

值得一提的是，和 Michael Foucault 的理论有所不同的是，永利街居民的意见并不完全出于自身利益，也有出于城市片区发展的考虑，考虑永利街的定位，由此反映出香港民众较高的社会发展关注意识。例如，永利街住户黄女士表示，永利街可以变为一个消费场所。在她看来，永利街的特色建筑可以发展成为一个旅游景点，从而吸引更多外国游客来香港旅游。② 另外一位住户许太也表达了类似的意见，她说："永利街就像是一个舞台布景和旅游景点。"③ 旅游区的定位必然与小区居住功能相互矛盾，例如，游客的滋扰及商业化的环境，皆不利于居住环境的清净，黄女士的意见显然是从永利街的城市功能定位出发，而非自身的居住利益。部分居民表示有参与小区发展计划的兴趣，例如，受访的居民何小姐告诉笔者如有机会参与小区发展，她会参与撰写小区发展计划，并和永利街屋宇管理处沟通，表达居民关于小区卫生方面的意见。同时，她表示有意愿口头帮助公众理解永利街的重建计划。何小姐可以联系到的大多是永利街屋宇的管理者和相关政府部门。④ 她甚至建议增加雇员参与永利街的重建过程，包括房屋设计和周边环境规划。另外，她认为雇用和招聘专业人员也可以促进该地区就业率的增长。

此外，对于采用宣传手段可以塑造永利街的形象，多数小区居民并不十分感兴趣，这反映出居民的意见相对真实朴素，无须通过街区形象的塑造达到某种目的。部分居民曾参与宣传品的派发，如受访的黄女士表示曾有这方面的经历⑤，受访的何小姐则表示并无此方面的经历。⑥ 关于利用宣传手段塑造永利街的形象，永利街的另一位居民刘先生对此并不感兴趣。当

---

① 2015 年 10 月 8 日，对独立艺术家、香港浸会大学刘学成先生的采访。
② 2015 年 8 月 22 日，对永利街居民黄女士的采访。
③ 2015 年 8 月 22 日，对永利街居民许太的采访。
④ 2015 年 8 月 22 日，对永利街居民何小姐的采访。
⑤ 2015 年 8 月 22 日，对永利街居民黄女士的采访。
⑥ 2015 年 8 月 22 日，对永利街居民何小姐的采访。

被问到将如何帮助公众理解永利街的重建计划，他表示这和他没有很大关系。① 同样的，另一位居民许太也认为没有必要塑造永利街的形象。对于如何帮助外界理解永利街的重建计划，她认为并不需要吸引更多人来这里参观。② 关于永利街形象塑造这一问题，一些个人和团体也持有类似观点。

（三）非营利组织

中西区关注组（Central and Western Concern Group）是关注永利街历史建筑拆留问题的主要非营利组织，该组织成立于 2005 年，主要由区内街坊组成，其宗旨是关注中西区的规划和保育问题。最重要的是，该组织通过多种方式致力于提升香港城市规划和建筑保育水平，比如向公众提供规划和保育信息，主持小区活动，安排与政府官员会谈，根据城市规划条例向城市规划委员会提出申请，向政府和法定规划部门提交研究意见书。③

作为民间关注小区公共利益的非营利组织，中西区关注组一定程度上监督及补充市区重建局等公营商业机构。该组织出于提高公众关注小区及公共事务意识的需要，挖掘并强调永利街的多重历史保护价值，而这种形象的塑造虽然在小区邻里脉络方面并不为过，但在建筑方面略微夸大了永利街作为文化遗产保护的价值。采访中，罗雅宁小姐表示："永利街的特色是样样皆有，例如故事和建筑价值。"同时，她强调永利街的唐楼比较少见："时至今日，这种唐楼在上环区并不多。其价值在于作为 50 年代唐楼群的一个好样本。"她提到的永利街另一特征是后期很多印刷铺位于地下，形成永利街独特的商业风景线。④ 虽然，永利街的唐楼承载历史记忆，但尚不足以被视为上环仅存的建筑遗珍。尤其，如将西环纳入视野，类似的旧区居住空间不乏案例，中西区关注组对永利街建筑价值的肯定显然略有夸大，尽管这种夸

---

① 2015 年 8 月 22 日，对永利街居民刘先生的采访。
② 2015 年 8 月 22 日，对永利街居民许太的采访。
③ Law, Katty and Batten, John, 2008, "Central & Western Concern Group", *Central & Western Concern Group*, http://www.centralandwestern.org/about.html#english.
④ 2015 年 10 月 9 日，对中西区关注组召集人罗雅宁小姐的采访。

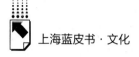

大是对于市区重建局刻意贬低永利街言辞的矫枉过正。相对于罗小姐对建筑的评价，她所描绘的永利街小区风情似乎更为真实动人，罗小姐一再强调的紧密邻里关系确为该街区一大特征。

罗雅宁小姐希望通过凸显永利街价值的方式，改善小区网络并保存集体记忆；永利街可作为这一方面的范例。在她看来，现在居民互不相识导致邻里关系十分冷淡，居民偶然遇见也不会向对方打招呼。但是，居民关系十分融洽的永利街并不存在这一问题，即使原有住户搬出并有新居民搬到永利街，他们仍然在此发展自己的社交网络，建立一个他们所喜爱和重视的永利街小区。"若果大家知道这区的发展历史和小区网络会更好。"[1]

（四）媒体及艺术家

媒体的评论文章基本上一边倒地批评市区重建局的拆建计划。在《历史文化游：上环永利街》这篇报道中，作者刘晓铃认为永利街的历史价值远大于重建的商业价值。[2] 在"Film–induced Heritage Site Conservation：The Case of Echoes of the Rainbow"这篇期刊文章中，两位学者（Pan 和 Ryan）对媒体尤其是《岁月神偷》这部电影在塑造和增强公众保护上环历史街区意识方面发挥的作用进行了探讨。同时，这篇文章介绍了保护人士和其他利益关系者之间的竞争，以及他们为了影响媒体报道而采取的各种方式。此外，文章作者还强调建立历史遗产统一保护标准的必要性。[3]

影视及视觉艺术家是永利街都市文化形象的积极缔造者。这些作品所塑造的永利街形象是在社会机制腐败不公、自然条件反复无常、个人命运坎坷的大环境下，普通百姓聊以安身立命，富有邻里温情的避风港。与此同时，

---

[1] 2015 年 10 月 9 日，对中西区关注组召集人罗雅宁小姐的采访。

[2] 刘晓铃：《历史文化游：上环永利街》，《文汇报》2011 年 5 月 29 日。

[3] Pan，Steve and Ryan，Chris，2013，"Film–induced Heritage Site Conservation：The Case of Echoes of the Rainbow," *Journal of Hospitality & Tourism Research* 37（1）：125–150.

以 20 世纪 60 年代建筑为背景的永利街，所代表的都市环境正是香港经济起步的前夕，这些艺术作品有着一种在黑暗中展望未来的意味，传递出普通市民积极面对困难，相互守望，永不放弃生活，努力缔造美好未来的价值观；而这种在当今香港社会仍然有着积极意义的价值观，正是永利街勾起的怀旧情愫之一。这一形象的形成首先要归功于由罗启锐执导的电影《岁月神偷》。这部电影讲述一个经营鞋铺的罗氏家族在 20 世纪 60 年代，屡遭磨难，例如，鞋铺受到一贪污的警察的勒索，令经营不得安稳，后又遭十号台风侵袭，损毁严重，令一家人陷入生计困顿；原本出类拔萃的长子，失恋后认识到社会的不公，陷入颓丧，后又罹患血癌；幼子则无心向学，且品性顽劣。然而，虽遭多重打击，罗氏一家仍然选择积极面对，父亲在台风后努力经营鞋铺，母亲则努力为长子问医求药。故事最后，长子最终因病去世，父亲也在数年后离世。幼子长大后成功入读兄长曾经就读的书院，母亲努力抚养其长大成人。困境成为过去，而生活仍在继续。

永利街也是视觉艺术家艺术表现的至爱，受到电影《岁月神偷》的影响，近年来视觉艺术作品表现永利街，聚焦邻里风情、记载小区及个人成长的记忆，且大多倾注着艺术家的无限怀旧情感。黄小姐是一位香港本地的艺术家，她的作品 "Cabinets of Memories" 寓意着永利街一如博物馆，安藏着文化奇珍（见图 4）。拍摄录像作品是黄小姐的另一艺术表现手法。黄小姐表示："作品的影片记录了我与街坊谈话。当时夏天我在楼梯说话说到口干，虽然我是在和另外一家人谈话，印刷铺的老板也叫他的妻子倒一杯冰水给我喝，那是雪柜的水。我有种雪中送炭的感觉。这段记忆

图 4　艺术家黄小姐的作品：
"Cabinets of Memories"

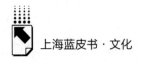

十分深刻。我知道了这个小区特色之后，便拍下了一段影片，记录一个空杯倒了一些冻水之后出现水珠的过程，意在记录老板的善行给我的记忆。"据黄小姐介绍，她的作品多层次地表现永利街居民的生活习俗，传递文献中有关中西区的历史，并且记录其个人在永利街成长的记忆。[①]

三 四大社会力量之间的碰撞及互动

如前所述，基于不同的价值观及利益，四大社会势力对永利街的形象塑造差异甚大；这些势力相互碰撞、制约，影响了永利街文化形象的形成。

基于地价资本逻辑，市区重建局向社会传达出坚决拆除永利街既有建筑，并重新建设发展的信息。根据笔者对市区重建局的采访，城市规划委员会将重建永利街房屋，而且不能保证永利街公寓可以被长期使用。区先生表示，永利街的目前状态只是暂时的，城市规划委员会最终会重建永利街；G7 中心正向外界传播这一消息。因此，恢复原有建筑不能帮助永利街走出困境，重建永利街是唯一的解决方案。[②]

民间非营利组织作为第三方，在一定程度上起到了监督市区重建局方案的作用。根据笔者对罗雅宁小姐的采访，她目前正在同政府部门如市区重建局、城市规划委员会，以及媒体和居民等各方进行联系，坚决反对市区重建局对永利街建筑的重建计划。"我们之后根据他（她相识的退休工程师）给我们的数据写详细报告，交给很多政府部门，例如土力工程处、地政署和屋宇署。我告诉他们这个问题很危险，如果他们批准市建区于永利街拆去本来4~5 层高的楼，起 30 层高的楼，会影响周围安全。我们此做法是影响城规会看法的其中一个因素。"同时，她表示："市区重建局递交的申请由城规会审议，所以我之后会寄反对信给城规会，影响他们的决定。"此外，该会亦与市区重建局直接接触，据她讲，"市区重建局方面，我会经常写信给他

① 2015 年 9 月 18 日，对独立艺术家黄小姐的采访。
② 2015 年 9 月 8 日，对香港区重建局助理总经理（规划及设计）区俊豪先生的采访。

们。地区议员经常叫街坊或者关心这个项目发展的人出席市民会议（Town Hall Meeting）。市区重建局同时也会出席。他们会接受质疑。我们会问他们问题。所以我们与市区重建局的沟通管道比较正式"。她认为，受到永利街重建计划影响的居民对她来说同样重要。就市区重建局的城市规划申请，他们会动员受影响的街坊，例如永利街附近的居民和受打桩或石墙裂痕影响的住户。①

部分民众支持非营利组织对于永利街小区历史文脉及文化保育的关注。受中西区关注组宣传的影响，永利街有住户表示支持保护永利街的唐楼，反对市区重建局的重建方案。有一位受访住户极为看重这些房屋的历史价值（永利街和香港历史紧密相连）和建筑价值（永利街的唐楼在香港是独一无二的），一旦这些房屋被拆除，就很难在香港其他地方发现类似建筑。②

民间团体也广泛利用媒体表达他们的意见。与此同时，媒体的宣传效应起到了提高公众关注小区的效果。根据笔者对香港新闻博览馆（Hong Kong News - Expo）副行政总监陈小冰小姐的采访，她认为新闻工作者可以根据电视、广播和报纸的不同特点对永利街进行报道，从而提高公众在历史遗产保育方面的意识。③另一位受采访者罗雅宁小姐告诉笔者，她努力同媒体保持良好关系，从而确保关于永利街的消息可以得到广泛传播。"如果我们要让更多人知道永利街的议题，我们需要与传媒有良好关系。我们会透过很多渠道提及这件事，例如写信给《南华早报》编辑。"她十分希望依靠遗产保育工程和相关活动让更多人理解永利街项目，并让公众了解报纸这一媒介的独特作用。在她看来，为了帮助公众了解永利街项目，保育应该是一段很长的过程，需要耐心。此外，中西区关注组还通过在 G7 中心举办会谈的方式加强公众对永利街项目的理解。④独立媒体的讨论与宣传，在某种程度上引

---

① 2015 年 10 月 9 日，对中西区关注组召集人罗雅宁小姐的采访。
② 2015 年 8 月 22 日，对永利街居民黄女士的采访。
③ 2015 年 10 月 2 日，对香港新闻博览馆副行政总监陈小冰小姐的采访。
④ 2015 年 10 月 9 日，对中西区关注组召集人罗雅宁小姐的采访。

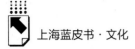
发了民众对于永利街发展计划的关注。

与媒体的宣传效应有共同之处的是，艺术家希望他们表现的永利街，能够引起民众的思考。刘学成先生希望通过创造艺术作品的方式表现永利街形象并以此帮助当地居民。当他听说永利街项目引起了社会的激烈讨论后，他打算通过艺术作品表达他的观点。因此，他参加了西营盘利民生活展（Layman Life Exhibition），并为此创作了一幅作品。在他看来，尽管这不能直接改善永利街居民的生活状况，但可以看作一种公民参与的方式，也许会对改善永利街住户生活状况产生一定作用。① 另一位艺术家黄小姐则希望观众在欣赏完她的作品之后，能够反思他们的成长空间、生活环境和对生活的态度。在采访过程中，她表示："讯息方面，我希望观众看完了柜桶的内容之后可以反思自己成长空间的记忆，因为永利街是一件事，日后可能是深水埗的另一条街被拆毁。"同时，她提到"我希望透过这些故事，大众可以思考自己的生活环境和态度"。②

四 解读永利街的文化形象

受各种社会势力的影响，永利街是一个被多种文化元素表现塑造出来的城市形象，以下就这几个层次，进行剖析。

首先，永利街的文化形象是普通百姓生活的历史街区。一如其他的历史保护项目，支持保护的团体及个人首先从建筑的历史、审美及建筑技术方面入手挖掘永利街的价值。这些内容虽为国际及香港历史建筑保护条例③所列举的重要方面，然而，永利街在这些方面并无突出价值；永利街的价值在于

---

① 2015 年 10 月 8 日，对独立艺术家、香港浸会大学刘学成先生的采访。
② 2015 年 9 月 18 日，对独立艺术家黄小姐的采访。
③ 国际条例，如《维也纳历史保护宪章》《中国历史保护宪章》等。香港目前与文物保护有关的法例，包括《古物及古迹条例》[《香港法例》第 53 章（1976）]、《环境影响评估条例》、《城市规划条例》和《市区重建局条例》。然而，这些法例只适合于零散的拯救濒临拆除的历史建筑物，却不能提供一套系统方案对文物进行评核和甄别，以指明相应保护措施。

历史建筑的片区完整性、反映香港普通百姓生活的小区环境，并夹杂着些许特色建筑构件。在采访中，一位曾经居住在永利街的刘先生表示，永利街承载着他的记忆，他在永利街生活的经历构成永利街在他心中的形象。在他的记忆中，永利街是一个每天下班后可以安心休息的地方。在他搬走以后，这条街成为他记忆的一部分。① 与此同时，不少市民对于永利街所代表的历史建筑片区意象的关注，在采访中也有所反映，尤其是永利街与中环周边其他历史建筑遗存的关系。例如，陈小冰小姐认为永利街建筑和周边历史遗迹保育项目有密切联系，比如元创方（PMQ）和香港新闻博览馆（Hong Kong News - Expo）等。随着越来越多的历史遗迹保护项目不断被发掘，上环可以看作是一个历史遗迹保育中心。众多历史遗迹保育项目在这里集聚并产生了协同效应。② 永利街建筑的阳台与开敞的露天廊道被认为是富有特色的建筑元素。艺术家刘学成先生认为永利街的特色是阳台，重复出现的阳台充满地域特色，符合居民的需要。永利街屋宇有多个阳台。③ 然而，也有居民指出，相对于其他地方，例如湾仔区的阳台，永利街阳台的建筑价值其实有限，永利街所有的建筑元素并无真正突出的价值。④ 因此，永利街所拥有的所谓"特色建筑构件"，也离不开普通百姓生活小区这一建筑定位。由此，永利街的阳台成为普通人生活的背景建筑元素出现在画家的画作中。笔者从对刘学成先生的采访得知，他曾创作一幅关于永利街阳台的作品并在西营盘利民生活展展出。该展览旨在表现永利街小区普通居民的生活。⑤ 与阳台类似的是永利街的开敞露天廊道，这一公共开放空间是居民小区户外活动的主要场所，也是小区人际脉络形成的重要平台。在采访中，陈小冰小姐表示，露天廊道是永利街的关键特征，目前在香港其他地方较难找到这一空间特征。⑥

---

① 2015 年 8 月 22 日，在呹列啫士街街市儿童游乐场，对永利街先前居民刘先生的采访。
② 2015 年 10 月 2 日，对香港新闻博览馆副行政总监陈小冰小姐的采访。
③ 2015 年 10 月 8 日，对独立艺术家、香港浸会大学刘学成先生的采访。
④ 2015 年 8 月 22 日，在呹列啫士街街市儿童游乐场，对永利街先前居民刘先生的采访。
⑤ 2015 年 10 月 8 日，对独立艺术家、香港浸会大学刘学成先生的采访。
⑥ 2015 年 10 月 2 日，对香港新闻博览馆副行政总监陈小冰小姐的采访。

其次，永利街邻里小区温情被视作比建筑更为重要的文化形象元素，而小区的集体记忆尤受强调，而这种小区温情与当时社会的动荡、生计的艰辛，以及当今香港社会人际的冷漠，均形成鲜明对比。小区人脉及传承是永利街文化形象的第二个层次。不少受访者，如罗雅宁小姐、黄小姐和刘学成先生都提到了永利街的小区环境以及温馨的邻里关系。罗雅宁小姐说："对于一条街，我们不应只着眼于其建筑物。小区和街坊也很重要。"她给我们讲了一个关于李先生和李太的故事。曾住在永利街一号屋宇的这对夫妇在小区开了一家印刷店，他们和其他住户关系很好，经常帮忙照顾邻居家的孩子，这为李先生赢得一个"街长"的绰号。此外，罗雅宁小姐认为永利街的特点在于保留了过去居民的一些集体回忆。"居民可以叫楼下的小朋友回家吃饭。当时永利街有 11 间印刷铺。他们主要在永利街工作和吃饭。小朋友也在那里走来走去，有些像电影《岁月神偷》表现的感觉。"[1] 黄小姐对小区居民做了调研，根据她的调查，她发现与永利街的建筑相比，这些居民更加重视过去的记忆、生活方式、谋生之道和街坊邻里。黄小姐指出："我与永利街的居民相处之后发觉他们认为民生比建筑重要，所以她希望用文化手法更好地呈现与民生有关的事情，令更多人认识永利街。"[2]

再次，文化艺术作品的浓墨重彩构成永利街文化形象的第三个层次。获奖电影《岁月神偷》是电影媒介塑造永利街文化形象的关键，但是值得注意的是，这部电影并不完全真实描述永利街，而是表现了以永利街为代表的香港普通人住宅旧区的一般意象，以及宣扬一种积极的人生观。例如，陈耀荣（2012）运用历史哲学原理，讨论了《岁月神偷》这部电影如何例证历史进步主义的主要观点，他发现这部电影表现了最终相对圆满的结局，但隐藏了真实历史中失败者的经历。[3] 比较电影对永利街形象的塑造与生活中

---

① 2015 年 10 月 9 日，对中西区关注组召集人罗雅宁小姐的采访。
② 2015 年 9 月 18 日，对独立艺术家黄小姐的采访。
③ Chen, Yaorong, 2012, "Reading the Theses on the Philosophy of History with a discussion on Echoes of the Rainbow," Cultural Studies@ Lingnan 29（1）: 1 - 6.

真实的永利街，两者之间的差异较为明显；前者是对后者的艺术性地虚化及美化，使之成为一道都市文化背景。例如，电影中，人物角色及其故事始终是表现的焦点，而永利街则是通过朦胧效果和特定色调处理形成的布景。尤其角色在特定情景下说话或行动，会加以特写镜头，而整部戏中微沉的色调则加强了拍摄效果，表现出 20 世纪五六十年代的旧楼宇的印象。例如，当罗进二与兄长步行露天走廊回家的时候，地下的商铺和地面变得模糊和灰暗。邻里温情是电影中永利街场景表现的重点，而小区的开敞廊道则是小区活动的公共空间。例如，电影开始时安排一群小朋友在露天走廊游玩，有长者坐在该处乘凉及晚上居民在该处吃晚餐的情景。值得一提的是，当罗家在露天走廊吃晚饭时，一位邻居走来，向罗氏长子询问一封英文信件的内容。从这一场景可见，在永利街生活的居民之间守望相助的紧密关系，充满温情。另外，电影对永利街形象的美化还可从整洁的地面①中窥见，而真实的永利街不乏生活垃圾。因此，电影《岁月神偷》是以艺术虚化及美化的手法，创造出来的 20 世纪 60 年代香港小区意象以及积极面对人生的价值观。

无独有偶，视觉艺术家同样着力于表现永利街所承载的小区记忆。艺术家黄咏枫小姐有一件作品，英文名为"Cabinets of Memories"，Cabinets 指她用的箱。灵感来自"The Cabinet of Curiosities"，Curiosities 则指好奇，即收集本国没有的东西。此概念/空间意为通过前往世界各地旅行，收集奇珍异宝后将其放在家中的房或柜，因此，柜子是博物馆的前身。在她的作品中，柜子被用作表现永利街作为香港中西区社群集体记忆的载体。黄小姐表示，她希望观众在参观时，透过翻动其作品而有思想上的记忆。② 然后，她从回忆的角度进一步阐述她的作品："我的作品有几条平衡线。一条为过去，即是永利街的人在那里居住的记忆。同一条平衡线为我在中西区成长和对这街区的记忆。另一条平衡线是我回忆永利街居民和对这条街的印象。"③ 黄小

---

① 电影场景中永利街的地面大部分时间十分整洁（除了台风侵袭之后造成的凌乱场面）。
② 2015 年 9 月 18 日，对独立艺术家黄小姐的采访。
③ 2015 年 9 月 18 日，对独立艺术家黄小姐的采访。

姐的另一件作品表现了一个关于骑楼的故事，讲述有一家人在骑楼上吃饭，而邻居突遭洗衣机爆炸之祸，于是这家人的丈夫不顾自身安危，爬入邻居的屋救人。这里，建筑和邻里温情纠缠在一起，令骑楼成为永利街的居民对邻里生活关系深刻记忆的载体。黄小姐的艺术作品"记忆的藏宝格"系列四及五描绘老年人的头像，这些人物在画中面带笑容，眼神凝视前方。大部分画作采用暖色调，从中表现出老年人慈祥和阳光的一面。于系列五中，黄小姐所画的每一幅画作后面安装了声音装置，音量相对较低。画布喷上了花露水。如果观众想完全地探索这幅作品，他们就需要把头靠在"长者"身上，聆听他们的窃窃私语及歌唱。而且，靠近画作的同时，观众也能嗅嗅画面上花露水的香味。这可以令观众与"老年人"画作有亲密的互动，感受他们的慈爱，更重要的是他们可以聆听老人在画中的声音，分享而肯定他们的存在价值。文化艺术作品的渲染激发了人们的审美意识以及旅游观光的兴趣，永利街因此也成为香港文化旅游的景点之一。在谈到如何创造并展示永利街的形象时，居民黄女士认为由于《岁月神偷》这部电影，永利街变成一个旅游景点，已经吸引一大批游客前来参观。[1]

最后，由文化艺术作品引发的广泛公众关注是永利街文化形象的第四个层次：永利街被看成是民众本地身份认同及小区关怀意识提升的标志。《历史文化游：上环永利街》一文的作者刘晓铃认为，《岁月神偷》这部电影挽救了永利街被拆除的命运，反映了20世纪60年代香港人民的生活和社会环境，引起了当地市民对过去香港人民共同努力奋斗岁月的怀念。[2]尽管观点有少许不同，但是大部分媒体十分看重这部电影在展示永利街的历史价值方面的作用，并一致认为应该保护永利街，反对拆除重建。香港新闻博览馆的陈小姐表示，永利街是见证本土意识提升的标志，尽管皇后码头和天星码头都已被拆除，但是这条街依然存在。

---

[1]　2015年10月22日，对永利街居民黄女士的采访。

[2]　刘晓铃：《历史文化游：上环永利街》，《文汇报》2011年5月29日。

永利街成为当地居民受到《岁月神偷》电影的影响所形成的文化身份的认同。①

永利街的形象的最后一个层次，是城市发展压力下，历史遗存的脆弱形象：该项目无可避免地处于一种在商业及居住利益与文化作品引发的社群保育意识夹缝之间暂存的尴尬境地，而这种矛盾是香港不少小区要共同面对的。刘学成先生提到，永利街的居民最终将不得不面对该街区被拆除更新的现实，考虑一个优化方案。他创作的众多作品中，有一个关于铁锤的作品，这个锤头的上端被布包裹着。当欣赏这个作品时，锤头会定时敲击阳台一次，以此来表现永利街居民的生活环境。刘先生的另一件以 1:1 比例

图 5　刘学成先生关于永利街阳台的作品

表现永利街露台的装置艺术作品（见图 5），由掠杉竹和盆栽组成，后面的小楼梯供观众站在露台上感受这个空间的舒适度，但同时，台下的观众受指示每十分钟敲击一下露台。这件作品的创作灵感来自刘先生造访永利街时所见：周围建筑工地打桩，每十分钟震动一次。该作品旨在让观众体验永利街阳台的同时，也能感受到永利街居民受工程滋扰之苦。为解决日常生活和历史建筑保护的矛盾，他认为社会各方应共同考虑一个双赢方案：一个不但可以保护永利街的建筑，而且能够改善永利街居民的生活状况、考虑到香港市区重建局的发展计划。②

---

① 2015 年 10 月 2 日，对香港新闻博览馆副行政总监陈小冰小姐的采访。
② 2015 年 10 月 8 日，对独立艺术家、香港浸会大学刘学成先生的采访。

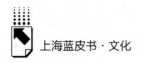
结　论

香港中环永利街因电影《岁月神偷》而闻名，近年来，处于香港市区重建局的重建方案与民间历史保护呼声的夹缝之中。本研究展示了香港社会中面对城市发展的压力，历史街区拆留决策形成过程所涉及的各方社会势力。街区目前的城市形象，正是各方势力角逐并相互影响的结果，而这种复杂的过程，又以各种文化形式所塑造的形象表现出来。本研究分析了香港市区重建局的宣传数据、媒体报道、电影及美术作品以及公众的言论，最后展现出永利街城市文化形象的五个层次，包括平民化的历史街区空间特征、小区人脉温情、媒体及文化艺术作品的渲染、民众的关注以及文化元素夹缝求生的尴尬境地。

附录

姓名	职位	采访时间	采访地点
区俊豪先生	助理总经理（规划及设计）	2015 年 9 月 8 日，上午 10:30 到 12:00	永利街 G7 中心
罗雅宁小姐	中西区关注组召集人	2015 年 10 月 9 日，下午 4:30 到 6:00	上环 Cozy Bean 咖啡屋
陈小冰小姐	香港新闻博览馆副行政总监	2015 年 10 月 2 日，下午 2:30 到 3:45	九龙塘创新中心
黄咏枫小姐	香港独立艺术家	2015 年 9 月 18 日，下午 1:00 到 3:00	中环 Pret A Manger 咖啡屋
刘学成先生	香港独立艺术家，香港浸会大学讲师	2015 年 10 月 8 日，下午 5:30 到 6:00	西营盘三洋餐厅
黄女士	永利街居民	2015 年 8 月 22 日，下午 4:15 到 4:50	永利街三号屋宇
何小姐	永利街居民	2015 年 8 月 22 日，下午 4:55 到 5:15	永利街 12 号屋宇

姓名	职位	采访时间	采访地点
刘先生	永利街居民	2015 年 8 月 22 日,下午 5:20 到 5:40	呬列啫士街街市儿童游乐场
许太	永利街居民	2015 年 8 月 22 日,下午 6:00 到 6:25	永利街露天廊道

(本文感谢以下直接或间接参与采访和调查的个人或组织:香港市区重建局助理总经理区俊豪先生,香港市区重建局经理罗子伟先生,中西区关注组召集人罗雅宁小姐,香港新闻博览馆副行政总监陈小冰小姐,香港独立艺术家黄咏枫小姐,香港独立艺术家、香港浸会大学讲师刘学成先生,永利街居民黄女士、何小姐、刘先生、许太,永利街 G7 中心工作人员张先生和洪先生。香港中文大学公共政策专业研究生一年级王哲同学为本报告做了英译中的翻译,在此一并致谢)

B.14
韩国企业的海外文化推进
战略对中国的启示

李艳丽*

摘 要： 国家战略是国家的政治哲学。韩国政府将文化内容输出政策制定为国策，以亚洲市场为目标，对文化输出实施振兴、资助、奖励等支持政策。除了专门主管文化行政的文化体育观光部之外，政府的其他各部门也都在推进"韩流振兴政策"。在这样的环境下，企业成为韩国文化内容推陈出新、文化事业走向世界的主要动力。例如韩国的 CJ E&M 集团秉承"没有文化就没有国家"的理念，制定"GLB"战略，在国际市场引领并推广"韩流"文化。与韩国相比，我国在文化内容产业的海外推进上存在着不小的差距。这个差距不仅是政府与企业两个方面的问题，也与国家的文化市场密切相关。有鉴于此，以韩国经验为参照，提出我国文化内容产业在海外推进中的问题及对策建议。

关键词： 韩国企业 海外文化推进 文化时代 创意经济

1998 年金大中总统宣言"文化大总统"，制定了以文化内容产业振兴及输出为核心的国策，这也就是韩国的"文化兴国"政策。2013 年朴槿惠政

---

* 李艳丽，上海社会科学院文学研究所助理研究员，研究方向为比较文学、国际文化大都市研究。

府发表了四大国政基调：经济复兴、国民幸福、文化繁荣、构建南北平和统一的基础，这些都与文化有着密切的关系。近年来，韩国文化内容不断创新，文化事业扩大至东亚、东南亚乃至欧美，其中韩国企业发挥了重要作用，成为文化内容推广的主要动力。

中国自 2000 年起开始实施"文化创意产业制度"，提供了很多新行业与新的就业岗位，促进了中国经济结构和产业结构的优化重组。例如在影视文化产业领域内，以美国好莱坞模式（Hollywood）为范本，印度创造了宝莱坞（Bollywood）模式，中国则创造了"Chollywood"（周莱坞）模式，现在中国已经成为世界电影产业的一个新基地。但是，中国的文化产业发展尚存在一些问题，如影视作品抄袭、制作水平低、原创力不足等。其实，韩国影视的崛起也经历过崇外模仿阶段，这可能是每一个创新产业初期都会经历的阶段。但后来韩国逐步发展到自主创新的阶段，以韩国文化精神为内涵，形成独特的风格。所以，如何探索适合本国国情、符合本民族文化的道路与方式是非常重要的问题。因此，对韩国文化企业的海外推进战略进行探讨，将为我国发展文化产业提供一定的启示。

一　韩国国家战略要点及文化政策

韩国总统直属亚洲文化中心都市委员会副委员长、韩国影像作品分级委员会咨询委员长朴良雨（原国家文化观光部副部长、韩国中央大学副校长）在《国家战略文化竞争》中强调了国家战略中文化的重要性。他认为，经济复兴的重点是创新经济。在现有的产业上再创造新的产业是不可能的，所以只能在现存的产业上增加创造力、技术、高附加价值的人力，这样就成为创意经济。因此，要出新的创意就是在文化产业上做创意，文化产业是创意经济的基础。创意经济的 14 个因素比如出版、动漫、音乐、游戏、电影、广告、设计、表演、美术等，都跟文化产业有关。虽然每个国家对于文化产业的界定有所不同，但有着共同的三个发展方向。①文化产业是基础艺术和纯粹艺术相结合的结果。②文化福利没有地域差异，不论贫富与性别。③文化产业会对其他的行业产生波及效应、连锁反应。所以应当培育文化产业中的服务业、旅游产业、体育产业，得到创造就业的效果。后两项产业已经成为经济增长的重要部分。与此相呼应的，在政府机构的设置中专门成立了文化观光体育部。之所以由单一部门进行管理，这是因为当今的社会是一个融合的社会，所以要在统一的部门内进行协调与合作。文化观光体育部将成为政府的代言人，同时也担当宣传韩国文化的角色。

根据这样的国家战略部署，韩国政府在文化上增加了预算投入。20世纪90年代以后，韩国首次将政府预算的1%投入文化艺术的发展，远超世界其他很多国家（如英国的预算投入约为0.4%）。这不仅是韩国的变革，也代表了世界文化发展的变革。培育文化产业最终是创造力和资金的问题，而文化产业本身有一定的风险，所以银行不愿意向文化产业投资。针对这样的情况，韩国政府致力于建设投资系统，称为"母投资公司"，在下面又成立一些子投资公司，以此吸引更多的银行去向这些公司进行投资。①

韩国政府将文化内容输出政策制定为国策，以亚洲市场为目标，对文化输出实施振兴、资助、奖励等支持。例如完备《文化产业振兴基本法》等法律，对电视剧、电影的制作设立融资制度及资助制度，在有关影像的制作、研究奖励、大学教育等各个方面展开。除了成立主管文化行政的文化体育观光部之外，政府的其他部门也都在推进"韩流振兴政策"。2006年3月14日，据文化体育观光部官网所揭"国务会议"的报告资料显示，2005年政府部署共推进了31项课题，其主要结果有：财政经济部降低了海外合作制作中的关税率，教育人力资源部对海外"韩国学"及韩流研究进行资助，外交通商部构建了韩流地域协议体，行政自治部完备了电视剧摄影地等韩流观光基础设施，农林部委任韩流明星担任农业食品的广告大

① 朴良雨：《国家战略文化竞争》，2014年11月19日在我国文化部人事司、外联局，国家对外文化交流研究基地，上海社会科学院文学研究所共同主办的"2014秋季文化部驻外使节暨部机关新任处长培训班"上的讲话。

使，产业资源部强化了韩流及商品的输出联动，信息通讯部制定了通过 IT 扩大韩流的政策。①

二 韩国政府在政策上对企业的倾斜

文化产业不仅具有商业属性，还具有文化属性。对此，韩国政府首先颁布了一系列法律法规，完善文化产业发展的环境。其次，放宽对文化领域的管制政策，注重引导与促进，调动企业在市场中的能动性。再次，韩国文化观光部积极协助地方政府与企业，建设文化产业发展的国际平台。最后，政府对文化内容产业的扶持具有政策连贯性。

韩国文化产业局设立了多项专项基金，制定相应政策，极力扶持文化相关产业的发展。1999～2001 年先后制定了《文化产业发展 5 年计划》《文化产业前景 21》《文化产业发展推进计划》；在税制、信贷等方面对文化产业提供政策支持。例如，1997 年设立"文化产业基金"，提供新创文化企业贷款。1998 年对创新企业原则上 2 年内免除各种税务调查，2 年内免除 75% 不动产取得税，5 年内免除财产税和综合土地税。为重点发展的数字游戏、动漫等风险企业提供长期低息贷款，减少和免除其税收，对进驻文化产业园的企业，尽可能免除它们的基础环境发展费用。1999 年通过《文化产业促进法》，推进文化、娱乐等产业。1998 年成立游戏产业振兴中心，2001 年成立文化产业振兴院，该院每年可得到政府 5000 万美元的资助。为了促进文化产品的输出，政府还特别对韩文翻译为外语和相关制作的费用给予大额补助。② 1999 年成立"影视振兴委员会"，支援电影相关事宜。1995 年韩国电影出口额为 21 万美元，到 2001 年达 1100 多万美元，增长近 50 倍。③ 在游

---

① 李美智：《韩国政府的东南亚"韩流"振兴政策》（韓国政府による対東南アジア「韓流」振興政策），《東南アジア研究》第 48 卷 3 号，2010，第 268 页。

② 缪其浩、陈超：《文化：创新发展的核心动力（新世纪论坛）——韩国文化产业振兴经济的启示》，《人民日报》2002 年 12 月 12 日。

③ 刘妮丽：《首尔启示：政策助推产业腾飞》，《北京商报》2010 年 6 月 21 日。

戏产业的扶持上，成立了韩国游戏产业振兴院、韩国软件振兴院（KIPA）、影像物等级委员会、游戏文化振兴协议会等专门机构，对资金投入、政策、税收都给予了支持。2012 年韩国电子游戏行业的知识产权收入达 6.8 亿美元，是其他韩流产业（娱乐、广播、电影等）知识产权收入（1.2 亿美元）的 5.7 倍，在整个韩流产业的占比高达 85%。① 这个成绩与政府鼓励民间投资电子游戏产业，努力协调政府、协会和游戏厂商之间的关系是分不开的。韩国政府还成立了网络游戏文化研究会，发行《游戏产业杂志》《游戏白皮书》等政策报告书。

1994 年 4 月，政府主导创立了由 206 个企业组成的"韩国企业艺术支援协议会"，文化体育部和工商资源部牵头成立了"影像产业发展民间协议会"，将包含电影、视频、动画片、计算机游戏等在内的影像产业作为 21世纪国家战略产业进行培育。1998 年提出了"设计韩国"的战略，由此，"韩国制造"逐渐迈向"韩国创造"。设计师的地位获得极大的提高，在三星、LG 和现代汽车等著名公司里有的设计师甚至进入公司董事会。经过十余年的实践之后，韩国成功实现了从制造国家向设计创新国家的转型。

政府在海外输出事业上实施了具体政策对企业进行扶持。

第一，自 2001 年起，以亚洲地区为主要市场，每年在韩国国内召开"国际广播映像商品交易会"（Broadcast Worldwide，BCWW）。其背景为2000 年以后韩国电视节目的市场需求增多，需要一个用来建构买方与卖方关系的场所，以及创造新需求的场所。2001 年政府对 BCWW 的资助只有0.5 亿韩元，但到了 2007 年就达到 11 亿韩元，短短的 6 年里提高 21 倍。这个资助发挥了实际性的作用，2001 年韩国电视节目出口额为 570 万美元，而到了 2008 年出口额达到了 2700 万美元，② 提高了 5 倍。

第二，文化体育观光部对参加海外举办的重要"国际广播映像商品交易

---

① 《数据显示去年韩国电子游戏版权收入近 7 亿美元》，环球网，2013 年 11 月 12 日，http://finance.huanqiu.com/world/2013 - 11/4554743.htm，2015 - 12 - 01。

② 李美智：《韩国政府的东南亚"韩流"振兴政策》，第 270 页。本报告中有关越南、泰国的韩国文化输出的资料，亦主要参考了李美智这篇论文。

会"的企业进行资助，如代付展区租赁费、广告费等。自 1999 年起，第一年在法国戛纳举办的 MIPTV 上资助了 10 家公司，在新加坡举办的 MIPASIA 上资助了 23 家公司；2007 年资助了 117 家公司；2008 年资助了 137 家公司。[①]

第三，对节目的再制作提供资助。例如，在海外播放时音响与映像信号的分离（ME 分离）、字幕、翻译、编辑工作都需要按照国际规范进行重新制作，韩国政府则在此方面提供帮助，再制作所需费用的 90% 由政府出资。2006 年，政府对输出的节目 2756 集进行资助，接受资助的节目输出总额达 3065 万美元，其输出地大部分是东南亚地区。[②]

第四，自 2006 年起，以亚洲各国活跃于广播映像领域的文化专家为对象实施研修事业。这是韩国为了改变世界各国对韩国的印象，而为其他国家的专家提供了韩国的广播节目制作技术。2006 年资助的国家有越南及蒙古，2007 年增加了印度尼西亚、尼日利亚，2008 年将资助范围扩大至越南、蒙古、缅甸、乌兹别克斯坦、柬埔寨、菲律宾等 6 国。

第五，创造对"韩流"友好的输出环境，实施国际共同制作事业。这是韩国政府为了缓和因"韩流"单方面输入而引起的"反韩流"情绪，自 2007 年起开始这项国际合作事业。2007 年，韩国政府为此投资约 30 亿韩元，与中国、蒙古、越南、印度尼西亚、菲律宾等国共同制作影视作品，2008 年的合作对象中增加了乌兹别克斯坦、缅甸、柬埔寨。国际合作制作的作品在韩国与合作国家同时播放。

此外，因为预测东南亚地区的经济力将会维持一个长期的增长，该地区将成为"韩流"的未来市场。中国内地及香港特区、日本、越南已经成为其合作的"深化地区"，中国台湾、泰国、印度尼西亚、马来西亚是其合作的"扩散地区"，中南美、中东、中亚、俄罗斯是其合作的"潜在地区"。比如韩国购买在越南制作的电视剧，在韩国的有线电视等电视台免费播放；在泰国开展韩流明星活动，努力扩大"韩流"影响。

---

① 李美智：《韩国政府的东南亚"韩流"振兴政策》，第 271 页。
② 李美智：《韩国政府的东南亚"韩流"振兴政策》，第 271 页。

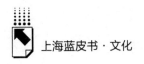

三 韩国企业的海外文化市场扩大战略

目前，韩剧的直接制作费的 60% 是通过海外输出获得回收的，所以韩剧收益结构中最重要的一个元素就是扩大海外市场。其制定的战略有以下四点。

（一）廉价输出韩剧

以扩大市场为优先目标，先低价销售，等到需求增长了再提高价格。比如，1998 年韩剧刚开始向我国台湾输出时，每小时只有 400～500 美元。但在短短的 7 年后，2004 年每小时达 2 万美元。2004 年，韩剧向越南的每小时出口额为 850～950 美元，而以好莱坞作品为主的美剧向越南的每小时出口额平均为 500 美元，韩剧的价格已经超过美剧。①

（二）采用"先行贩卖"（Pre-sale）方式

近年来，不仅通过海外输出收回制作费，而且早在制作阶段就获得海外制作费的资助。确保了日本、中国台湾等地对韩剧的预先投资，保障了大型项目制作的预算。

（三）内容上与输出地消费者的爱好相匹配

例如，在影视作品中多展示巴厘岛风景，出现越南战争中韩国士兵与越南女性的爱情、越南女性嫁到韩国农村的婚姻、韩越混血儿等情节。

（四）韩国电视节目制作公司与东南亚当地制作公司的共同制作

例如，2005 年的电视剧《爱的花篮》中舞台照明、舞台布景等由韩国提供，演员及制作阵容由越南人担任及构成。2006 年的电视节目"MuyaMuya"

---

① 李美智：《韩国政府的东南亚"韩流"振兴政策》，第 276～278 页。

中演员启用泰国人，而作家、摄影师则由韩国派遣到泰国。

现在，韩国国内制作的电视剧 70% 为出口。最初出口韩剧是为了"追加利益"，不过现在已经成为筹措电视剧直接制作费的主要途径。韩国企业以独占广告的形式免费提供韩剧，并积极推介韩国明星访问中国、越南等地的活动，带来了韩剧的扩散效应。

越南的电视台基本每天都在播放韩剧。1990～1995 年主要是播放泰国、中国、拉美的节目。1992 年韩越恢复国交后，1996 年韩国政府向越南免费提供韩剧。1998 年因《医家兄弟》的播放引发了韩流。据亚洲文化产业财团调查，越南人每天看一次以上电视剧的人达 56%，年平均收视频率是 261.5 日。其中大部分看的是韩剧，年均收看超过 10 部，韩剧已经成为现代越南社会主要的文化消费。越南人最喜欢的韩剧是以家族或兄弟为中心的劝善惩恶的故事，或者是含有亚洲元素的以十几岁的年轻人为主角的现代都市故事。韩剧之所以能够进入越南，其中有一个关键的因素就是韩国企业的韩流市场战略。20 世纪 90 年代后期，作为政府友好交流的一环，韩国政府向越南免费提供电视剧。当地的韩国企业制定了文化市场战略，支持韩剧的进入。2001 年韩国政府中止了免费向越南提供韩剧，韩剧在越南的出口额仅有 34 万美元，远低于向日本出口的 120 万美元和向中国出口的 250 万美元。于是韩国企业制定了商品销售战略：利用电视广告，无偿支持其他国家对韩剧的进口。人气韩国电视剧每 30 秒的广告费，如果在电视剧中间插播是 1750 美元，在电视剧前后播放是 1590 美元，高于其他国家电视剧 30%。韩国企业通过免费提供韩剧而获得剧前剧后的广告市场。另外，从越南电视台的立场来看，这样可以解决自己制作电视剧不足的问题，所以也很欢迎韩剧进口。这体现了输入国的"拉"（pull）与输出国的"推"（push）的有效结合。①

但是，在泰国采用的是电视台向制作公司购买节目的形式，所以韩国企业不能像在越南那样独占广告时间，但是企业依旧利用"韩流"开展文化传播。例如，进入泰国的 LG 公司在热门的《大长今》结束之后，在泰国播

---

① 李美智：《韩国政府的东南亚"韩流"振兴政策》，第 280～283 页。

放该剧的主角也是该公司的广告模特李英爱的电视广告，获得经济效益。

泰国与韩国于1958年建立国交，1985年韩国向泰国推进了投资，振兴观光事业。不过韩国企业对泰国的投资少于其他地区，为避免与日本的竞争，在东南亚，韩国首先选择了印度尼西亚，21世纪以后才逐渐扩大韩流在泰国的影响。2005年前后，韩国成为泰国最大的电视剧进口国。泰国不仅单方面进口韩剧，还前往韩国取景制作，2007年大约制作了10部作品。同越南一样，韩国最开始向泰国输出韩剧时也是廉价提供的，2004年韩剧的播放费是2500美元，而其他国家电视剧在泰国的播放费平均为3375美元。不仅如此，韩国政府将泰国作为东南亚地区文化内容输出的重要据点，采取了各种政策。2007年5月在曼谷设立韩国著作权委员会事务所，致力于在泰国普及并销售韩剧等韩国制作的内容。政府首次在东南亚设立Korea Plaza，介绍韩国明星、韩剧、电影、音乐等各种有关韩国的信息。2009年韩国文化体育观光部下属的国际文化交流财团与泰国商务省输出振兴局，就娱乐产业领域的两国合作及培养缔结了备忘录（MOU）。2009年11月20日在曼谷召开了两国政府相关者及学术界专家等80人参加的"韩国—泰国著作权保护论坛"。虽然越南是进口韩剧数量最多的国家，但是在引进韩剧的单价上越南比泰国低，所以泰国成为韩剧进口总额最多的国家。[1]

在韩国的文化企业中，CJ E&M集团极具代表性。[2] 根据韩国CJ E&M国际事业部部长徐贤东的介绍，CJ E&M集团秉承"没有文化就没有国家"的理念，不仅从事有关文化内容的开发，还从事包括电视购物、饮食、制药等行业在内的生活文化事业。CJ希望将事业渗透到人们生活的每一方面，以此振兴韩国文化。在文化内容发展模式上，CJ提出了"四步走"的战略——GLB 1.0~4.0。GLB指的是Glbalization，即全球化的意思。

第一阶段GLB 1.0：最初的十年是韩流进入全球市场的初始阶段，因

---

① 李美智：《韩国政府的东南亚"韩流"振兴政策》，第284~287页。
② 徐贤东：《文化内容及其国际化》，2014年11月19日在文化部人事司、外联局，国家对外文化交流研究基地，上海社会科学院文学研究所共同主办的"2014秋季文化部驻外使节暨部机关新任处长培训班"上的讲话。

此，以占有市场份额为目的，无论观众是否喜欢，重要的是让别人知道这是"韩国制作"。第二阶段 GLB 2.0：这是比较近期的情况，针对中国、东南亚与美国市场，主要是以改变原著的方式进入国际市场。例如将《花样爷爷》这种在韩国已经获得一定成功的节目出口到中国的市场或全球市场，按照输入国的口味进行重新编排。目前，韩国文化产业团队与中国各地卫视及地方电视台如上海东方电视台、浙江卫视、湖北电视台、南方电视台展开合作，还与 YouTube、土豆等主要视频网站合作播放节目。第三阶段 GLB 3.0：以当地的观众和听众的口味制作相应的影视节目；或者与当地工作人员和制作组合作，创作出一种属于本土的节目。不过，这种在本土市场制作的文化内容不仅仅适合本土市场，还可以适用于其他国际市场，这也就是本土化之后再向全球市场发展的过程。第四阶段 GLB 4.0：在全球设置四个据点，开拓国际市场，试图将韩国文化变成世界的主流文化因素之一。这四个据点分别是中国市场、东南亚市场、日本市场和美国市场。中国市场并非第一目标，而要争取在美国市场获得成功，这才意味着在全球市场的成功。CJ 在美国开展影视业务时，不仅使用韩国的内容，还希望通过美国的一些制作方式来使得韩国影视获得国际化的效果，从而使得韩国的文化内容能够成为美国的主流文化因素之一。

在美国，CJ 开发了 MA（Mnet America）频道，播放很多韩国内容的节目，目前拥有 1400 万观众。在东南亚，CJ 与 FAX 电视频道已合作四年，运营 Channel M Asia 频道。东南亚有十个左右收费电视频道在播放韩国的节目，现已覆盖 740 万人口，是东南亚地区具有代表性的"韩流"娱乐专门频道。东南亚的市场并不是很大，但东南亚各个国家的语言不同，所以要针对每个国家制定战略。日本本身是非常成熟的市场，虽然增长势头有所减缓，但是其市场价值很大。因为日本的观众和听众已经习惯付费收视文化内容，还有一些观众对韩国的文化内容有很高的忠诚度，通过他们可以扩展韩流市场，保证利润率。2006 年创建的 Mnet Japan 用户达 11 万人，目前在日本收费频道中居第 9 位。

此外，在面向海外的直播娱乐节目中，现在已经树立起几个品牌，这些

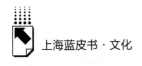

品牌是韩国在海外进行定期表演节目的商标。比如 MTV 音乐大奖曾经在新加坡、东南亚地区、香港举行，韩国力图将它打造成具有高水平的文化内容来进行普及与传播。

四　我国文化内容产业在海外推进中的问题及对策建议

与韩国相比，我国在文化内容产业的海外推进上存在着不小的差距。这个差距不仅是政府与企业两个方面的问题，也与国家的文化市场密切关联，不能将三者割裂开来讨论。

（一）企业"文化自觉"意识薄弱

韩国之所以大量制作"韩剧"，其中有一个很重要的原因就是国内市场小。而且，为了减少风险，采用边拍边播的形式，以便随时根据观众的需求改写。所以韩国迫切需要将本国的文化产品推向国际市场。事实上，韩剧在国内只能收回制作费，他们是通过海外放映才获得"追加利益"的。中国国内市场庞大，企业以国内市场为目标就足以生存发展，这既造成文化产品的同质化，也造成文化企业"走出去"的自觉性较差。

目前我国文化"走出去"的动力主要来自政府，由政府设定目标、制定政策、投入资金、推进项目，而"企业"的能动作用缺失。根据 2010 年对动漫企业的调查，虽然政府在相关税收、财政、土地、人才及市场准入等方面实施了优惠政策，但企业并没有取得预期的效果。所以不能把内容产业国际竞争力的培育简单化为政策扶持。

中国的文化企业大多是从计划经济体制中发展过来的，从前很多是政府办文化的工具，这造成企业缺乏"文化立企""文化兴企"的理念，不能制定高度的企业战略目标进行人力资源配置。

（二）缺乏领军企业

目前我国大型文化企业数量偏少，文化资源尚未与资本市场实现有效对接。掌握较多资源的国有文化企业难以成为多产业经营的文化企业的先锋。而国际上活跃的文化企业，如韩国的 CJ 集团是实力雄厚的企业。而且，目前我国文化内容产业在整个产业体系中的比重仅占 8%，而文化制造业接近 70%，这与国际文化产业发展趋势相悖。

（三）"内容"的制作质量不高

文化创意产业被称为"文化内容产业"，这清楚地表明"内容"是产业的重要内涵。以韩剧来说，具有不断创新、符合观众心理、融入传统文化、展现当下文化热点、社会热点等特点。相比之下，中国内容制作较为粗糙，关键一点是"故事"讲得不好，也就是文化内容产业的"内容"比较差。

中国的文化企业主要生产较为传统的、低端的文化产品，缺乏竞争力。要向高端业态发展，关键就在于能否生产出好的"内容"——体现核心价值观和文化内涵的文化产品。目前，我国的文化内容与服务主要由中小民营文化企业提供，存在着实力与资金不足的问题。有鉴于此，笔者建议如下。

（一）政策倾斜应加强，提供资金、技术、人才资助

文化内容生产与创新要兼顾国内和国际市场，文化体制与文化产业政策要在国际输出上倾斜。

2013 年中国国内企业共实施海外并购项目 457 个，实际交易金额 434 亿美元。[①] 其中，不仅有能源、装备制造、交通等传统领域，近年来，文化产业领域的海外项目合作也在逐步增多。中国企业在美国投资的领域变得更广，如媒体、电影成为热门。然而，并购后的海外资源整合是非常重要的问题，政府要制定相关政策引导与扶持。

国内以游戏起家的著名企业盛大网络现已转型为"来自互联网文化领

---

① 卢扬：《媒体影视成文化企业"走出去"热门投资领域》，《北京商报》2013 年 12 月 13 日，第 A5 版。

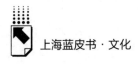
域的全球领先的投资控股集团",新近成立的"盛大国际"专门从事以对外文化贸易为主的相关业务。在其海外战略中：将公司游戏产品出口至 89 个国家和地区，在硅谷、首尔、新加坡建立了研发和运营中心；将文学作品推广至日本、韩国、泰国、越南等地，并登上该地畅销书排行榜；盛大旗下的酷 6 网在 YouTube 开设了专区。① 对于这种已经"走出去"的大型企业，政府要为其海外发展"推一把"，促进企业充分发挥能动性作用。

（二）整合文化企业资源，重点培育大型企业

为避免重复生产与不良竞争，政府应当加快文化企业的资源整合与产业结构调整，要作为国家战略产业进行培育，尤其要注重培育骨干企业、推动品牌化的内容建设，以引领文化产业发展的方向。

（三）打造具有重要影响力的对外文化交流平台

目前我国文化产品和服务出口规模较小，文化企业的实力和竞争力还不够强。要积极策划，如在国内举办"国际广播映像商品交易会"，充分发挥两家"国家对外文化贸易基地"的功能，在海外设置文化传播渠道的据点，以多种文化经营方式经营影院、剧场、书店、广播电视台。

（四）企业要讲好"故事"，制定全球化战略，开拓互联网市场，加强共同制作

要发掘传统文化中的核心价值，制作不但具有中国特色的文化"内容"，而且能为外国受众接受的文化产品。针对全球，分地域设立战略目标。在海外主要城市设立办事处，收集并向国内提供国外文化产业发展信息，拓展海外市场服务。加强与其他国家的"共同制作"，解决资金不足问题，学习先进技术，打入国际市场。

---

① 刘健健：《办银行、投房产盛大集团新机遇?》，《中国经济时报》2013 年 10 月 8 日。

抗战历史与城市记忆篇
Wartime History and City Memory

B.15
上海抗战历史地图研制与发布

李玉铭*

摘　要：　2015 年 7 月 5 日至 8 月 31 日，上海师范大学人文与传播学院、教育部重点研究基地都市文化研究中心，在纪念世界反法西斯战争暨抗日战争胜利 70 周年之际，联合腾讯地图、腾讯大申网共同制作系列上海抗战历史互联网地图并陆续上线。上海抗战历史地图以地理信息系统数据库、GIS 技术为支撑，以直观、科学的时空分布图为表现形式，有侧重地再现了从 1931 年九一八事变到 1945 年间诸多抗战相关历史要素。该系列地图包括五张不同历史要素图，分别为《上海抗战历史地图系列一——抗日救亡分布图》《上海抗战历史地图系列二——淞沪抗战分布图》《上海抗战历史地图系列

* 李玉铭，上海师范大学人文与传播学院博士研究生。

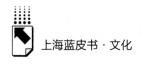

三——慈善救助分布图》《上海抗战历史地图系列四——组织机构分布图》《上海抗战历史地图系列五——事件暴行分布图》。

关键词： 上海抗战　历史地图　互联网地图

一　上海抗战历史地图设想与互联网地图的提出

（一）上海城市人文历史地图数据库的制定

从 2007 年开始，以上海师范大学苏智良教授为首，吴俊范副教授、姚霏副教授等为骨干的团队开始制作上海城市人文历史地图，经过 8 年的努力，该数据库已基本完成。上海城市人文历史地图数据库在技术支持上以地理信息系统数据库、GIS 技术为支撑，在表现形式上以直观、科学的时空分布图为主，有侧重地再现了上海城市深厚人文积淀的重要历史层面，尤其以突出近代上海城市的文化性格与经济文化地位为根本宗旨。

与以往出版的上海城市历史、旅游或文化图集相比，该数据库具有以下突出特点。

首先，该数据库涵盖的人文历史要素时间跨度大，类别丰富多样，且标注形式科学，充分体现该数据库的人文历史特色。其历史时间跨度为：自上海成聚落起至 1978 年，凡在此时期内出现、变更或消亡的重要人文要素，均属该数据库的表现范围。1978 年以后上海城市空间更新异常迅速，新的地理实体层出不穷，且大部分实体的信息可以为今人较容易地了解到，因此，为体现该数据库的历史特色，1978～2009 年出现而今属性未经改变的实体要素，一律以现今地名来呈现。对于那些虽出现于 1978 年之后，但现已消失或变更的要素，其变迁过程该数据库不再显示。同时，随着时间的推移，新的一批历史要素将会陆续补充进该数据库。

其次，数据库分幅科学，可从不同的空间范围、文化层面和视觉效果上表现上海城市的历史文化内涵。表现的空间范围覆盖整个上海中心城区（外环线以内），以不同比例尺和空间范围的图幅表现不同区域、不同文化层面的人文历史信息集合。该数据库图幅类型分为四个层面：第一层面，以行政区片图的形式表现不同部分城区的历史人文要素综合分布；第二层面，以局部放大图的形式拆分式地表现要素分布特别密集的区域；第三层面，以专题图的形式专门表现近现代上海城市文化性格的指征性要素，如具有历史含量的名人故居、花园洋房、优秀建筑、各类工厂等；第四层面，以特色图的形式表现 1937～1945 年上海特殊历史时期的社会文化侧面，如"犹太难民区图"、"南市难民区图""日军慰安所分布图"等。

再次，该数据库还包括重要人文历史要素的考释文字，便于读者更加详细地了解自己感兴趣的信息。考释文字除以原始文献为资料来源外，还参考了上海史各个领域内的最新研究成果。因此，该数据库可满足各文化层次人士了解或研究上海文化或历史的需要。

上海城市人文历史地图数据库的制定，其目的就是通过地理空间的模式来展示上海这个城市的人文历史，通过地图再现上海的历史，很多非常珍贵的历史信息会再次成为人们记忆的一部分，成为这个城市活的历史。

（二）互联网历史地图的设想

2015 年是世界反法西斯战争暨抗日战争胜利 70 周年，为了能够让人们更清晰地了解上海在抗日战争中的地位与作用，了解上海抗战的历史，以苏智良教授为首的上海师范大学团队联合腾讯地图、腾讯大申网首次提出了做互联网历史地图的设想。此设想的提出，一方面是基于当今互联网多媒体信息技术高速发展，手持多媒体移动媒介的广泛普及与应用，同时也基于当下关于上海在宣传与推介城市历史文化资源时所存在的一些问题，比如，目前关于上海旅游资源宣传和推介手段的不足，关于上海历史旅游资源方面的书籍虽然有若干编著，例如《上海市重要革命遗址通览》（中共上海市委党史研究室编，2013）等，但基本上是以文字条目和现场图片的罗列为主，属

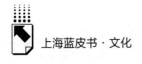

于资源普查体例，字典式格式，厚重，篇幅大，分类繁杂，不适合普通市民和外来旅游者参阅使用。

另一方面也是基于本市市民以及外来旅游者游览上海时的所需，本市市民和旅游者最想要了解的是如何在最短的时间内，以最便捷、最简单、最直观的方式获取上海城市的历史文化旅游资源，以及旅游资源都有哪些，位置在哪里，如何能及时、方便、有效地确定自己的参观路线等。而在当今最有效、最快速解决此问题的工具便是互联网地图，通过手机、iPad 等移动手持设备再加上互联网历史地图便可以最直观、最快速地了解上海历史旅游资源分布情况，并可在最短的时间内合理有效地安排自己的旅行计划。

二　资料搜集与实地考察

（一）相关历史要素的提炼

2015 年初，上海抗战历史地图的研究团队在上海师范大学成立，在苏智良教授的带领与指导下，团队有序开始了工作。首先要做的是把和上海相关的抗战历史要素进行有效的提炼。上海城市人文历史地图数据库里面的相关信息为该团队提供了一定量的资料，但因具体到"上海抗战"，而数据库中具体的小的历史要素无从涉及，因此，需要从史料中重新涉猎。为此，该团队首先确定了地图所要展示的时间段是从九一八事变到 1945 年抗战胜利，只要属于这个时间段的和上海抗战相关的要素，都是其要具体捕捉的对象。其次，他们主要从史料方面入手，把所有关于上海抗战的书籍资料先收集起来，然后再进行具体的资料梳理。该团队历时一个多月，在浏览大量关于上海的抗战史料后，从中选取了 400 多个重要的抗战要素。

同时，为了更加直观清晰地体现上海在抗战中的时间性与特殊性，该团队一方面对所选取的 400 多个重要的抗战要素分为五大类，分别为《上海抗战历史地图系列——抗日救亡分布图》《上海抗战历史地图系列二——淞沪抗战分布图》《上海抗战历史地图系列三——慈善救助分布图》《上海抗战历史地图系列四——组织机构分布图》《上海抗战历史地图系列五——
事件暴行分布图》。另一方面，对一些特殊的区域与事件又以专题的形式进
行了特别说明，比如，南市难民区、上海犹太难民聚居区、日军慰安所遗址
分布区、日军在沪集中营分布区等。

（二）具体历史要素的实地考察

2015 年 5 月下旬，基本资料大体整理完毕，与此同时，该团队决定在
查找资料的同时开始进行下一步工作——实地考察。于是，该团队又专门成
立了实地考察小组，实地考察对于团队来说同样是一项非常有挑战性的工
作，"因为从史料中查到的相关的历史要素，大部分是原来的地址，其具体
地址、路名、门牌号码与现在已经千差万别，最麻烦的是一些建筑物现在已
荡然无存，现地址有的是一条马路，有的是一栋崭新的高层建筑。为了克服
此种困难，该团队首先通过对照新旧路名表确定现在新的路名，然后确定大
体的具体方位，在实地考察中通过询问附近的老人、询问历史学家及走访居
委会等各种形式，才最终得以确认"。① 有时为了考察一个点能够得到准确
的信息，该团队"不得不动员不同的人员进行多次的实地考察，如《上海
抗战历史地图系列一——抗日救亡分布图》中的音乐家聂耳在 20 世纪 30 年
代所居住的四个不同的寓所，田汉的两个寓所以及上海民众反日救国联合会
成立大会旧址、上海民众反日救国联合会总部旧址、上海民众反日救国义勇
军总部旧址等都是经过多次史料考证与实地考察得出的结果"。①

三　三批抗战历史地图的发布

（一）7月5日第一次新闻发布会

上海抗战历史地图系列共分三次向公众和媒体发布，《上海抗战历史地

---

① 吴洁瑾：《首张互联网抗战地图勾勒烽火上海，还原国歌传播路》，《东方早报》2015 年 7
月 6 日。

图系列一——抗日救亡分布图》于7月5日在上海师范大学成功发布并上线。抗日救亡分布图共有90个信息点，除了包含抗战初期在上海成立的各界救亡协会、联合会、救国会等的旧址外，还包含一个非常重要的内容——《义勇军进行曲》的创作形成图，它以"地图的形式展示了《义勇军进行曲》的创作与传播过程。在考证了《义勇军进行曲》曲作者聂耳、词作者田汉20世纪30年代在上海的不同寓所的同时，也考证了在该歌曲创作与传播过程中做出贡献或产生影响的人物，如电影《风云儿女》的编剧夏衍、《义勇军进行曲》的定名者朱庆澜、参与配乐的贺绿汀、《风云儿女》的主演袁牧之等人的寓所与事迹。在地图上还可看出，唱片制作单位东方百代公司、《风云儿女》的制作单位电通公司、《风云儿女》的首映地点金城大戏院等"，①都曾在《义勇军进行曲》的传播过程中起到过重要作用。

（二）8月11日第二次新闻发布会

《上海抗战历史地图系列二——淞沪抗战分布图》和《上海抗战历史地图系列三——慈善救助分布图》于8月11日在上海师范大学正式发布并上线。淞沪抗战分布图共有92个信息点，其重点突出了与两次淞沪抗战直接相关的历史要素，包括每次日军的登陆地点、中日双方作战地点、与之直接相关的重要事件，比如，三友实业社事件、虹桥机场事件等，通过互联网地图的形式把其事件发生的地点、原因、经过等形象地展现。慈善救助分布图共有89个信息点，其中除了包含两次淞沪抗战中社会各界在上海建立的收容所外，还重点突出了两个区域，一个是由法国神甫饶家驹倡议建立的南市难民区；另一个是上海犹太难民聚居区。在抗日战争和世界反法西斯战争期间，上海的难民保护工作十分突出，作为最后的"诺亚方舟"，上海庇护了近3万名从欧洲等地逃难而来的犹太人，而在上海华界，法国神甫饶家驹所建立的南市难民区在两年多的时间里保护了30万名中国难民。

在技术层面，相比《上海抗战历史地图系列一——抗日救亡分布图》1.0版本，这次所发布的地图采用街景地图、全景技术等进行优化升级至2.0版本：在原来普通地图、卫星地图的基础上，增加街景地图；遗址介绍中，在第一版的文字介绍内容中增加图片部分，同时增加街景或全景图；重要遗址将重点展示，包括建筑外部航拍视频、内部全景图片；优化导航条，增加搜索功能。

（三）8月31日第三次新闻发布会

《上海抗战历史地图系列四——组织机构分布图》和《上海抗战历史地图系列五——事件暴行分布图》于 8 月 31 日在上海师范大学正式发布并上线。组织机构分布图包含 90 个信息点，其中不仅包括日本军事特务机关、儿玉机关、"七十六号汪伪特工总部"、日特"三十四号"等日伪机构，还对共产党机构进行了收集与考订，除了大家比较清楚的新四军驻上海办事处、八路军驻沪办事处外，还找到一些比较隐蔽的共产党机构，比如中共中央上海局秘密联络点、中共江苏省委地下印刷所、中共秘密电台旧址、抗战时期周恩来住所等。同时，这张图还包括国民党机构以及其他政党和社会机构。事件暴行分布图包含 91 个信息点，包括两次淞沪抗战中被日军炸毁的一些重要地点、一些汉奸的被杀处、日军在沪设立的慰安所等。与此同时，研究团队还重点对日军当时在上海建立的 20 个集中营的地点进行了考察确认，最终确定了 20 个集中营现在的具体位置。通过查阅相关史料与实地考察相结合的办法，对其重新进行了考证，纠正了之前研究中存在的一些错误。

在技术层面，这次所发布地图仍然采用的是上次发布时所用的 2.0 版本，并在原来版本基础上进行了优化处理。在原来普通地图、卫星地图的基础上，重点优化改善了 3D 街景地图；一些重要遗址的建筑内外部升级为多角度挪动查看功能，而航拍视频也再度收录其中，除此之外，在每个遗址都加入相应的抗战故事。

四　地图的亮点与特色

（一）抗日救亡分布图

《上海抗战历史地图系列一——抗日救亡分布图》，这一张图包含 90 个历史要素，其最大特色与亮点是《义勇军进行曲》的创作形成图。在学术界首次以地图的形式全面展示了《义勇军进行曲》的创作与传播过程。在研究过程中，该团队也有许多历史新发现，其中就包括国歌的制作背景及其相关故事。1935年，《义勇军进行曲》为电通公司拍摄的《风云儿女》的主题歌。当时身为电影编剧的田汉填写了歌词，聂耳谱曲，两天之内便完成初稿。

"这张地图不仅考证了《义勇军进行曲》曲作者聂耳、词作者田汉20世纪30年代在上海的不同寓所，同时也考证了在《义勇军进行曲》创作与传播过程中做出贡献或产生影响的人物，如电影《风云儿女》的编剧夏衍、《义勇军进行曲》的定名者朱庆澜、参与配乐的贺绿汀、《风云儿女》的主演袁牧之等人的寓所与事迹。不仅凸显了两位创作者的突出贡献，也明晰了他们背后创作团队的作用。同时结合上海城市史的视角，考证了在《义勇军进行曲》创作过程中的唱片制作单位东方百代公司，《风云儿女》的制作单位电通公司，《风云儿女》的首映地点金城大戏院等，力图揭示《义勇军进行曲》创作与传播的城市环境与时代背景，并尝试着解释了这首抗战歌曲诞生于上海这座伟大城市的历史必然性。"①

（二）淞沪抗战分布图

《上海抗战历史地图系列二——淞沪抗战分布图》，这张地图再现了整个"一·二八"和"八一三"日本进攻上海的一个态势，包括登陆地点、作战地点等。这张地图的主要亮点与特色是重点突出了"八一三淞沪抗战"的重要性，正如苏智良教授所言："抗战期间，有过两次淞沪抗战——一·二八淞沪抗战和八一三淞沪抗战。以前我们讲抗战，一·二八讲得比较多，特别是十九路军；而相比之下，八一三这样大规模的抗战讲得却不多。我认为，抗战期间国民党的二十二次会战中，八一三淞沪抗战和武汉会战尤其重要。"同时，苏智良指出，八一三淞沪抗战的重要意义主要有四点：首

---

① 吴洁瑾：《首张互联网抗战地图勾勒烽火上海，还原国歌传播路》，《东方早报》2015年7月6日。

先，八一三淞沪抗战中，国军在上海抵抗了三个月，破灭了日本速战速决的幻想。其次，八一三淞沪抗战歼灭 4 万多日军，而我军伤亡 18 万（后来官方公布的数字），提振了全国人民的斗志。再次，八一三淞沪抗战延阻了日军的进攻，使政府、工厂、大学的撤退得以完成。在上海，复旦大学、交通大学、同济大学、大夏大学等高校西迁，被称作文军西征，保存了中国的文脉。另外，上海一百多家工厂西迁，改变了中国工业的布局。这些都是上海对抗战做出的贡献。最后，八一三淞沪抗战是中国军队取得主动态势的一次战争。八一三淞沪抗战后，日本主要进攻方向从华北转到了沿长江一带，南京、上海成了战争的主要阵地，日军因此被迫调动兵力，而我方沿长江西撤，最后保全了西南大后方。

（三）慈善救助分布图

《上海抗战历史地图系列三——慈善救助分布图》，这张地图中除了两次淞沪抗战中社会各界在上海建立的收容所外，其特色与亮点是重点突出了两个区域，一是由法国神甫饶家驹建立的南市难民区，另一个是位于如今提篮桥片区的上海犹太难民聚居区，这两大难民区内设有 61 处避难场所，分别保护了 30 万名中国难民和 3 万名犹太难民。

在抗日战争和世界反法西斯战争期间，上海的难民保护工作十分突出。作为最后的"诺亚方舟"，在犹太民族最困难的时刻，上海用东方民族固有的热忱和包容庇护了逃离纳粹魔爪的 3 万名犹太人，使上海成为犹太民族的"诺亚方舟"。犹太难民在这里度过艰难而温馨的时期，形成今天以提篮桥为中心的历史风貌区。在这里留下了摩西会堂、霍山公园、美犹联合救济委员会旧址、华德路收容所、麦司考脱屋顶花园等 30 多处重要的历史场所。直到今天，这些历史遗迹仍然吸引着每年数以万计的犹太人参观访问，不仅成为上海这座城市不可或缺的文化空间，更是成为中犹两大民族伟大友谊的见证和桥梁。

而在上海华界，法国神甫饶家驹所建立的南市难民区在两年多的时间里前后共保护了 30 万名中国难民。以饶家驹为首的国际救济会在南市建立的难民区，在当时获得中国政府和日本方面的同意，所以这是一个中立的难民区。同时，在饶家驹之前，世界文明史上还没有一种在战争状态下救助难民的趋于完善的模式，所以他做了一个很好的探索，我们所熟知的南京国际安全区，便是复制饶家驹模式。作为第一个战时难民保护区，饶家驹建立的南市难民区在国际上开创了战争期间除了保护交战双方伤员之外，还要保护战区平民的一种模式，同时，南市难民区作为战时平民保护的典范，两次在1949年《日内瓦公约》及附件中被提起，颇具典范意义。南市难民区现在还保留着一些重要的遗址遗迹，比如城隍庙、豫园、小世界、杂粮公会大楼等。在慈善救助这张地图中，不仅标注了曾经的难民收容所、难民医院等难民救助场所，还标出了慈善机构的办事处、饶家驹的办公处等管理场所的具体位置，从而通过这张互联网地图便能够了解到当时难民区的全貌。同时，通过这张地图，也会有更多的人了解饶家驹，了解这位伟大的"难民之父"为保护30万名中国难民所做的努力。

（四）组织机构分布图

《上海抗战历史地图系列四——组织机构分布图》，这张图的亮点与特色是对抗战时期在上海的组织机构进行了梳理，并最终以互联网地图的形式进行了具体展示。该团队所研究的抗战期间在上海的组织机构共分为四大类：日伪机构、共产党机构、国民党机构和其他社会机构。在共计90个历史要素中不仅包含日本军事特务机关、儿玉机关、日特"三十四号"等日伪机构，还有中共中央上海局秘密联络点、中共江苏省委地下印刷所、中共秘密电台旧址、抗战时期周恩来住所等。

在此之前，对于抗战时期在上海所设立的一些组织机构，人们大多只知其名，也知道确有此事，但对于它们所发生的地点及具体位置感知非常模糊。该研究团队通过对发生在孤岛时期上海境内的抗战事件进行了大量的考证，并最终确定了其现在的大体方位。同时，以前一些重要的抗日历史事件相关的史实一直没有厘清，这次整理也使相关史实得以确认，比如，在图中标出的日本军事特务机关旧址，设在黄浦路106号原上海日本大使馆内，当时有间谍50余人，以调查中国长江流域的各种设施、驻军情况和英美法各国在长江流域的军事活动为主要任务。梅机关旧址位于虹口区东体育会路7号的重光堂，是执行策反汪精卫，代号为"渡边工作"的核心。儿玉机关旧址位于北苏州路20号今上海大厦（原百老汇大厦）内，其任务是通过经济手段掠夺战略物资，并进行谍报谋略活动。中共中央上海局秘密联络点旧址位于今愚园路361弄121号，是静安寺附近愚谷村内的一幢洋房，建筑犹存，现为民居。周恩来住所旧址位于今黄浦区贵州路160号原中国饭店内，现为上海铁道宾馆，周恩来曾在此指挥上海地下党秘密开展地下斗争。国民党上海市党部旧址位于上海林荫路165号原江苏省教育总会所在地。

（五）事件暴行分布图

《上海抗战历史地图系列五——事件暴行分布图》，这张地图除了包含两次淞沪抗战中被日军炸毁的一些重要地点外，最大的亮点是对日军当时在上海建立的20个集中营进行了地点的考察确认，最终该团队确定了20个集中营的具体位置，与以前的研究相比，该团队通过查阅相关史料与实地考察相结合的方法，对其重新进行了考证，改正了之前研究中存在的错误，这在国内研究中尚属首次。

日军在第二次世界大战期间，太平洋战争爆发并占领上海租界后在上海建立了集中营，关押包括中国人在内的十余国战俘与平民，从1938年第一个徐汇战俘营到战争结束，历时7年。集中营分为上海侨民集中营、教会人员集中营、盟军战俘集中营、中国战俘集中营四类。经过该团队的研究发现，其实这些集中营现在的遗址都是我们耳熟能详的地方，如徐家汇藏书楼、上海社会科学院大楼、上海中学等，日军曾在这些地方关押过中国抗日战俘、盟军战俘、英美"敌国"侨民、教会人员，甚至还有日本曾经的盟友——意大利战俘。上海的日军集中营究竟关押过多少人，至今尚无法精确统计，但仅在1944年就有7000人在押。日军上海集中营是日本军国主义战争暴行的重要组成部分。他们用饥饿、惩罚和严刑拷打等手段对待战俘和平民，远比枪毙更残忍。在确定的20所集中营中，最大的是龙华集中营，其现址为

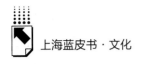

上海中学；最难找的是意大利集中营，经过多方考证，其现址确定为今上海卫生疗养院分院。

此外，在这张地图中还选取了二十几个比较重要的慰安所，以此全面的给民众揭示日军在上海所犯下的罪行。

五 媒体的相关报道与社会影响

（一）各大媒体的相关报道

上海作为中国抗击日本侵略的重要城市，在抗战历史中留下了许多珍贵的印记和资料，而将这些珍贵的历史印记和资料通过多媒体互联网以电子地图的形式表现出来，在国内尚属首次。这不仅为历史研究的传播找到了一个很好的平台，同时，在当今多媒体互联网快速发展的时代也拉近了历史研究与普通民众的距离。因此，该地图一经推出便受到了广泛的关注与传播，中央电视台、新华社、中国新闻网、人民日报、东方卫视、上海电视台、搜狐网、腾讯网、东方网、文汇报、澎湃新闻、新民晚报、青年报等多家媒体对此系列地图进行了跟踪报道。比如，中国新闻网以《跟随手机了解淞沪抗战，上海首套抗战历史地图 APP 发布》为标题进行了报道；上海电视台新闻综合频道以《上海抗战系列地图出齐，均可上线浏览》为标题进行了专题报道；等等。

（二）社会各界的反馈与影响

上海是抗日救亡的中心，是全民抗战的典范，也是世界反法西斯斗争的营垒。上海抗战历史地图将上海军民抗战、中国共产党和国民党抗战、日伪暴行等一系列抗战要素，通过互联网地图空间的形式做了全面的展示，通过腾讯地图上的精确定位，不仅为以后的学术研究，也为市民的生活游览提供了很大的便利。因此，该系列地图一上线就受到广泛的好评，这主要表现在三个方面。

首先，这种学术与互联网相结合，以通俗易懂的方式重现上海抗战场景，是一次新颖的尝试。通过手机 APP 等移动手持设备的形式来展示互联网历史地图，能与我们这个时代相接轨，特别是能够和年轻人的生活方式联系在一起，也就是说随着抗战历史地图的上线能让大家更加简单、直观、便捷地了解有关上海抗战的历史要素，吸引更多的年轻人去关注历史。

其次，对于老百姓来说，通过互联网地图这种形式，他们可以重温上海这座城市的历史，更重要的是，通过历史学习与研究，大家会思考，在当今我们该如何去保护抗战遗址，特别是保留一批有价值的建筑，或者在建筑已毁的地方增加纪念元素，以留住历史的记忆。

最后，为历史课堂的教学提供了良好的历史素材。该系列地图一上线就得到初、高中历史教师的良好反馈，并纷纷表示在以后的教学实践中会充分利用上海抗战历史地图所提供的相关素材，通过集历史图片、现实图片、3D街景、具体位置、航拍视频以及具体内容讲解等形式于一体的上海抗战历史地图，吸引学生的注意力，提升学生对抗战历史的学习兴趣。

当然，上海抗战历史地图的上线与发布，其影响一定会大大超出我们所预想，"我相信，上海抗战地图的发布会引领全国的抗战历史研究风潮。地图会鼓舞大家，不让历史消失，也给未来留下珍贵的文化遗产"，① 苏智良教授强调。

上海抗战历史地图相关历史要素全部由教育部人文社科重点研究基地——上海师范大学都市文化中心提供，图中所标注的每个抗战历史要素的名称、时间属性和空间坐标，以及图中所附文字注释，均经过历史学、城市历史地理学的严格考证，并进行了实地考察。上海抗战历史地图把从 1931年九一八事变到 1945 年的与抗战相关历史要素通过互联网地图的形式在空间上做了一个全面的展示，通过腾讯地图上的精确定位，不仅为以后的学术研究，也为市民的生活游览以及加强历史记忆提供了一个很好的平台。正如该项目的总负责人苏智良教授所言："上海是一座英雄城市，同时也是一座受难很严重的城市，日本在上海犯下滔天罪行，这些都是我们应该铭记的。希望通过这种形式能够加强大家对历史的记忆"。

---

① 《上海抗战历史地图发布，空间定位 400 个遗迹遗址》，腾讯大申网，2015 年 7 月 5 日，http：//sh. qq. com/a/20150703/038063. htm#p = 3。

B.16

四行仓库纪念馆的历史与研究

陈 斌*

摘 要： 四行仓库是八一三淞沪抗战时期，中国守军在闸北的最后阵
地。谢晋元所率的孤军"八百壮士"血战淞沪，留下了英雄
的事迹和传说。在上海市政府的决策下，经过一年的改造，
2015 年，四行仓库改建成为上海市抗日战争遗址纪念馆，成
为上海仅有、全国少见的战争遗址类爱国主义教育基地，意
义重大。

关键词： 四行仓库 四行孤军 谢晋元 抗战纪念馆

四行仓库始建于 1931 年，到 1935 年建成并正式投入使用。四行仓库建
成后一直矗立在苏州河畔，到如今已整整 80 年。四行仓库在八十年历史进
程中，见证了淞沪抗战的烽烟战火，也历经了岁月的烟雨沧桑，从当时的仓
库到如今的历史纪念馆，四行仓库留下了自己独特的脚步。

一 四行仓库与四行孤军

（一）四行仓库的由来

四行仓库之名得自四家著名的商业银行，即金城、中南、大陆、盐业四

---

* 陈斌，上海师范大学人文与传播学院中国近现代史研究生。

大银行。

四行在中国近代金融史上享有盛名，此四行合称"北四行"。此名与这四家银行背后的历史渊源有关。

盐业银行创立于 1915 年，创办人为袁世凯的表弟张镇芳。盐业银行在袁世凯在世时有代理国库之权，经办盐务收入。袁世凯复辟时，张镇芳因曾出任议政大臣和度支部尚书，在袁复辟失败后遭到通缉。盐业银行遂由吴鼎昌出任总经理。

金城银行创立于 1917 年，总行设在天津，并先后在北京、上海、汉口等地设立分支机构。总经理周作民留学日本，后供职于北洋政府财政部，任交通银行总行稽核科科长等职，是近代中国最著名的银行家之一。

大陆银行成立于 1919 年，总行设于天津。主要创办人有冯国璋、许汉卿、颜惠庆、钱新之、谈荔孙等，总经理一职由南京中国银行经理谈荔孙兼任。

中南银行由南洋华侨黄奕住在 1921 年投资创立。股东有上海报业大亨史量才等人，具体经营事务则由总经理、原交通银行北京分行经理胡笔江全权负责，总行设于上海。

金城、盐业、大陆三行都创办于京津，虽在南京国民政府时期已纷纷将经营重心南移，但人们习惯上仍将其视为北方的金融势力。而在上海设立的中南银行，由于总经理胡笔江与北方金融界人士关系密切，也被归入"北四行"。

这四家银行不仅各自经营出色，还敢于开拓、高瞻远瞩。1921 年，盐业、金城、中南达成联营协议，"厚集资本，互通声气"，次年大陆银行加入，由四位总经理轮流主持联合事务所。四行逐渐成为商业银行之翘楚。1922 年四行联合准备库成立；1923 年成立四行储蓄会；1931 年设四行企业部和调查部；1936 年又设四行信托部。

1923 年 6 月，"北四行"在上海开办四行储蓄会。为了堆放银行客户的抵押品和货物，四行储蓄会于 1932 年在光复路 1~21 号自建仓库，耗资 82 万元，名曰"四行仓库"。

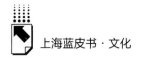
　　四行仓库是一座钢筋混凝土结构的坚固大厦。仓库为欧式建筑,屋宽64 米,进深 54 米,高 25 米,占地 0.3 公顷,建筑面积 2 万平方米。整个仓库为钢筋水泥浇筑框架,花岗岩条石砌墙,异常坚固,易守难攻。且有地下室可作隐蔽。其东、西、北三面均为高墙,仅朝南面对苏州河开有门窗。为当时闸北一带最高、最大的一座建筑物。

　　人们现在统称的"四行仓库"是紧靠西藏北路的大陆银行和紧靠晋元路的北四行组成的联合仓库。两个仓库比邻而建,大陆银行仓库设计于1930 年,四行仓库则稍晚设计于 1931 年。两座仓库均由当时上海滩著名的英国建筑事务所通和洋行所设计。

　　两座仓库均为地上五层,无地下室,上部主要为钢筋混凝土无梁楼盖体系,后期被加建至地上七层。

　　1937 年,八一三淞沪抗战爆发,四行仓库曾作为八十八师的师部。中国守军撤退后,四行仓库成为中国守军在闸北的最后阵地。留守的孤军在这里展开壮烈的战斗,一个个传奇的故事赋予四行仓库独特的历史韵味。

(二)四行孤军的故事

　　1937 年 10 月下旬,面对不断增援的日军,中国军队终因损失过大而逐渐无力支撑。10 月 26 日,中心阵地大场陷落,局势急转直下。大场位于闸北边缘,为通往南翔、真如的要道,同时又是当时中央集团军和左翼集团军的交界处,日军占领大场,中央集团军即有被夹击歼灭的危险。

　　在此之前,为了保存实力避免中央集团军被包围歼灭,蒋介石决定下令中国军队有限度地撤退,移至苏州河南岸防守。10 月 26 日晚,以朱绍良为首的中央作战集团奉命从沪西南渡苏州河。当晚至 27 日上午,中央作战集团部队纷纷西撤。[①]

　　但为了配合外交策略,给中外舆论留下中国军队仍在苏州河北岸坚持抗战的印象,蒋介石决定用少量部队留守,以唤起国际社会的同情,初步拟以

---

① 余子道、张云:《八一三淞沪抗战》,上海人民出版社,2000,第 252 页。

八十八师守闸北。10 月 26 日第三战区副司令官顾祝同通电孙元良，告知蒋介石的计划，并询问意见。孙元良还派师参谋长张柏亭到第三战区司令部前线向顾祝同请示汇报，两人进行了谈话。

在谈话中，顾祝同提到了蒋介石留师闸北的目的。

"但国际联盟 11 月初要在日内瓦开会（回忆有误，应是比利时布鲁塞尔召开的九国公约签字国会议），会中接受我国控诉，将讨论如何制止日军侵略行为，所以，委员长有意要贵师留在闸北作战，把 1 连 1 排 1 班分散，守备市区坚固建筑物及郊区大小村落，寸土必争，要敌人付出血的代价；并相机游击，尽量争取时间，唤起友邦同情。"①

张柏亭认为，要实现把华军仍在守卫上海的信息带到九国公约会议会场的目标，不必硬性规定留守闸北的兵力，不必拘泥何种方式，至多一团兵力，固守一两个据点就够了。回到师部后，经过与孙元良商讨，决定以 1 个加强营的兵力固守四行仓库。决策之后，孙元良即刻召开团以上军官会议，决定守卫四行仓库的人选。会上，五二四团团副谢晋元勇挑重担，表示愿意留守。26日晚 23 时，谢晋元正式受命率八十八师五二四团一营进驻四行仓库。所部由1 个重机枪连、3 个步兵连、1 个迫击炮排组成，总人数在 420 人左右。

选择四行仓库守卫，也有特殊的原因。首先，四行仓库往东与公共租界仅隔一路，往南与公共租界仅隔一河，在上海的外国人士均能目睹孤军殊死抗战的场面，如此一来，便可以通过媒体的报道，将中国战士坚强不屈的形象传播到世界。其次，紧靠租界，不易遭到日军飞机重炮的攻击，同时仓库紧靠租界泥城桥煤气罐，不易遭到日军轰炸。最后，四行仓库建筑又十分坚固，易守难攻，又有留存在仓库的物资可以使用，作为防御阵地非常合适。

进驻之后，谢晋元率部加固阵地，封闭窗口，以及建设诱敌设施消耗敌人弹药。10 月 27 日早晨 7 时半，谢晋元率领官兵在四行仓库迎来了第一场战斗，战况十分惨烈。根据四行孤军战士的口述及其他文史资料记述，在日军进攻时，士兵陈树生将一捆手榴弹绑在身上，拉开导火索，从五楼跳入敌

---

① 张柏亭：《八一三淞沪会战回忆》，（台湾）《传记文学》第 41 卷第 2 期。

军中，与20多名日军同归于尽。这样的例子还不止一例。① 这足以显示四行孤军慷慨赴死、杀身成仁的牺牲精神。10月27日上午10时，日军再次发动进攻，但由于仓库紧靠租界，不能使用大炮轰击，普通的枪弹又达不到攻击效果，日军对四行仓库的防守束手无策，于是点燃了仓库附近的民房，火势顺风延至仓库，顿时浓烟四起。孤军奋力终将火扑灭。当晚，"近邻"租界的外国记者前来采访询问：大楼有多少守军？伤亡如何？为了扩大影响、迷惑敌人，谢晋元用纸条回答：守军800人；阵亡2人，伤4人。而这一天，谢晋元在向孙元良的报告中写道："廿七日敌攻击结果，据瞭望哨报告，毙敌在八十名以上。"②

孤军在仓库的战斗，唤起了上海市民的爱国热情。在得知守军粮食不足时，租界里的市民蜂拥捐款，很快就捐献了整整10卡车的粮食和慰问品。战斗时还出现了女童子军杨慧敏冒死献旗的感人故事，孤军将国旗傲然升起在苏州河畔。

29日，日军出动了飞机，威胁侦查，但又慑于守军的高射机枪不敢低飞。日军多次攻击，无果。下午2点，日军发动更猛烈的攻势，在四行仓库北面发动围攻的同时，派2艘满载着海军陆战队的小艇，企图在仓库正面攻击守军，但被防守租界的英军阻止，计未得逞。

30日的战斗更为惨烈。日军连续进攻未果，却转而向租界施压。日本上海派遣军司令官松井石根对工部局总办费信惇发出威胁，称任何资助和放纵中国军队的行为，都会被视为对日本的不友好，日本海军陆战队正在苏州河口待命，随时准备冲过苏州河。同时，守军也遭受到日军地面部队最为猛烈的炮击。据营长杨瑞符回忆，当时日军进攻一波接一波，并用"探照灯照耀西藏路，以猛烈的机关枪封锁路口"，用平射炮和重迫击炮向仓库猛轰，"最激烈时，每秒钟发炮一响"。

---

① 田际钿口述，余玮整理《"八百壮士"流离的血泪传奇》，《党史纵横》2014年第9期；王文川：《八百壮士幸存者王文川老人》，《口述淞沪抗战》（二），第9页；谢继明：《我的父亲谢晋元将军：八百壮士浴血奋战记》，第61页。
② 《谢团长一纸书决作壮烈牺牲》，《立报》1937年10月31日。

此时敌我双方缠斗正酣，但 30 日晚 12 时谢晋元却突然向杨瑞符下达命令，要求部队于 12 点后退入西藏路东侧的租界。对四行孤军的撤退，一直有众多说法。有人说是孤军迫于日军攻势，无奈撤退，其实不然。谢晋元收到撤退命令实则是蒋介石在英美压力下的无奈之举。

中国守军与日军的激烈战斗，在工部局看来是对租界的一种威胁，他们把这看成是在自己"家门口"的战斗，炮火无眼，难免会伤及租界。鉴于英美在外交上的绥靖政策，于是向中国政府施压，要求孤军撤离仓库。蒋介石迫于无奈，另一方面从长远的角度看，持久抗战还是需要外国的援助，再者四行孤军不怕牺牲、殊死卫国的精神已经为全国乃至全世界媒体所关注，"四行仓库感动中外心理甚大"[①]，预期目标已经达到，适时下令孤军撤退不失为明智之举

但是，在进入租界后，孤军却万万没有想到会有缴械和拘禁的遭遇。按照原先冯圣法、张柏亭与英军司令史摩莱特约定，谢晋元接到的通知是进入租界后，"由租界当局准备车辆，通过公共租界至沪西归队"[②]。但在进入中国银行仓库后，孤军先被安排在仓库的地下室[③]，凌晨 4 点左右租界当局向谢晋元提出要收缴武器。之后，孤军士兵由 13 辆卡车分别装运，被拘禁在新加坡路（今余姚路）40 号对面的一片空地上。这块空地坎坷不平，满地垃圾，搭建有大小帐篷。1938 年后，为解决几百名将士的住宿问题，谢晋元与租界交涉，由租界方面陆续盖建了四幢平房。此外营地周围围有铁丝网，大门由万国商团的白俄士兵把守，谢晋元与孤军将士们只能在铁丝网内活动，不能出大门一步。

在孤军营内，将士的自由受到了很大限制，但在谢晋元的领导下，孤军展示了高度的民族气节。虽然没有了武器，但是仍然坚持每天出操、站岗、训练。他每周都要对全体官兵进行爱国主义教育，对士兵要求严格，同时也爱兵如子。他在军营里组织了一些生产活动，这不仅仅是为了解决生活出路

---

①　《蒋介石日记》，1937 年 10 月 27 日。

②　上官百成：《八百壮士与谢晋元日记》，第 34 页。

③　王文川：《八百壮士幸存者王文川老人》，《口述淞沪抗战》（二），第 10 页。

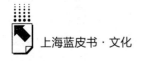

问题（因为在上海人民支持下生活问题并不大），而是谢晋元考虑得更远，他希望每个人都能学得一技之长，以便在抗战胜利后能更好地报效祖国。①

将士们在孤军营内生产过肥皂、袜子、毛巾等。这些生产活动得到上海市民的大力支持。据说织袜子、毛巾的棉纱是荣毅仁先生平价提供的，制肥皂的油脂是由爱国工商业者提供的，而产品也因为市民对孤军爱国精神的感佩，争相购买，因此不愁销路。

这一时期，谢晋元团长还为围墙内的士兵组织文化学习，将士兵按文化程度分为甲乙丙三个班，并请复旦大学、交大的学生给士兵上课。可以说，谢团长想尽了一切办法来丰富士兵的精神文化、鼓舞士气，避免因被拘禁而情绪低落，积极等待抗战的胜利消息。不幸的是，1941年4月24日谢晋元被日伪收买的叛徒刺杀身亡。谢晋元遇害的消息传出后，举国震惊。5月8日，国民政府通令嘉奖，追赠为陆军少将。

孤军营的生活共持续了4年，直至太平洋战争爆发。1941年12月18日，日军接管了拘留营，孤军成了俘虏。孤军将士先后被分别带往沪郊、南京、浙江等地做苦力，最远的竟被送至巴布亚新几内亚。

四行孤军作为淞沪战场上精忠爱国、抗击侵略的楷模将永远被历史铭记。

（三）四行仓库的保存情况

孤军撤出后，仓库被日本人控制。历经枪击、炮轰及火烧，四行仓库主体虽存，但外墙遭到了严重的破坏，出现了一个个弹孔及成块状的坍塌。仓库北面的窗户没有一块完整的玻璃，西墙上更是弹痕累累，一些仓库中弹燃烧后的痕迹还在，仓库里则地坪开裂、墙坍壁倒。在沦陷时期，仓库又遭到不同程度的破坏。

抗战胜利后，四行仓库得到了修缮。据当时四行仓库的老职工王连生回

---

① 万连卿：《参加四行仓库保卫战的回忆》，《通城文史资料》第4辑，1988年12月第1版，第69页。

忆，抗战胜利后，四行仓库就由相关单位收回，并组织抢修复业，由于战争中所受损失较大，仅抢修就耗费数月。

王连生是四行仓库的老职工，早在四行守卫战打响之前就与孤军产生联系。守军在仓库血战四天四夜时，他是亲历者。因为淞沪会战在闸北打响之前，仓库的工作人员大部分撤离，只留下三个职工留守，王连生就是其中之一。在孤军撤出后，王连生也随之进入公共租界。但因为曾经管理仓库的感情，王连生总是不放心，经常带着儿子回来查看。抗战胜利后，王连生带着儿子一起回到仓库，为收复仓库做了大量的筹备工作。之后四行仓库又回归了"仓库"本色，成为一百集团旗下的一家仓库。

然而，80年间，四行仓库早已历经数次加建、改建，其立面风貌、内部空间格局同初建成时大相径庭，壁柱、顶部花饰、清水墙等许多重要建筑特色业已消失殆尽，建筑体量亦发生较大改变。

改革开放以后，"八百壮士"中的一些老兵回到曾经战斗过的地方，仓库所属的一百集团职工因此自发组织座谈会，邀请老兵讲一讲战争的情形和现在的工作生活情况。后来，每年的8月13日，都会有一些老兵回来聚聚。

1985年，四行仓库旧址被上海市文管会列为"八百壮士抗日纪念地"。1994年2月，四行仓库被列为第二批上海市优秀历史建筑。1995年，在纪念"八一三"淞沪抗战58周年和纪念抗日战争胜利50周年之前，上海市财贸党委在闸北区、一百集团和有关部门、企业的大力支持下建成"八百壮士英勇抗日事迹陈列室"，汪道涵欣然为陈列室题室名。

原陈列室位于四行仓库的七楼，虽然面积不大，但也分"淞沪抗战，喋血浦江""八百壮士，坚守四行""孤军生涯，英勇悲壮"和"英名不朽，精神永存"四个部分。通过120多幅珍贵的照片、模型和实物，真实形象地再现了当年著名爱国将领谢晋元率领"八百壮士"坚守四行仓库、英勇抗日的悲壮场面。

1999年，老仓库迎来了一次新生命，四行仓库成了创意空间。在城市改造的大潮下，四行仓库在政府各界的支持下最终成为一个大型的创意空

间，主要以城市规划、建筑设计和环境艺术为主。改造的过程中坚持"修旧如旧"的原则，整体分为办公区、休闲区、中央移动展示厅三大部分。在展现出原有仓库大空间的视觉通透的优势下，重新整合了许多小空间，并且保留了原有的元素。

改造后，一层的功能以接待、休息、等候区为主，二楼到四楼有多媒体创意制作、软件开发、视觉艺术、规划建筑设计、景观设计区，五楼是多功能区，六楼是国际艺术画廊，曾有多家艺术工作室入驻。

2014年2月，四行仓库被调整为上海市文物保护单位，成为上海中心城区唯一具有实体留存性质的抗战遗址地。经过市委决策，历史学家、百联集团等多方合作，四行仓库迎来了整体建筑修缮工程。

二 四行仓库的改建

（一）从学者倡议到政府立项

像四行仓库这样的抗战遗址，近年来得到了社会各界的广泛关注。2014年1月18日开幕的政协上海市十二届委员会第二次会议上，民革上海市委以提交书面发言的形式再度呼吁：保护修复四行仓库等抗战遗址、遗迹刻不容缓。民革上海市委曾数度提出保护、修复四行仓库的提案和建议，但受到仓库产权归属和当地规划发展等因素限制，成立四行仓库纪念馆的愿望尚未实现。

2014年3月6日，在上海市委宣传部召开的关于"抗战类纪念设施保护开发利用座谈会"上，苏智良教授就上海的抗战场馆保护提出了建议。3月25日，苏智良教授还专门致信上海市委书记韩正，提出"四行仓库亟须切实保护，建议将其改建成上海市抗日纪念馆"。该建议得到重视和批复，有力地推进了四行仓库改建方案的落实。

2014年9月，习近平总书记在纪念抗战胜利69周年座谈会上明确指出了纪念抗战的重要意义，并特别提到"'八百壮士'等众多英雄群体，是中国人民不畏强暴、以身殉国的杰出代表"。为隆重纪念中国人民抗日战争和世界反法西斯战争胜利70周年，上海市委于2014年4月专题研究上海纪念抗战胜利70周年活动时特别指出，对四行仓库八百壮士英勇抗日纪念馆（陈列室）进行改扩建。上海市委宣传部也做了指导和沟通。2014年5月上旬，闸北区委区政府主动与四行仓库产权所属的百联集团对接，共同推进四行仓库修建工作。同时，区委提出，将纪念地修建纳入苏河湾整体规划建设，以"一个纪念馆、一面墙、一个广场、一组雕塑"（简称"四个一"）方案规划建设。

可以说，四行仓库改建的决策，经历了一个从社会呼吁、学者建议到政府最终立项的过程。

（二）四行仓库纪念馆方案的确立

四行仓库的改建工程作为抗日战争胜利70周年的重点工程之一，从政府立项到工程完成仅用时一年。该工程地处光复路1号的老四行创意园内，由百联集团置业有限公司投资建设、现代设计集团上海院设计、上海建工五建集团承建。该工程在2015年4月1日正式开工。项目的总装饰面积将达29931平方米，全面修缮后，建筑功能将转变为由纪念馆、纪念墙、纪念广场等组成的抗战纪念地，以及商业和创意办公场所。

四行仓库纪念馆的设计方案是通过竞标的方式确立的。最终确定由国家建筑大师唐玉恩领衔的上海院城市文化建筑设计研究中心承担。本次修缮工程共含两座仓库，两座仓库之间曾有隔墙，后被拆除，得以相互连通。本次工程拆除加建的第七层，修缮后建筑高度为27.7米，总建筑面积为25570平方米。其西部设置"四行仓库抗战纪念馆"，其余部位将改造为创意办公等场所使用。

设计方案是在听取了相关部门的复原与保护的要求下完成的。上海市委宣传部要求"四行仓库抗战纪念地"的设计须"尊重历史，全面、完整、准确的再现当时战争情景"；上海市文物局提出了该文物建筑的具体保护要求，以郑时龄院士为首的专家组多次评审、指导，确定了西墙、南北墙、中

央通廊等重点保护部位的保护方案和具体做法。

外立面的修复是整个工程的一个重点，尤其是西墙的修复。西墙是四行仓库保卫战中战斗最激烈、受损最严重的部位。为了确定现在的墙面是否为仓库最初的墙面，设计团队做了很多调研工作。最终设计团队通过现代器材对墙面进行分析，再和有战斗洞口的西墙历史照片比对，还原洞口位置。最终在剥除墙内面粉刷后，终于查明四行仓库的墙壁还是初始墙体。整个设计前后完成了十余个西墙保护方案。如今战痕累累的西墙警世而立，控诉侵略者的罪行。

南、北立面历史风貌以实测现状、原"通和洋行"设计图纸、历史资料等为依据，进行立面的复原和细部设计，复原两座仓库历史面貌。

四行仓库中央通廊是作为近代仓库建筑的特色，在改造中被保留下来的。四行仓库纪念馆的设计秉持"保护为主、合理利用"的设计理念，设置抗战纪念馆、创意办公等功能空间，并增设消防设施、现代化设备等以提高使用的舒适性。最终完成从近代仓库到现代纪念馆、创意办公园区的跨越与整合。

（三）纪念馆一期工程的完成

2015年7月初，工程基本完成，纪念馆就已经移交布展。

四行仓库纪念馆的修建得到社会各界的支持。自2014年8月起，工作小组挨家挨户地与商户协商，上工批市场内的所有商户，均以修建抗战纪念地的大局为重，陆续如期搬离大楼。因四行仓库纪念地周边缺乏大型停车设施，锦江集团拆除了与纪念地紧邻的晋元大酒店，作为纪念地停车场使用。五个月间，闸北区完成了纪念地原址内总共283户租户的搬迁，拆除违法建筑500多平方米，动迁面积达近万平方米。

四行仓库纪念馆位于四行仓库西侧1~3层，面积约3800平方米。筹建人员相继走访了全国知名纪念展馆，并与谢继民、秦汉、周小燕、应大明及应大白、沈寂、张浩霆等人了解史料，向余子道、苏智良、张云、丁一等抗战史专家请教。经反复论证，形成了长达11万字的布展大纲，确定了纪念馆将充分利用战争遗址特色，通过序厅、血鏖淞沪、坚守四行、孤军抗争、不朽丰碑、尾厅六部分，运用实物、雕塑、现代科技等手段再现当年战斗场景。

工作人员在史料收集上颇费心血。搜集到和掌握线索的包括报纸、档案、照片、期刊、书籍在内的文献资料共计 1668 份，其中搜集到的中文资料 990 份、外文资料 88 份、音像资料（4 大类共计 1 个小时左右），已获得线索的中文文献资料 487 份、外文 102 份。征集到与四行有关的实物（含复制件）280 余件。

在史料征集期间，筹备工作人员四上北京，最终拍得张学良将军私人秘书兼飞行员、美联社记者海岚·里昂拍摄的有关四行仓库和"八百壮士"的几组原始照片和胶片等珍贵文物。

在湖北通城，工作人员找到了民国时期通城县参加四行仓库保卫战四十九壮士姓名一览表、通城籍"八百壮士"1980 年采访情况汇编等一批非常珍贵的历史资料。已经退休、年逾八旬的湖北咸宁师范专科学校丁一教授无偿捐赠了他毕生研究湖北籍八百壮士的全部相关资料、实物和照片，共计 7 个档案盒。

（四）纪念馆的特色

四行仓库纪念馆是上海市唯一一座抗日战争遗址纪念馆，意义独特。苏州河畔的这座建筑包含一个纪念馆、一面墙、一个广场、一组雕塑，是上海仅有、全国少见的战争遗址类爱国主义教育基地。

纪念馆内展品和展览内容都紧紧围绕战争遗址的特色来展开。

西墙的弹孔成了人们穿越历史烟云，回到烽烟四起、炮火连天的战争场景的最好窗口。由日军炮击形成的 8 个主要炮弹孔，寓意着中华民族经历了 8 年抗战；430 个大小枪眼弹点，是对浴血守卫四行仓库的 400 多名壮士的敬重和缅怀。修复后的西墙在苏州河畔无声地诉说当年的激战历史，被验收四行仓库整体修复项目的上海市城市雕塑委员会的专家称为"四行仓库项目中最好的雕塑"。

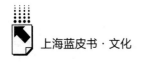

纪念馆内的英名墙，镌刻了 323 名"八百壮士"的姓名、职务和军衔。根据历史记载，坚守四行的"八百壮士"实际人数为 420 余人，但长时期以来，除谢晋元、杨瑞符等将领的姓名外，大多数名字并不为人所知。工作人员通过搜索、比对各种书籍，并赴上海档案馆、中国第二历史档案馆和台湾"国史馆"、党史馆等地，以及到曾输出过 200 余名"八百壮士"的湖北省咸宁通城实地考察，整理出目前的这份名单，在纪念馆内首次披露。这也是目前四行孤军研究中最为详细的、数量最多的一份名单。

各个展厅以家书为串联，成为一大特色。"家书"是中国传统，以家书为线索，不仅具有新意，同时也是对四行孤军舍家报国的褒扬。在不同展厅分别设置了"遗书明志""共写遗书""投书寄语"三个场景。序厅以一封谢晋元在赴淞沪战场前写给妻子凌维诚的家书开篇，展现了以谢晋元为首的"八百壮士"在国难当头之际，毁家纾难、舍家为国的家国情怀，展现出对抗战必胜的坚定决心。"同写遗书"通过全体守军共写遗书的悲壮场景，展现了由普通战士转变为抗战英雄集体的人格升华过程。"寄语投书"，通过观众撰写和平寄语、签名投书的参与，最终在对"八百壮士"家国情怀的深刻感受中，领悟反对战争、珍视和平的重要性。

馆内的陈设也充分利用了现代的科学技术，比如，用多媒体交互技术还原当时的战斗场面、微缩景观再现当时救治伤员景象、蜡像逼真还原战士风采等。

四行仓库纪念馆成了一双鲜活的眼睛，指引后人回望过去。

三 上海四行仓库纪念馆建成与开放

（一）韩正为上海四行仓库纪念馆揭牌

2015 年 8 月 13 日，四行仓库纪念馆正式开馆。当天举行了盛大的开馆仪式。市领导与抗战老兵、抗战将士遗属代表等各界人士并肩而立，高唱中华人民共和国国歌《义勇军进行曲》。韩正、杨雄和新四军老战士代表杜成有、国民党军队抗战老兵代表曾宪高一起走上前，共同点燃象征中国人民抗日战争和世界反法西斯战争胜利的长明火。

之后市领导和社会各界代表来到刚刚建成的上海四行仓库抗战纪念馆。中学生代表深情唱起《歌八百壮士》，歌声深深感染了现场的每一个人。韩正和率军保卫四行仓库的谢晋元将军之子谢继民、"八百壮士"之一胡梦生的遗孀尚凤英以及青少年代表，共同为上海四行仓库纪念馆揭牌。之后，众人共同参观"血沃淞沪——八一三淞沪会战主题展"和四行仓库抗战纪念馆。

（二）"血沃淞沪——八一三淞沪会战主题展"开展

"血沃淞沪——八一三淞沪会战主题展"以陈列文物、史料、图片为主，辅以声、光、电互动手段，以及新媒体导览系统，用先进的陈展理念，展示了八一三淞沪会战的历史真相。纪念馆包括序厅和"血鏖淞沪""坚守四行""孤军抗争""不朽丰碑"及尾厅六个部分，以各种手法"还原"了"八百壮士"抗战全貌。

走进序厅，一封反映四行孤军誓死保卫祖国的主题场景"遗书明志"映入眼帘。

"血鏖淞沪"位于展馆一楼，这一展厅主要介绍了从"卢沟桥事变"到"八一三"淞沪会战爆发这段时间里中日双方针锋相对的战前态势。该厅还利用大型电子沙盘展示"八一三"淞沪会战历史进程，高度浓缩地介绍了历时三个月的淞沪会战。

"坚守四行"是对四天激战全程"还原"。该展厅是四行仓库及周边环境等比缩小的大型模型。"坚守四行"对四行仓库保卫战发生时政治、外交、军事、民心等方面的历史背景介绍，以及战斗历程的全面展示。其中，一楼着重展示英勇杀敌的"昼夜战斗"，二楼着重体现毁家纾难的"英雄集体"。"四行之源、攻防环境""昼夜杀敌、感天动地""决死动员、同写遗书""中外关注、声震寰宇"等是被重点展现的场景。

"孤军抗争"位于展馆二楼，主要展示"八百壮士"奉命撤进租界后滞

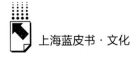

留在孤军营的维权抗争等四年经历。这一展厅通过图文展板、巨幅绘画等形式表现"壮士撤退、身陷孤营""民族典型、杰出代表""困守孤营、孤军抗争"三个单元内容。

其中海岚·里昂所拍摄的"撤出四行仓库的孤军"照片展示了当时"八百壮士"乘坐汽车撤离，以及撤退中部分受伤官兵在同仁医院进行治疗的真实情景。这组照片填补了"八百壮士"撤离四行仓库的影像空白和人物影像空白，此次展出也是首次公开。

"不朽丰碑"位于展馆二楼，展示上海人民在中共倡导下全民抗战、共御外侮、全面动员的历史事实。这一展厅还设置了独特的"隔岸观战"游戏，体验当时万众一心抗日救亡的过程。

尾厅通过多媒体互动以及主题雕塑等形式表达对"八百壮士"的颂扬及对和平的期望。观众可以撰写和平寄语并且签名投信。

（三）四行仓库等抗战遗址的保护及其意义

人民饱受欺凌的苦难、民族危亡的呼号、不畏艰险的反抗、团结抗战的荣光，既是苦难辉煌的见证，又是团结奋进、再造中国的精神支点。加强抗战遗址遗迹保护，可以更好地砥砺民族精神。科学保护和合理利用抗战遗址，既是对历史负责，也是对人民负责。

四行仓库是孤军在上海这片土地战斗的见证者，同时也是淞沪抗战的一个缩影。保护这些抗战遗址，就是保存了抗战精神的载体，就是保存了那一段光辉的历史。保护好抗战遗址，我们就能够让这一种伟大的抗战精神得以代代相传，从而引导我们的下一代，铭记历史，毋忘国耻。

抗战遗址见证了日本军国主义侵略中国的罪行，这些遗址是反驳部分日本右翼势力否认历史的绝佳证据。同时，抗战遗址是对外宣传中国人民抗日斗争的最好窗口。

抗战时期的上海南市难民区

王海鸥*

摘　要：　上海南市难民区是上海难民救助活动中的重要组成部分，它
在 1937 年由法国神甫饶家驹建立，它的建立和运行模式被称
为"上海模式"，并写进了日内瓦第四公约。南市难民区现
已过去 70 多年，然而对它的纪念活动这两年才刚刚兴起，包
括筹办首次"饶家驹与战时平民保护"国际学术研讨会、寻找
南市难民区难民、举办南市难民区史料影像发布会、举办饶家
驹纪念章发布会等。除此之外，继续挖掘相关史料，让更多的
人了解这段历史；保护难民区现存建筑，为饶家驹建立纪念
像、纪念馆，也应成为我们未来纪念活动的重要组成部分。

关键词：　上海南市难民区　饶家驹　纪念活动

一　上海南市难民区简介

（一）上海南市难民区介绍

1937 年"八一三"淞沪抗战爆发后，由战争引发的难民潮一波一波地
向上海的租界涌去。尽管租界采取了各种方式收容和疏散难民，但随着难民
的不断涌入，租界内很快人满为患。在这个时候，法国神甫饶家驹提出了在

---

* 王海鸥，上海师范大学中国近现代史研究生。

上海的南市划一个专门收容难民的区域的想法,在他的多方奔走下,中日双方最终同意了他建立难民区的请求,并保证此区域不受任何军事活动的威胁。难民区的东、西、北三面均以法租界南面的民国路(今人民路)为界,南面以方浜路(今方浜中路)为界,约占整个老城厢面积的1/3。1937年11月9日,南市难民区正式开放,当天即收容难民两万多人。难民区成立了监察委员会来负责各项事务,饶家驹任监察委员会主席。为了方便难民区各项事务的处理,难民区监察委员会下设办事处,办事处主任为顾纶。难民区内建立了收容所、医院、学校等机构以方便难民的生活。上海的各慈善团体也参与了大量难民区的工作,比如红十字会负责一部分医疗服务及救济物资的筹措,中华慈幼协会负责区内的难童工作,普善山庄和同仁辅元堂负责区内尸体的掩埋,红十字会和国际救济会参与了一部分收容所的管理和卫生工作。在难民区的经费困难时,饶家驹还去了美国、加拿大等地区进行募捐。到了1940年,由于难民区内的难民人数不断减少,经费日渐减少,主持人饶家驹也返回了法国,因而难民区于1940年6月30日宣告结束。

尽管难民区存在了963天之后结束了,但它给后人留下了宝贵的遗产。在难民区存在的两年半时间里,有30万的中国难民受到保护,避免了被日军屠杀的厄运。在南市难民区建立后,中国的其他地区如南京、武汉、广州等地也仿照南市难民区的模式建立了保护难民的区域。南市难民区后来还被写入《日内瓦公约》,成为战时保护平民的光辉典范。饶家驹所建立的战时保护难民的"上海模式",至今仍在一些战火纷飞的地区发挥作用,为人类文明做出了巨大贡献。

(二)南市难民区研究溯源

国内学术界最早对南市难民区进行研究的是罗义俊先生。他于1990年在《上海师范大学学报》上发表了《上海南市难民区述略》一文,成为国内最早对南市难民区进行学术研究的学者。2008年,美国学者阮玛霞出版了《饶家驹安全区——战时上海的难民》(*The Jacquinot Safe Zone—Wartime Refugees in Shanghai*)一书,2011年此书由白华山教授翻译成中文,作为海外研究中国丛书中的一部由江苏人民出版社出版。这本书代表了国外学术界对南市难民区研究的最高成果。除此之外，还有一些零星的论著对南市难民区做过研究。另外，在2014年11月8~9日举办的"饶家驹与战时平民保护"的研讨会上，涌现出一批与南市难民区相关的高质量的论文。这些论文有的着重于对饶家驹早期在沪经历、八一三淞沪抗战期间其在上海的平民救助事迹的梳理，有的详细阐述南市难民区（又称"饶家驹区"）创立的缘起、过程及运作等细节，有的深入探讨了该区模式对《关于战时保护平民之日内瓦公约》制定产生的影响，这相对于之前南市难民区的研究成果来说迈进了一大步。

二 首次"饶家驹与战时平民保护" 国际学术研讨会举行

（一）会议概述

2014年11月8~9日，关于"二战"时期人道主义的光辉典范法国神父饶家驹的首次国际学术研讨会——"饶家驹与战时平民保护"在上海师范大学举行。此次会议由上海市历史学会、上海师范大学主办，中国人民对外友好协会、德国（海德堡）约翰·拉贝交流中心等单位协办，来自中、法、德、美、荷等国的外交人员、专家学者、饶家驹同事的后人、难民代表以及新闻媒体记者等共90余人与会。会议由上海历史学会副会长、上海师范大学苏智良教授主持，上海师范大学校务委员会主任陆建非教授，国际红十字委员会东亚地区代表处、地区法律顾问理查德·德加涅（Richard Desgagne）、中国人民对外友好协会欧亚部主任宋敬武，法国驻上海总领事馆副总领事马言斌（Thomas Rollet），德国驻上海总领事馆领事文木森（Marcel Viëtor）以及中国日本史学会会长汤重南教授分别致开幕词，大家一致认为饶家驹救助平民的行为是第二次世界大战时期保护平民的国际典范，饶家驹是伟大的国际人道主义者、中法友谊的代表以及法德和解的先

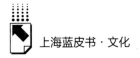

行者。会议期间还放映了由上海市音像资料馆保存、张景岳研究员解说的历史纪录片《饶家驹与战时平民保护》。南市难民区的亲历者王晓梅也出席了会议，并在大会上讲述了自己在南市难民区的经历，《饶家驹与战时平民保护》的影片也勾起了她的回忆，她告诉大家，当时的情况就是这么回事。

这次会议共收到论文 20 余篇，着重对饶家驹早期在沪经历、八一三淞沪抗战期间其在上海的平民救助事迹进行了梳理，对南市难民区（又称"饶家驹区"）创立的缘起、过程及运作等细节展开了详细阐述，并深入探讨了南市难民区模式对《关于战时保护平民之日内瓦公约》制定产生的影响。会议基本还原了第二次世界大战中饶家驹在上海开展慈善事业的全貌，彰显了饶家驹伟大的人性光辉及其所建南市难民区深远的历史影响。研讨会的最大意义在于"铭记历史，拒绝遗忘"。为纪念饶家驹神甫的光辉事迹，传递其博爱、无私的人道主义精神和中法友好的传统，同时也为保护上海优秀的历史文化遗产，苏智良教授发起"在豫园、城隍庙一带建立饶家驹及难民区纪念设施的倡议"，号召在原南市难民区旧址建立纪念碑、树立饶家驹纪念像、建立纪念馆；保护难民区尚存的建筑以及加强对这段历史的研究并将其写入教科书广为宣传。该倡议得到了与会人员的一致赞同和支持，表示将为之尽一分力量。

这次会议从筹备到召开即受到了中央电视台、《文汇报》（2014 年 11 月 7 日）、《新民晚报》（2014 年 11 月 9 日）以及中国新闻网、中国社会科学网、国际在线等媒体的广泛关注。通过这次会议，与会人员深化了对饶家驹生平及其事迹的了解和认识，感受到其人道主义事业产生的重要历史意义和巨大国际影响。这次会议也推动了饶家驹事迹在中国和世界的广泛传播，对今后维护东亚乃至世界和平提供了重要启示。

（二）会议成果

2015 年 6 月，由上海师范大学苏智良教授主编的《饶家驹与战时平民保护》由广西师范大学出版社出版。该书的编纂以 2014 年 11 月 8～9 日所召开的"饶家驹与战时平民保护"国际学术研讨会为基础。全书共收入与会的中、法、德、美、荷等国学者所提交的 20 多篇学术论文。此外，还将罗义俊、张化等学者此前对于饶家驹安全区研究的相关论文收入其中，共计收录论文 29 篇。该书以法国传教士饶家驹的生平及其在沪创办"南市难民区"（又称饶家驹区）为主线，详细梳理了饶家驹在华经历及其在淞沪抗战期间救助平民的事迹。此外，该书还对安全区创立的缘起、过程、运作等细节展开了详细阐述，并就该区模式对《日内瓦公约》制定产生的影响做了深入探讨。

《饶家驹与战时平民保护》一书由三大部分组成。第一部分为饶家驹与南市难民区考略。该部分主要着眼于对饶家驹生平及安全区建立过程相关事迹的考证、梳理和阐述。借助这一部分的论述，作者试图向读者展现饶家驹其人以及"饶家驹安全区"曲折的建立过程。第二部分的研究视野聚集在与饶家驹有关的团体、人物或事迹之上。这一部分所收入的论文，详细介绍了饶家驹的同事、上海国际救济会、上海国际红十字会等个人与慈善团体在难民区的运转过程中所起到的重要作用。第三部分论文所展现的内容是饶家驹的难民救助理念如何在中国国内和国际社会得以弘扬。相关研究向读者展现了由饶家驹所创立的战时平民救护的"上海模式"，如何被推广到南京、汉口、广州、巴黎、柏林等地，并直接推动日内瓦第四公约的订立等问题。

这本书中的外国学者的论文均附有原文和翻译稿，方便读者查阅，另外还附上了上海档案馆所藏的法文版《饶家驹安全区的故事》，以便于学者的进一步研究。这本书基本上还原了饶家驹战时平民保护的历史，具有较高的学术价值。

三 南市难民区难民的寻找

（一）电台发布征集南市难民区知情者广播

为了发掘饶家驹的事迹，上海人民广播电台、上海音像资料馆和上海师范大学人文学院于 2015 年初联手发起了"上海南市难民区"亲历者的寻访

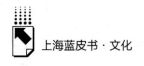

和见证人的"口述实录"项目。

首先，上海师范大学的苏智良教授亲自录制了寻找南市难民区知情者的广播："1937年'八一三'事变后，日军的铁爪伸进上海。在人民路和方浜中路之间，中外慈善团体联合发起成立了南市难民区。从1937年到1940年，这里庇护了30万难民，创造了战时保护平民的上海模式。这段历史随着岁月流逝，知情者日渐稀少，亟待发掘。"其次，从2015年4月底开始，上海人民广播电台滚动播出这则寻人广播，并发布征集热线62706270。这一做法取得很好的效果，许多热心市民打来电话提供线索。在此基础上，项目组负责人之一金亚女士进行了仔细的筛选，确认被访者名单后，项目组的成员共同进行亲历者口述实录以及拍摄工作。

在这些被访者中，有的是在战争打响后听说了南市难民区而逃到这里来的；有的是被南市难民区的工作人员从发生战争的区域带到难民区的；有的是原本就居住在难民区里，先逃到租界，等局势平静了返回到难民区中居住；还有的本身居住在租界，由于租界物价高涨，所以迁到难民区中居住。这些被访者的经历也各不相同，有的住在收容所，靠收容所发放的粮食充饥；有的住在自己家里，去民国路（今人民路）上捡馒头和大饼吃；有的在难民区自发组织了收容所，到难民区的分发粮食处为整个收容所的难民领粮食；有的家人组织施粥，为难民解决饥饿之苦。除了难民区的难民外，项目组还采访了一些研究难民区的专家学者。自项目开展以来，项目组采访和拍摄的"南市难民区"见证人以及有关专家共计30多人，累计素材总量达50小时。

（二）寻找难民区知情者

在上海人民广播电台征集南市难民区知情者的广播播出一段时间后，上海电视台的《大家帮侬忙》节目也专门做了一期节目，帮助寻找南市难民区的知情者。此节目的上期拍摄了南市难民区现在的景象，让观众对南市难民区的范围有了更直观的印象。在节目的下期，记者跟随一位养父母在南市难民区生活的杜老先生，回顾了难民区中发生的一些故事。1939年时，杜先生的亲生父母逃难到上海，把刚出生的他送给了住在南市难民区的一户人家。杜先生的养母当年是保姆，养父是拉黄包车的，两位老人家在 1980 年就已过世，而自己也被动迁住到了别处。杜先生讲，自己当时还只是个孩子，他对难民区唯一的印象就是穷困和拥挤。他听养父母讲过，难民区的人不能到外面去，外面有日本人站岗，要向他们鞠躬，不鞠躬就要挨耳光，出去还要限时。在节目的最后，记者还来到了上海人民广播电台，采访了主持人金亚，由她介绍这个项目已经取得的一些成果。

（三）《拯救历史的记忆——南市难民区的故事》系列广播

在经过三个多月的采访整理后，2015 年 8 月 15～19 日，上海人民广播电台推出《拯救历史的记忆——南市难民区的故事》系列广播。这一系列广播是对张国椿、李秀凤、朱善基、莉莉安、杨克良、傅剑秋、王晓梅、王凤英、钱沁芳等老人口述片段的精彩剪辑，并邀请了汤重南、张景岳、苏智良等著名历史学家对这段历史做背景介绍。这一系列广播共分五集，每集约半个小时，介绍了南市难民区的概况、寻找难民区亲历者的过程、难民记忆中的饶家驹和南市难民区。节目播出后，获得听众的好评。

（四）拍摄纪录片《寻找南市难民区》

为了将这些难民讲述的珍贵的历史流传下去，上海音像资料馆特意将每次采访难民的场景录制下来，用影像资料的方式入库保存。此外，音像资料馆的工作人员还远赴国外，搜集与饶家驹和南市难民区相关的影视材料。他们还准备拍摄一部关于南市难民区的纪录片，希望更多的人了解南市难民区，了解这位伟大的人道主义者——饶家驹。

四 举办南市难民区史料影像发布会

（一）上海音像资料馆发布珍贵影像

为了纪念中国人民抗日战争胜利暨世界反法西斯战争胜利 70 周年，

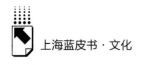

2015年8月25日，上海师范大学、上海人民广播电台、上海音像资料馆在上海社会科学院大楼联合举办了南市难民区史料影像发布会。

发布会上首先公布了一段长达6分钟的"二战"时期上海南市难民区的珍贵影像画面，记录了时任上海国际红十字会副主席的法国神甫饶家驹在沪发起设立南市难民区前后的一些活动，包括原南市区十六铺、小东门一带战前繁荣景象的活动影像；饶家驹和难民在一起以及管理难民区的活动影像；反映南市难民区内人民居住环境、食物救助、洗衣做饭等生活细节的活动影像等。这些影像资料来自英、美等国的多个采集渠道，大多是由国外新闻机构或民间人士拍摄，绝大多数是首次在我国发布。

这次发布会上发布的饶家驹和南市难民区影像十分珍贵，大多数是由当时的新闻记者拍摄的，因此清晰度和画面构图都有很好的保证。这些影像资料充分反映了抗战爆发前后上海市区发生的变化，是"二战"时期在华外国友人帮助约30万中国难民躲过侵华日军暴行的直接证据，其大量与南市难民区相关的镜头也为学者研究南市难民区提供了很好的材料。

（二）难民代表出席发布会并发表讲话

这次发布会还邀请到了当年难民区的亲历者——94岁的俞光辉、92岁的李秀凤、88岁的傅剑秋三位老人。三位老人年事虽高，但身体都还比较硬朗。其中，俞光辉老人和傅剑秋老人作为难民代表在会议上发了言。

俞光辉老人向大家讲述了自己在难民区内与其他几个年纪较长的人组织收容所、登记难民、管理难民所日常事务、创办难童学校、请人教难民儿童唱歌的经历；傅剑秋老人则讲述了因为法租界关闭了和难民区相连的铁门，导致难民区内出现了短暂断粮，因而他的祖父在豫园入口处办起了施粥厂，帮助难民渡过难关的故事。这些生动的故事引起了与会人员的极大兴趣，许多记者争相采访这几位老人。在观看完6分钟的南市难民区的珍贵影像后，94岁的俞光辉老人说，日本鬼子当年在上海的恶行，直到现在都还历历在目，难民区营救中国人的画面也让人重新回想起那时候外国友人在上海对难民的帮助，这些都是人道主义行动，是这辈子难忘的记忆。

在发布会快要结束时，会议主办方还向难民区亲历者赠送了《南市难民区亲历者口述实录》光盘以及上海师范大学苏智良教授主编的《饶家驹与战时平民保护》一书，以感谢他们见证历史、保存历史、传承历史。

（三）关于南市难民区的相关演讲

此次发布会还邀请了一批研究南市难民区的专家来做演讲。《饶家驹安全区的故事——战时上海的难民》一书的作者、美国学者阮玛霞做了关于难民区的报告。阮玛霞教授对难民区的大致情况做了简要的介绍，并指出"南市难民区"堪称"二战"史上最成功的难民救助案例之一。它是一个生动的教育案例，后来影响了中国其他城市、法国巴黎等地的难民区设立。上海师范大学人文与传播学院院长苏智良教授做了关于难民区见证人口述历史研究的演讲，介绍了新的难民口述资料。苏智良教授认为，长期以来，人们对饶家驹和南市难民区的史实知之甚少，更鲜见研究。这次史料影像发布会的举办，一方面挖掘和完善了上海抗战方面的历史资料，另一方面可以帮助人们更多地了解饶家驹的事迹，弘扬上海抗战的国际性以及不分国界的人道主义精神。苏智良教授还在最后呼吁在原南市难民区竖立这位伟大人道主义者的塑像，以纪念逝者，启迪后人。

五 饶家驹纪念章发布会

2015年11月7日，"中国之友"饶家驹先生事迹介绍和饶家驹纪念章首发新闻发布会在上海师范大学东部文苑楼顺利举行。这次发布会由上海师范大学人文学院、法国驻上海总领事馆、北京麦朵尔文化艺术传播有限公司联合主办，上海音像资料馆和法兰西史迹团参与协办。

这次发布会是为了纪念在饶家驹先生努力下创办的世界上第一个战时平民保护区——"南市难民区"——成立78周年，同时也是为了纪念世界反法西斯战争暨中国人民抗日战争胜利70周年，更是为了缅怀饶家驹的伟大的人道主义精神。

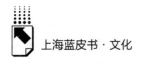

发布会上，上海师范大学苏智良教授首先介绍了南市难民区的缘起和饶家驹先生的事迹，上海音像资料馆综合编研部主任汪泯展示了饶家驹与上海南市难民区所遗留的珍贵历史影像，再现了抗战时期的历史场景。法国驻上海总领事馆副总领事马言斌先生也在发布会上致辞，回顾了中法两国友好往来的历史，同时感谢中国对饶家驹先生的尊敬和缅怀。北京麦朵尔文化艺术传播有限公司创始人刘保磊先生协同南京造币厂雕塑师张长明先生阐述了有关饶家驹纪念章的创作、开发、制作等过程，介绍了此款纪念章的艺术性、历史性和收藏价值，举行了饶家驹纪念章的首发仪式。在发布会的最后还举行了饶家驹纪念章的签售仪式，以此来纪念在"二战"中向中国人民伸出援助之手的"中国之友"饶家驹。这位救援中国数十万难民、做出卓著贡献的法国神甫以他的博爱、智慧与坚韧树立了一座人道主义精神的丰碑。而以此纪念章纪念饶家驹先生，不仅是为纪念，更是一种人道主义精神的传递。当今世界仍存在着战争和杀戮，难民救助问题始终存在，饶家驹在国际上为战时保护平民创立了具有典范效应的先进模式，具有重要的历史意义和现实价值。

六　上海南市难民区未来纪念活动展望

（一）继续发掘相关史料

从现有的关于南市难民区的论著来看，目前学术界对于南市难民区的研究仍处于起步阶段。此前关于饶家驹的论著中，已部分利用了中、法、美、日、瑞士等国的档案和《北华捷报》《大美晚报》《密勒氏评论报》《法文上海日报》《申报》《教务杂志》等报刊资料。在《饶家驹与战时平民保护》一书中，涌现出一部分新的史料，如《上海国际救济会年报 1937~1938》《上海国际红十字会报告》《中国红十字会月刊》以及天主教中文刊物《圣教杂志》《天主公教白话报》《公教月刊》等，这些资料丰富了人们对难民区的了解，也拓宽了南市难民区的研究范围。上海市档案馆编研部副主任庄志龄曾介绍过上海市档案馆中和饶家驹相关的各组织或团体（如上海国际救济会、上海抗敌后援会、各旅沪同乡会、上海公共租界和法租界）档案的分布情况，这就为学者们深入研究饶家驹及南市难民区提供了重要线索。上海黄浦区方志办副主任汪志星也曾从地方文献的角度，指出应着力在地方文献资料中发掘与饶家驹相关文字、图片以及视频资料，并指出日内瓦国际红十字会等处的文献有待进一步发掘。上海社会科学院助理研究员江文君则指出，亟须开放和充分利用震旦大学、上海天主教档案，进一步挖掘饶家驹对日方交涉的相关文献，以深入对饶家驹的研究。以上这些学者为南市难民区的研究提供了许多有价值的待发掘的史料，有待后续的学者认真发掘和利用。

除了上文述及的文字方面的史料外，继续寻找难民区的亲历者也十分有必要。现有的十几位难民区的亲历者虽然经历各不相同，但对比起来，有些方面的叙述十分类似，比如有关要向日军岗哨鞠躬，否则就要挨打的事。如果有更多的难民亲历者的口述，这些事实还会得到佐证。还有的亲历者叙述的内容在文字资料上没有详细的记载，这也需要学者更加深入地去挖掘相关史料，力争还原当时历史的原貌。

在这两个方面之外，对南市难民区进行研究的视角和研究方法也应该不断拓展。对南市难民区的研究离不开对饶家驹的研究，因而对饶家驹相关事迹的考证和梳理就十分有必要，只有对饶家驹这个人了解透彻了，才能更深刻地理解饶家驹苦心孤诣坚持要建立南市难民区的初衷。对饶家驹的研究也离不开对与饶家驹有关的团体、人物、事迹的研究。饶家驹难民工作的开展离不开上海其他慈善团体和各界慈善人士的支持和帮助，因此，与饶家驹相关的团体如上海国际救济会、国际红十字会上海委员会、上海华洋义赈会等也应该列入研究的范畴，其他如与饶家驹共同工作过的人、饶家驹的同事、饶家驹的朋友也可适当加以研究。从研究方法上来说，比较研究更能凸显所研究对象的特点，因此将南市难民区与南京安全区、汉口难民区等其他地方的难民区或与国外曾存在的安全区进行对比，或者是将饶家驹与其他救助战争难民的人如拉贝等进行对比，这也有助于深化对饶家驹和南市难民区的认

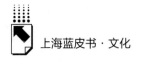
识。此外，从国际法、宗教等跨学科角度来研究饶家驹及其建立的难民区也是十分必要的。

（二）对难民区建筑的保护设想

如今的人民路与方浜中路间的这一块区域已是商铺林立，寸土寸金，除了城隍庙豫园附近还有一些古老的建筑外，其他大部分已是高楼大厦了。在今天的河南南路以西，原先古老的房屋已经被拆得差不多了，只有几处价值比较高的老建筑保留了下来。这不禁让人感慨，曾经的难民区是否还能遗留一些东西给后代的子孙。上海曾是"二战"中保护难民最出色的城市，不仅有南市难民区，还有犹太难民保护区。与南市难民区相比，犹太难民保护区建立了纪念馆，周边的一些老建筑也被保留或加以修复。南市难民区作为写入《日内瓦公约》的战时保护平民的光辉范例，其救助难民的理念到现在还在发挥效用，因此，它的遗址遗迹也理应得到保护。这些历史遗迹是历史的重要见证，保护它们是每个人义不容辞的使命。现在难民区的这些老建筑已日渐凋敝，因此我们呼吁：

（1）在原南市难民区旧址建立纪念碑，记述这段历史；

（2）在原南市难民区区域内，竖立饶家驹先生的纪念像；

（3）尽可能地保护难民区原来的建筑，保存城市的文脉；

（4）加强对这段历史的研究，将这一事例写入教科书和其他书籍；争取在原南市难民区区域内，建立纪念馆，长期固定展览，广为宣传。

B.18
上海犹太难民研究与纪念活动

李　健*

摘　要：　　1933～1941 年，大批欧洲犹太难民为躲避德国纳粹屠杀，远涉重洋来到上海，总数 3 万人左右。此后除少数经上海去第三国外，至 1941 年太平洋战争爆发，仍有 2.5 万名左右的犹太人把上海当作避难地。1937 年后抵沪的犹太难民迁入“无国籍难民隔离区”，隔离区位于虹口，包含 15 个街区。犹太难民与上海人民杂居在一起，上海人民以友好的态度尽力给予帮助，如让出房间安置犹太人居住、帮助犹太难民寻找工作、安排犹太儿童与中国儿童一起学习等。上海人民与犹太人民同甘共苦渡过最艰难的岁月。正值中国人民抗日战争胜利和世界反法西斯战争胜利 70 周年之际，社会各界开展上海犹太难民研究和纪念活动，包括重建上海犹太难民纪念馆，新建上海犹太纪念园，举办国内外“犹太难民在上海”主题系列展览，召开犹太难民国际学术会议，发布来华犹太难民相关书籍，制作上海犹太难民音乐、影像作品等相关活动。

关键词：　上海　犹太难民　纪念活动

---

* 李健，东华大学研究生。

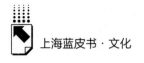

一 上海犹太难民纪念馆重建及犹太纪念园落成

（一）上海犹太难民纪念馆新展暨新建纪念设施开放仪式

2015 年 8 月 26 日，为纪念抗日战争胜利 70 周年，感恩在"二战"期间上海为数万名犹太难民提供庇护和中转，上海犹太难民纪念馆重新对外开放，同时复建完工的白马咖啡馆正式对外开放。重新布展的第二、第三展厅，所展出的内容皆为虹口区自 2007 年来启动的史料征集工作所征集到的精品，包括 170 件实物，以及 90 个由犹太难民及其后裔提供的故事。其中首次亮相展厅的有犹太难民生活场景复原、犹太难民隔离区地图等。展厅用历史图片、实物展品、多媒体互动屏等方式，展示难民在日军管控隔离区内的生活，通过 90 多个人物故事、90 余分钟视频等史料，再现 2.3 万余名犹太难民从欧洲来到上海的历史。

（二）"记忆的归宿"——上海犹太纪念园落成开园

9 月 6 日，由上海犹太社团、上海犹太研究中心、福寿园国际集团主办的"记忆的归宿"——上海犹太纪念园开园仪式在福寿园人文纪念公园举行。该纪念园占地 200 平方米，以犹太文化的标志六芒星为设计元素，昭示着这段历史的"悲伤与感动，苦难与希望"。园内有一系列雕塑、两块犹太人墓碑和在 20 世纪初参与上海发展的 20 多位犹太人姓名的纪念墙，其中包括上海房地产大王哈同和上海企业大亨埃利·嘉道理，纪念墙上还有 20 世纪中国驻维尔纳总领事何凤山的名字。纪念园兼具纪念与景观功能，让观者能在园中找到当时的人物与记忆。上海犹太纪念园除了现有的纪念广场之外，还将规划一处具有"归宿"意义的纪念地，重新归拢安置犹太人的旧墓石。

二 其他纪念、研究犹太难民的活动

（一）"犹太难民在上海"主题系列展览在国内外举办

"犹太难民在上海"展览在美国明尼苏达大学举办。

3 月 19 日，由明大孔院、明尼苏达和达科他犹太社区关系委员会、明尼阿波利斯 Sabes 犹太社区中心共同主办的"犹太难民在上海"巡回展览在美国明尼苏达大学孔子学院举办，此次展览得到美国犹太研究中心、明尼苏达大学大屠杀和种族灭绝研究中心、大圣保罗地区犹太社区中心的支持。美国明尼苏达大学孔子学院举办开幕招待会，招待会吸引了大约 500 名公众参加。招待会由明大孔院美方院长 Joan Brzezinski 和明尼苏达和达科他犹太社区关系委员会执行主任 Steve Hunegs 共同主持。出席并致辞的嘉宾有：中国驻芝加哥总领事馆赵卫平总领事、明大高级副校长兼教务长 Karen Hanson、美国地区法院明尼苏达州地方法院法官 Tony Leung。"犹太难民在上海"展览向公众展示了"二战"时期犹太难民在上海的历史，展出了许多普通犹太家庭在上海生活与避难的感人故事。该展览由上海犹太难民纪念馆策展，在美国十个州巡展。

"犹太难民与上海"澳洲巡展在悉尼开幕。

为庆祝中国人民抗日战争胜利和世界反法西斯战争胜利 70 周年，上海犹太难民纪念馆携手悉尼中国文化中心和悉尼大学孔子学院，特别策划了"犹太难民与上海"展览，于 4 月 20 日至 5 月 20 日到澳大利亚悉尼展出。开幕式上，原犹太难民们深情地回忆了在上海避难期间上海人民与犹太难民和睦相处、相互帮助、共渡时艰的故事，揭露当时日本占领当局对中国人民和犹太难民残杀和伤害的史实。近十位犹太难民接受了口述史料的采访，多位犹太难民向上海犹太难民纪念馆捐赠了 41 件保存了近 70 年的珍贵史料。经营白马咖啡馆的莫斯伯格（Mosberg）家族成员——今年（2015）96 岁的 Kurt Mosberg 先生和家人——也出席了当晚的开幕式并接受了纪念馆的采访。

"犹太难民在上海"大型画展在以色列举办。

5月10日，为纪念世界反法西斯战争胜利70周年和中国人民抗日战争胜利70周年，"大爱无疆——犹太难民在上海"大型画展在以色列开幕。展览包括30幅巨幅油画、30幅中国画、10幅历史照片图文介绍展板，画中人物有些仍然在世，大部分历史遗址保存至今，再现了20世纪三四十年代2万多欧洲犹太难民逃到上海的场景，见证着这段"虹口往事"。

"犹太难民在上海"图片展在萨凡纳州立大学孔子学院举办。

5月31日，"犹太难民在上海"图片展在美国萨凡纳犹太教育联盟展厅开展，此次展览由萨凡纳州立大学孔子学院和萨凡纳犹太教育联盟共同举办。图片展期为一个月，共展出40块展板和60余张图片，再现了"二战"时期大量犹太难民来沪的真实故事。

"犹太难民与上海"巡展在堪培拉举行。

7月7日，为纪念中国人民抗日战争暨世界反法西斯战争胜利70周年，由澳中友好协会、上海犹太难民纪念馆和悉尼文化中心联合主办的"犹太难民与上海"展览在澳大利亚首都特区多元文化中心隆重举行。该巡展集中展示了2万多名欧洲犹太难民为躲避纳粹德国的迫害和屠杀逃到上海，并在中国人民帮助下渡过难关得以生存的故事。年近九旬的犹太老人海因·彼得·魏廷（Heing Peter Witting）先生出席活动，他对当年在上海度过的8年时光依然记忆犹新，向在场人士讲述了当年欧洲数万名犹太人为免遭德国纳粹的迫害，辗转到上海避难的难忘经历，并由衷地表达了对中国人民的感激之情。

"犹太难民与上海"图片展在马耳他开幕。

9月3日，为纪念中国人民抗日战争暨世界反法西斯战争胜利70周年，"犹太难民与上海"图片展在位于瓦莱塔的马耳他中国文化中心开展。此次图片展通过珍贵的史料和历史图片，从"逃往上海""难民生活"等多个方面完整讲述了犹太难民来上海生活的背景、在上海生活和进入隔离区后的情况，呈现了犹太难民与中国邻居们产生的互动关系，结下的深厚友情。

"犹太难民在虹口"图片展在市政协举行。

9月1日，为纪念抗战胜利70周年，由虹口区档案馆、上海犹太难民纪念馆制作的"犹太难民在虹口"展览在市政协裙楼江海厅举行，展览分为"铁血忠魂""中流砥柱""战斗号角""风云儿女""上海方舟""正义钟声"6个部分，通过当年在虹口避难的犹太难民及其后裔捐赠的大量档案文献及实物的照片、口述资料等，图文并茂地反映了当年犹太难民从欧洲到上海、在上海虹口的生活以及他们离开上海的真实情况。全面展现了抗战期间，虹口23.5平方公里的土地所承载的，由中国共产党领导的、中国和世界人民共同谱写的反抗法西斯暴行的"虹口记忆"。

（二）有关犹太难民的国际学术会议和讲座

上海图书馆纪念犹太难民来沪避难幸存70周年系列讲座。

2015年5月24日下午，由上海图书馆与上海犹太研究中心、上海市世界史学会合作推出的"纪念犹太难民来沪避难幸存70周年系列讲座"，以上海社会科学院的上海市世界史学会会长、上海犹太研究中心主任潘光教授主讲的"上海——犹太难民的'诺亚方舟'"拉开序幕，讲座分别邀请上海社会科学院历史研究所副所长、上海犹太人研究专家王健博士，沪犹太难民后裔、美国伊利诺伊学院历史系教授、国际著名来华犹太难民口述史研究专家、美国中犹研究院副院长斯蒂夫·霍却斯达特，复旦大学视觉艺术学院以色列籍教授、上海世博会以色列馆设计人之一渡堂海大师担纲主讲，主讲人围绕为何上海能够成为犹太难民的"诺亚方舟"，犹太难民能够历经艰险幸存下来的原因，中犹两个民族在"二战"中互伸援手、共同对抗法西斯主义进攻，犹太人在中国史实，渡堂海大师的家族故事和中国情结等问题展开。为市民深入解读70年前中国人民与犹太难民在患难中同甘共苦、互相支持的感人故事与背后的历史因缘，以传承人类文化中的真善美价值观，进一步构建和谐、包容的美好世界。

（三）来华犹太难民相关书籍在上海首发

《爱在上海诺亚方舟》在沪首发。

2015年5月4日下午，由上海犹太难民纪念馆、上海人民出版社主办，新康集团股份有限公司协办的长篇小说《爱在上海诺亚方舟》首发式，在上海犹太难民纪念馆举行。该书由上海人民出版社出版，作者于强在创作过程中尊重历史，在纪念馆的帮助下阅读数百万字资料和书籍，走遍犹太难民居住过的石库门屋，拜访犹太难民后裔，全书共30万字。小说以"爱"为主题，讲述了1939年几位逃过生死劫的犹太难民来到上海避难，结成船友、知己、恋人，互相慰藉、互相关心，直至离开上海的跌宕起伏故事。

来华犹太难民回忆录上海图书馆首发。

为纪念中国人民抗日战争暨世界反法西斯战争胜利70周年，2015年6月23日，《艰苦岁月的难忘记忆——犹太难民回忆录》在上海图书馆首发。全书收录了38位来华犹太难民及其后裔对于来华避难生活的口述回忆，分为"逃离纳粹统治下的欧洲""抵达上海，走进中国""在中国的土地上闯荡和拼搏""最艰难的时刻——虹口隔离区""患难中同甘共苦——犹太难民与中国人民""战争结束的前前后后""中国记忆和上海情结"7个章节，还收录了目前掌握的来沪犹太难民姓名录1.37万余条，占据全书近一半篇幅。上海曾经庇护过的犹太难民总数接近3万人，超过加拿大、澳大利亚、印度、南非、新西兰五国当时接纳犹太难民的总和。该书课题团队采访了数百位来华犹太难民及其后裔，使用来华犹太难民的第一手口述和文字史料，展现了他们逃离纳粹统治下的欧洲、抵达上海和走进中国、在中国土地上闯荡和拼搏、在虹口隔离区度过艰难时刻、与中国人民同甘共苦等难忘经历，以及离开中国后始终难以割舍的中国记忆和上海情结。

《犹太难民与上海》故事丛书在沪首发。

2015年9月1日上午，由上海市政协对外友好委员会、虹口区政协、上海公共外交协会、新民晚报社、市邮政公司、上海犹太难民纪念馆共同主办的以"和平、友善、包容"为主题的《犹太难民与上海》故事丛书暨专题邮册、纪念章首发活动在市政协裙楼江海厅举行。经过编委会和编辑部的精心筛选，共整理编写了《海上方舟》《情牵虹口》《尘封往

事》《上海记忆》四本故事集，共收录故事 108 个、500 余幅图片和四幅
长卷，集合了散落在世界各地的"虹口记忆"和"上海故事"。同日首发
的还有《和平·友善·包容》专题纪念邮册和《上海方舟》主题纪念铜
章。

（四）有关上海犹太难民音乐、影像作品相继问世

动画电影《犹太女孩在上海：项链密码》发布。

2015 年 6 月 16 日上午，由上海电影（集团）有限公司、上海美术电影
制片厂联合中国国际电视总公司、中国广播电影电视节目交易中心、上海肯
米特唐华文化传媒股份有限公司等出品的影院动画片《犹太女孩在上海：
项链密码》，在第十八届上海国际电影节期间发布。该片是 2015 年为纪念中
国人民抗日战争胜利暨世界反法西斯战争胜利 70 周年特别创作制作的国内
唯一一部纪念反法西斯战争胜利 70 周年的动画巨作。在新片发布会上，特
邀以色列驻沪领事柏安伦先生发言，表达了犹太民族永远不会忘记中国上海
在"二战"时期容留二万多犹太难民的史实和对出品该片的诚挚感谢，以
色列政府对该片高度重视。上海犹太难民纪念馆陈剑馆长也发表了将配合该
片持续宣传推广的祝词。动画电影以 1939 年德国纳粹在欧洲大陆迫害屠杀
犹太人、很多国家将孤立无援的犹太难民拒之门外，而善良的中国上海人以
宽广的胸怀接纳了 3 万多名逃难犹太人为时代背景，描述了 20 世纪 30 年代
犹太女孩瑞娜和弟弟米沙利逃往上海，得到上海男孩阿根一家援助，并与纳
粹展开斗争的故事，再现"二战"期间中国人民与犹太人民之间的深厚友
谊，凸显民族大爱。

音乐剧《犹太人在上海》建组发布会。

6 月 30 日，由中共上海市黄浦区委宣传部、上海恒源祥戏剧发展有限
公司出品的音乐剧《犹太人在上海》建组发布会在上海犹太难民纪念馆举
行。参与音乐剧制作的主创人员和演员悉数到场，揭秘并开启这部为纪念中
国人民抗日战争暨世界反法西斯战争胜利 70 周年特别献礼的原创音乐剧的
排演进程，是全球首部反映犹太人在上海生活的音乐剧。该剧以历史真实事

件"手榴弹的故事"为蓝本，一位正义的犹太青年运用自身的军工知识，拯救了无数战场上的中国同胞，而上海工人也为了保护这位犹太青年付出了巨大的牺牲。"二战"时期犹太人在上海的这段经历，是在战争中体现中国人民和犹太人民大爱主题下融合了中西方文化的极佳题材，表达了人类对和平的追求，人与人之间无言的爱与关怀。

上海犹太纪念馆首发公益宣传片《谢谢上海》。

8月26日，以色列公益影片《谢谢上海》首发，上海电视台台长王建军向上海犹太难民纪念馆捐赠纪录片《犹太人与上海》视频影像素材，以一种特别的方式纪念"二战"结束70周年。片子的创意最初由以色列驻上海领事馆提出，历时4个月筹备、拍摄，摄制组走访海法、特拉维夫、死海等著名的以色列城市和地标，超过100名犹太人参与拍摄，许多当年曾经在上海避难的犹太人以及他们的子女出镜。其中，有在上海长大的犹太难民、上海友好城市海法市市长尤纳骁哈夫、诺贝尔奖得主罗伯特·奥曼、著名魔法师海滋丁以及一些科学家、艺术家和学生等。仅1分多钟的片子里，他们用各种形式，表达了对上海的感激之情，有的高举"谢谢"标牌，用中文、希伯来文、英文三种语言不停地说着"谢谢"二字，最后以色列总理内塔尼亚胡琴亲自表达了感激之情，反映了"二战"时期上海人民伸出自己的援手，帮助躲避纳粹迫害的犹太难民的这段历史。

音乐剧再现《犹太人在上海》。

9月3日晚，为纪念中国人民抗日战争暨世界反法西斯战争胜利70周年，由上海市文学艺术界联合会指导，中共上海市虹口区委宣传部、中共上海市黄浦区委宣传部、上海恒源祥戏剧发展有限公司、中国戏剧家协会上海分会、上海文化广场剧院管理有限公司、上海犹太难民纪念馆主办的大型原创中外合作音乐剧《犹太人在上海》在上海文化广场首演，该剧由上海制造、以色列演员用中英文双语参演，特邀著名音乐教育家周小燕教授担任艺术顾问，以色列驻沪总领事馆总领事柏安伦夫人忆莲娜担任文化顾问，原上海戏剧学院院长荣广润和导演徐俊共同策划创作。该剧组远赴英国与以色列考察，造访学者，对作品剧本考证推敲，把犹太人在上海生活期间发生的真实事件"手榴弹的故事"作为剧本创作的骨架,一位正义的犹太青年运用自身的军工知识,拯救了无数在战场上的中国同胞,而上海工人也为了保护这位犹太青年付出了巨大的牺牲。历时三年酝酿,故事创作耗费了一年多时间。音乐剧汇聚中以两国演员,男主演是以色列演员沙哈,剧中穿插了一些上海话,两小时的演出为观众深情再现了那段70多年前上海市民与犹太难民间写就的大爱往事,展现两个民族普通民众在艰难岁月中的珍贵情谊。

中国签证官救助犹太难民的故事,首次搬上荧屏。

9月21日,为纪念中国人民抗日战争暨世界反法西斯战争胜利70周年,"二战"题材电视剧《最后一张签证》在捷克开机。该剧讲述"二战"时期中国驻奥地利外交官无私帮助犹太人逃亡的真实故事,一个小签证官顶住重重压力,冒着巨大风险,与领事馆同人一道,为犹太难民办理通往中国上海的签证。尤其是在独力执行"七人名单"的绝密任务中,与德国纳粹斗智斗勇、巧妙周旋,在犹太抵抗组织的配合下,历尽艰险,最终将部分犹太难民送到中国。通过对小人物的细腻刻画,勾勒出国家民族的大情怀。

《生命的记忆——犹太人在上海》美国首映式暨"犹太难民与上海"图片展在纽约举行。

美国当地时间11月16日。由上海广播电视台新闻中心出品的纪录片《生命的记忆——犹太人在上海》首映式暨"犹太难民与上海"全球巡展开幕式在美国纽约犹太人中心举行海外版首映。该纪录片共分三集,每集30分钟,分别为《逃亡上海》《融入上海》和《隔都生死》。摄制组历时8个月,辗转德国、奥地利、美国和以色列等多国,采访了近40位曾经避难上海的犹太难民以及研究相关历史的专家学者,既有亲历者的感性讲述、也有研究者的严谨论述。图片展分为"逃亡上海""难民生活""隔都岁月""邻里和睦""重启风帆"和"难忘历史"六个部分,用大量的珍贵历史图片从多个角度记录了"二战"期间犹太难民避难上海这段历史,生动地表达了上海人民与犹太难民之间的患难之情。

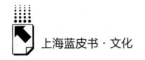
三 犹太难民区申遗的可能

　　为纪念世界反法西斯战争及抗日战争胜利70周年，2015年2月3日，由上海市虹口区政府、区政协与犹太难民纪念馆联合举办发布会，正式启动虹口提篮桥犹太难民历史街区"申遗"的相关论证，其中"犹太难民在上海"的名单、数据库、音视频、口述实录等资料已整理完成，计划今后向联合国教科文组织申报加入世界记忆遗产名录，纪念馆联合上海市虹口区档案馆已完成了对第一批文物史料的搜集整理工作，首批235件文物史料已提交上海市档案馆，将接受第二阶段的论证。同时开展"犹太难民避难上海故事和史料征集"活动。虹口区正规划一条名为"方舟之路"的环犹太难民纪念馆旅游线路，将犹太纪念馆周边、提篮桥区域内具有反法西斯战争胜利元素的景点串联起来。正在复建中的白马咖啡馆是"方舟之路"八个景点之一。上海犹太难民纪念馆（摩西会堂旧址）及周边提篮桥历史风貌保护区是公共外交和大屠杀教育的重要平台。

B.19
后 记

本书是上海社会科学院新智库建设重大研究项目。这一项目每年以上海文化发展过程中的重大问题作为研究主题，以年度研究报告的形式发表成果，从 2000 年以来，已连续出版 16 本，本书为第 17 本。

《上海文化发展报告（2016）》以"全球文明城市：未来上海城市发展的文化愿景"为主题，聚焦 2016 年乃至更长时段上海文化发展的诸多层面，在准确把握 2015 年上海文化发展最新态势的基础上，系统梳理当前上海文化建设面临的新形势，预测展望上海文化发展的新趋势，进而指出未来上海加快国际文化大都市建设、进一步提升城市文化软实力的主要路径和具体举措。全书内容分为总报告、公共文化与文化产业、城市空间与社区营造、城市文化交流、国际比较与个案研究、抗战历史与城市记忆等几个部分。

上海社会科学院、香港中文大学、同济大学、华东师范大学、上海师范大学、上海戏剧学院、上海戏曲艺术中心、上海东方艺术中心、上海艺术研究所、浦东新区宣传部的有关专家和研究人员参加了《上海文化发展报告（2016）》的研究和编撰工作。本书目录及中文摘要由上海社会科学院文学所曾澜翻译成英文。

编委会

2015 年 12 月 4 日

✤ 皮书起源 ✤

"皮书"起源于十七、十八世纪的英国，主要指官方或社会组织正式发表的重要文件或报告，多以"白皮书"命名。在中国，"皮书"这一概念被社会广泛接受，并被成功运作、发展成为一种全新的出版形态，则源于中国社会科学院社会科学文献出版社。

✤ 皮书定义 ✤

皮书是对中国与世界发展状况和热点问题进行年度监测，以专业的角度、专家的视野和实证研究方法，针对某一领域或区域现状与发展态势展开分析和预测，具备原创性、实证性、专业性、连续性、前沿性、时效性等特点的公开出版物，由一系列权威研究报告组成。

✤ 皮书作者 ✤

皮书系列的作者以中国社会科学院、著名高校、地方社会科学院的研究人员为主，多为国内一流研究机构的权威专家学者，他们的看法和观点代表了学界对中国与世界的现实和未来最高水平的解读与分析。

✤ 皮书荣誉 ✤

皮书系列已成为社会科学文献出版社的著名图书品牌和中国社会科学院的知名学术品牌。2011年，皮书系列正式列入"十二五"国家重点出版规划项目；2012~2015年，重点皮书列入中国社会科学院承担的国家哲学社会科学创新工程项目；2016年，46种院外皮书使用"中国社会科学院创新工程学术出版项目"标识。

中国皮书网

www.pishu.cn

发布皮书研创资讯，传播皮书精彩内容
引领皮书出版潮流，打造皮书服务平台

栏目设置：

☐ 资讯：皮书动态、皮书观点、皮书数据、
   皮书报道、皮书发布、电子期刊
☐ 标准：皮书评价、皮书研究、皮书规范
☐ 服务：最新皮书、皮书书目、重点推荐、在线购书
☐ 链接：皮书数据库、皮书博客、皮书微博、在线书城
☐ 搜索：资讯、图书、研究动态、皮书专家、研创团队

中国皮书网依托皮书系列"权威、前沿、原创"的优质内容资源，通过文字、图片、音频、视频等多种元素，在皮书研创者、使用者之间搭建了一个成果展示、资源共享的互动平台。

自2005年12月正式上线以来，中国皮书网的IP访问量、PV浏览量与日俱增，受到海内外研究者、公务人员、商务人士以及专业读者的广泛关注。

2008年、2011年中国皮书网均在全国新闻出版业网站荣誉评选中获得"最具商业价值网站"称号；2012年，获得"出版业网站百强"称号。

2014年，中国皮书网与皮书数据库实现资源共享，端口合一，将提供更丰富的内容，更全面的服务。

法　律　声　明

　　"皮书系列"（含蓝皮书、绿皮书、黄皮书）之品牌由社会科学文献出版社最早使用并持续至今，现已被中国图书市场所熟知。"皮书系列"的LOGO（）与"经济蓝皮书""社会蓝皮书"均已在中华人民共和国国家工商行政管理总局商标局登记注册。"皮书系列"图书的注册商标专用权及封面设计、版式设计的著作权均为社会科学文献出版社所有。未经社会科学文献出版社书面授权许可，任何使用与"皮书系列"图书注册商标、封面设计、版式设计相同或者近似的文字、图形或其组合的行为均系侵权行为。

　　经作者授权，本书的专有出版权及信息网络传播权为社会科学文献出版社享有。未经社会科学文献出版社书面授权许可，任何就本书内容的复制、发行或以数字形式进行网络传播的行为均系侵权行为。

　　社会科学文献出版社将通过法律途径追究上述侵权行为的法律责任，维护自身合法权益。

　　欢迎社会各界人士对侵犯社会科学文献出版社上述权利的侵权行为进行举报。电话：010－59367121，电子邮箱：fawubu@ssap.cn。

社会科学文献出版社

权威报告·热点资讯·特色资源

皮书数据库

ANNUAL REPORT(YEARBOOK)
DATABASE

当代中国与世界发展高端智库平台

S 子库介绍
ub-Database Introduction

中国经济发展数据库

涵盖宏观经济、农业经济、工业经济、产业经济、财政金融、交通旅游、商业贸易、劳动经济、企业经济、房地产经济、城市经济、区域经济等领域，为用户实时了解经济运行态势、把握经济发展规律、洞察经济形势、做出经济决策提供参考和依据。

中国社会发展数据库

全面整合国内外有关中国社会发展的统计数据、深度分析报告、专家解读和热点资讯构建而成的专业学术数据库。涉及宗教、社会、人口、政治、外交、法律、文化、教育、体育、文学艺术、医药卫生、资源环境等多个领域。

中国行业发展数据库

以中国国民经济行业分类为依据，跟踪分析国民经济各行业市场运行状况和政策导向，提供行业发展最前沿的资讯，为用户投资、从业及各种经济决策提供理论基础和实践指导。内容涵盖农业，能源与矿产业，交通运输业，制造业，金融业，房地产业，租赁和商务服务业，科学研究，环境和公共设施管理，居民服务业，教育，卫生和社会保障，文化、体育和娱乐业等 100 余个行业。

中国区域发展数据库

以特定区域内的经济、社会、文化、法治、资源环境等领域的现状与发展情况进行分析和预测。涵盖中部、西部、东北、西北等地区，长三角、珠三角、黄三角、京津冀、环渤海、合肥经济圈、长株潭城市群、关中—天水经济区、海峡经济区等区域经济体和城市圈，北京、上海、浙江、河南、陕西等 34 个省份。

中国文化传媒数据库

包括文化事业、文化产业、宗教、群众文化、图书馆事业、博物馆事业、档案事业、语言文字、文学、历史地理、新闻传播、广播电视、出版事业、艺术、电影、娱乐等多个子库。

世界经济与国际政治数据库

以皮书系列中涉及世界经济与国际政治的研究成果为基础，全面整合国内外有关世界经济与国际政治的统计数据、深度分析报告、专家解读和热点资讯构建而成的专业学术数据库。包括世界经济、世界政治、世界文化、国际社会、国际关系、国际组织、区域发展、国别发展等多个子库。

权威·前沿·原创

SSAP

社会科学文献出版社

皮 书 系 列

2016年

盘点年度资讯 预测时代前程

社会科学文献出版社 学术传播中心 编制

社会科学文献出版社
SOCIAL SCIENCES ACADEMIC PRESS (CHINA)

社会科学文献出版社成立于1985年，是直属于中国社会科学院的人文社会科学专业学术出版机构。

成立以来，特别是1998年实施第二次创业以来，依托于中国社会科学院丰厚的学术出版和专家学者两大资源，坚持"创社科经典，出传世文献"的出版理念和"权威、前沿、原创"的产品定位，社科文献立足内涵式发展道路，从战略层面推动学术出版五大能力建设，逐步走上了智库产品与专业学术成果系列化、规模化、数字化、国际化、市场化发展的经营道路。

先后策划出版了著名的图书品牌和学术品牌"皮书"系列、"列国志"、"社科文献精品译库"、"全球化译丛"、"全面深化改革研究书系"、"近世中国"、"甲骨文"、"中国史话"等一大批既有学术影响又有市场价值的系列图书，形成了较强的学术出版能力和资源整合能力。2015年社科文献出版社发稿5.5亿字，出版图书约2000种，承印发行中国社科院院属期刊74种，在多项指标上都实现了较大幅度的增长。

凭借着雄厚的出版资源整合能力，社科文献出版社长期以来一直致力于从内容资源和数字平台两个方面实现传统出版的再造，并先后推出了皮书数据库、列国志数据库、"一带一路"数据库、中国田野调查数据库、台湾大陆同乡会数据库等一系列数字产品。数字出版已经初步形成了产品设计、内容开发、编辑标引、产品运营、技术支持、营销推广等全流程体系。

在国内原创著作、国外名家经典著作大量出版，数字出版突飞猛进的同时，社科文献出版社从构建国际话语体系的角度推动学术出版国际化。先后与斯普林格、博睿、牛津、剑桥等十余家国际出版机构合作面向海外推出了"皮书系列""改革开放30年研究书系""中国梦与中国发展道路研究丛书""全面深化改革研究书系"等一系列在世界范围内引起强烈反响的作品；并持续致力于中国学术出版走出去，组织学者和编辑参加国际书展，筹办国际性学术研讨会，向世界展示中国学者的学术水平和研究成果。

此外，社科文献出版社充分利用网络媒体平台，积极与中央和地方各类媒体合作，并联合大型书店、学术书店、机场书店、网络书店、图书馆，逐步构建起了强大的学术图书内容传播平台。学术图书的媒体曝光率居全国之首，图书馆藏率居于全国出版机构前十位。

上述诸多成绩的取得，有赖于一支以年轻的博士、硕士为主体，一批从中国社科院刚退出科研一线的各学科专家为支撑的300多位高素质的编辑、出版和营销队伍，为我们实现学术立社，以学术品位、学术价值来实现经济效益和社会效益这样一个目标的共同努力。

作为已经开启第三次创业梦想的人文社会科学学术出版机构，我们将以改革发展为动力，以学术资源建设为中心，以构建智慧型出版社为主线，以"整合、专业、分类、协同、持续"为各项工作指导原则，全力推进出版社数字化转型，坚定不移地走专业化、数字化、国际化发展道路，全面提升出版社核心竞争力，为实现"社科文献梦"奠定坚实基础。

经 济 类

经济类皮书涵盖宏观经济、城市经济、大区域经济，
提供权威、前沿的分析与预测

经济蓝皮书

2016 年中国经济形势分析与预测

李　扬 / 主编　　2015 年 12 月出版　　定价 :79.00 元

◆　本书为总理基金项目，由著名经济学家李扬领衔，联合中国社会科学院等数十家科研机构、国家部委和高等院校的专家共同撰写，系统分析了 2015 年的中国经济形势并预测 2016 年我国经济运行情况。

世界经济黄皮书

2016 年世界经济形势分析与预测

王洛林　张宇燕 / 主编　　2015 年 12 月出版　　定价 :79.00 元

◆　本书由中国社会科学院世界经济与政治研究所的研究团队撰写，2015 年世界经济增长继续放缓，增长格局也继续分化，发达经济体与新兴经济体之间的增长差距进一步收窄。2016 年世界经济增长形势不容乐观。

产业蓝皮书

中国产业竞争力报告（2016）NO.6

张其仔 / 主编　　2016 年 12 月出版　　估价 :98.00 元

◆　本书由中国社会科学院工业经济研究所研究团队在深入实际、调查研究的基础上完成。通过运用丰富的数据资料和最新的测评指标，从学术性、系统性、预测性上分析了 2015 年中国产业竞争力，并对未来发展趋势进行了预测。

G20 国家创新竞争力黄皮书

二十国集团（G20）国家创新竞争力发展报告（2016）

李建平 李闽榕 赵新力 / 主编　　2016 年 11 月出版　估价 :138.00 元

◆　本报告在充分借鉴国内外研究者的相关研究成果的基础上，紧密跟踪技术经济学、竞争力经济学、计量经济学等学科的最新研究动态，深入分析 G20 国家创新竞争力的发展水平、变化特征、内在动因及未来趋势，同时构建了 G20 国家创新竞争力指标体系及数学模型。

国际城市蓝皮书

国际城市发展报告（2016）

屠启宇 / 主编　　2016 年 1 月出版　　估价 :79.00 元

◆　本书作者以上海社会科学院从事国际城市研究的学者团队为核心，汇集同济大学、华东师范大学、复旦大学、上海交通大学、南京大学、浙江大学相关城市研究专业学者。立足动态跟踪介绍国际城市发展实践中，最新出现的重大战略、重大理念、重大项目、重大报告和最佳案例。

金融蓝皮书

中国金融发展报告（2016）

李　扬　王国刚 / 主编　2015 年 12 月出版　　定价 :79.00 元

◆　本书由中国社会科学院金融研究所组织编写，概括和分析了 2015 年中国金融发展和运行中的各方面情况，研讨和评论了 2015 年发生的主要金融事件。本书由业内专家和青年精英联合编著，有利于读者了解掌握 2015 年中国的金融状况，把握 2016 年中国金融的走势。

农村绿皮书

中国农村经济形势分析与预测（2015 ~ 2016）

中国社会科学院农村发展研究所　国家统计局农村社会经济调查司 / 著
2016 年 4 月出版　估价 :69.00 元

◆　本书描述了 2015 年中国农业农村经济发展的一些主要指标和变化，以及对 2016 年中国农业农村经济形势的一些展望和预测。

西部蓝皮书

中国西部发展报告（2016）

姚慧琴　徐璋勇／主编　　2016 年 7 月出版　　估价：89.00 元

◆　本书由西北大学中国西部经济发展研究中心主编，汇集了源自西部本土以及国内研究西部问题的权威专家的第一手资料，对国家实施西部大开发战略进行年度动态跟踪，并对2016 年西部经济、社会发展态势进行预测和展望。

民营经济蓝皮书

中国民营经济发展报告 No.12（2015～2016）

王钦敏／主编　　2016 年 1 月出版　　估价：75.00 元

◆　改革开放以来，民营经济从无到有、从小到大，是最具活力的增长极。本书是中国工商联课题组的研究成果，对2015 年度中国民营经济的发展现状、趋势进行了详细的论述，并提出了合理的建议。是广大民营企业进行政策咨询、科学决策和理论创新的重要参考资料，也是理论工作者进行理论研究的重要参考资料。

经济蓝皮书夏季号

中国经济增长报告（2015～2016）

李　扬／主编　　2016 年 8 月出版　　估价：69.00 元

◆　中国经济增长报告主要探讨 2015~2016 年中国经济增长问题，以专业视角解读中国经济增长，力求将其打造成一个研究中国经济增长、服务宏微观各级决策的周期性、权威性读物。

中三角蓝皮书

长江中游城市群发展报告（2016）

秦尊文／主编　　2016 年 10 月出版　　估价：69.00 元

◆　本书是湘鄂赣皖四省专家学者共同研究的成果，从不同角度、不同方位记录和研究长江中游城市群一体化，提出对策措施，以期为将"中三角"打造成为继珠三角、长三角、京津冀之后中国经济增长第四极奉献学术界的聪明才智。

社会政法类

社会政法类皮书聚焦社会发展领域的热点、难点问题，
提供权威、原创的资讯与视点

社会蓝皮书

2016年中国社会形势分析与预测

李培林　陈光金　张　翼/主编　2015年12月出版　定价:79.00元

◆　本书由中国社会科学院社会学研究所组织研究机构专
家、高校学者和政府研究人员撰写，聚焦当下社会热点，对
2015年中国社会发展的各个方面内容进行了权威解读，同时
对2016年社会形势发展趋势进行了预测。

法治蓝皮书

中国法治发展报告 No.14（2016）

李　林　田　禾/主编　2016年3月出版　估价:105.00元

◆　本年度法治蓝皮书回顾总结了2015年度中国法治发展
取得的成就和存在的不足，并对2016年中国法治发展形势
进行了预测和展望。

反腐倡廉蓝皮书

中国反腐倡廉建设报告 No.6

李秋芳　张英伟/主编　2017年1月出版　估价:79.00元

◆　本书抓住了若干社会热点和焦点问题，全面反映了新时
期新阶段中国反腐倡廉面对的严峻局面，以及中国共产党反
腐倡廉建设的新实践新成果。根据实地调研、问卷调查和舆
情分析，梳理了当下社会普遍关注的与反腐败密切相关的热
点问题。

生态城市绿皮书

中国生态城市建设发展报告（2016）

刘举科　孙伟平　胡文臻/主编　2016年6月出版　估价：98.00元

◆　报告以绿色发展、循环经济、低碳生活、民生宜居为理念，以更新民众观念、提供决策咨询、指导工程实践、引领绿色发展为宗旨，试图探索一条具有中国特色的城市生态文明建设新路。

公共服务蓝皮书

中国城市基本公共服务力评价（2016）

钟　君　吴正杲/主编　2016年12月出版　估价：79.00元

◆　中国社会科学院经济与社会建设研究室与华图政信调查组成联合课题组，从2010年开始对基本公共服务力进行研究，研创了基本公共服务力评价指标体系，为政府考核公共服务与社会管理工作提供了理论工具。

教育蓝皮书

中国教育发展报告（2016）

杨东平/主编　2016年5月出版　估价：79.00元

◆　本书由国内的中青年教育专家合作研究撰写。深度剖析2015年中国教育的热点话题，并对当下中国教育中出现的问题提出对策建议。

生态文明绿皮书

中国省域生态文明建设评价报告（ECI 2016）

严耕/主编　　2016年12月出版　　估价：85.00元

◆　本书基于国家最新发布的权威数据，对我国的生态文明建设状况进行科学评价，并开展相应的深度分析，结合中央的政策方针和各省的具体情况，为生态文明建设推进，提出针对性的政策建议。

行 业 报 告 类

行业报告类皮书立足重点行业、新兴行业领域，
提供及时、前瞻的数据与信息

房地产蓝皮书

中国房地产发展报告 No.13（2016）

魏后凯　李景国 / 主编　　2016 年 5 月出版　　估价 :79.00 元

◆　蓝皮书秉承客观公正、科学中立的宗旨和原则，追踪 2015 年我国房地产市场最新资讯，深度分析，剖析因果，谋划对策，并对 2016 年房地产发展趋势进行了展望。

旅游绿皮书

2015 ~ 2016 年中国旅游发展分析与预测

宋　瑞 / 主编　　2016 年 1 出版　　估价 :98.00 元

◆　本书中国社会科学院旅游研究中心组织相关专家编写的年度研究报告，对 2015 年旅游行业的热点问题进行了全面的综述并提出专业性建议，并对 2016 年中国旅游的发展趋势进行展望。

互联网金融蓝皮书

中国互联网金融发展报告（2016）

李东荣 / 主编　　2016 年 8 月出版　　估价 :79.00 元

◆　近年来，许多基于互联网的金融服务模式应运而生并对传统金融业产生了深刻的影响和巨大的冲击，"互联网金融"成为社会各界关注的焦点。本书探析了 2015 年互联网金融的特点和 2016 年互联网金融的发展方向和亮点。

资产管理蓝皮书

中国资产管理行业发展报告（2016）

智信资产管理研究院 / 编著　　2016 年 6 月出版　　估价 :89.00 元

◆　中国资产管理行业刚刚兴起，未来将中国金融市场最有
看点的行业，也会成为快速发展壮大的行业。本书主要分析
了 2015 年度资产管理行业的发展情况，同时对资产管理行
业的未来发展做出科学的预测。

老龄蓝皮书

中国老龄产业发展报告（2016）

吴玉韶 党俊武 / 编著
2016 年 9 月出版　估价 :79.00 元

◆　本书着眼于对中国老龄产业的发展给予系统介绍，深入
解析，并对未来发展趋势进行预测和展望，力求从不同视角、
不同层面全面剖析中国老龄产业发展的现状、取得的成绩、
存在的问题以及重点、难点等。

金融蓝皮书

中国金融中心发展报告（2016）

王　力　黄育华 / 编著　　2017 年 11 月出版　　估价 :75.00 元

◆　本报告将提升中国金融中心城市的金融竞争力作为研究
主线，全面、系统、连续地反映和研究中国金融中心城市发
展和改革的最新进展，展示金融中心理论研究的最新成果。

流通蓝皮书

中国商业发展报告（2016）

荆林波 / 编著　　2016 年 5 月出版　　估价 :89.00 元

◆　本书是中国社会科学院财经院与利丰研究中心合作的成
果，从关注中国宏观经济出发，突出了中国流通业的宏观背
景，详细分析了批发业、零售业、物流业、餐饮产业与电子
商务等产业发展状况。

国别与地区类

国别与地区类皮书关注全球重点国家与地区，
提供全面、独特的解读与研究

美国蓝皮书

美国研究报告（2016）

黄　平　郑秉文 / 主编　　2016 年 7 月出版　　估价 :89.00 元

◆　　本书是由中国社会科学院美国所主持完成的研究成果，
它回顾了美国 2015 年的经济、政治形势与外交战略，对 2016
年以来美国内政外交发生的重大事件以及重要政策进行了较
为全面的回顾和梳理。

拉美黄皮书

拉丁美洲和加勒比发展报告（2015~2016）

吴白乙 / 主编　　2016 年 5 月出版　　估价 :89.00 元

◆　　本书对 2015 年拉丁美洲和加勒比地区诸国的政治、经济、
社会、外交等方面的发展情况做了系统介绍，对该地区相关
国家的热点及焦点问题进行了总结和分析，并在此基础上对
该地区各国 2016 年的发展前景做出预测。

日本经济蓝皮书

日本经济与中日经贸关系研究报告（2016）

王洛林　张季风 / 编著　　2016 年 5 月出版　　估价 :79.00 元

◆　　本书系统、详细地介绍了 2015 年日本经济以及中日
经贸关系发展情况，在进行了大量数据分析的基础上，对
2016 年日本经济以及中日经贸关系的大致发展趋势进行了
分析与预测。

俄罗斯黄皮书

俄罗斯发展报告（2016）

李永全 / 编著　2016 年 7 月出版　估价 :79.00 元

◆　本书系统介绍了 2015 年俄罗斯经济政治情况，并对 2015 年该地区发生的焦点、热点问题进行了分析与回顾；在此基础上，对该地区 2016 年的发展前景进行了预测。

国际形势黄皮书

全球政治与安全报告（2016）

李慎明　张宇燕 / 主编　2015 年 12 月出版　定价 :69.00 元

◆　本书旨在对本年度全球政治及安全形势的总体情况、热点问题及变化趋势进行回顾与分析，并提出一定的预测及对策建议。作者通过事实梳理、数据分析、政策分析等途径,阐释了本年度国际关系及全球安全形势的基本特点,并在此基础上提出了具有启示意义的前瞻性结论。

德国蓝皮书

德国发展报告（2016）

郑春荣　伍慧萍 / 主编　2016 年 6 月出版　估价 :69.00 元

◆　本报告由同济大学德国研究所组织编撰，由该领域的专家学者对德国的政治、经济、社会文化、外交等方面的形势发展情况，进行全面的阐述与分析。

中欧关系蓝皮书

中欧关系研究报告（2016）

周弘 / 编著　2016 年 12 月出版　估价 :98.00 元

◆　本书由欧洲所暨欧洲学会推出，旨在分析、评估和预测年度中欧关系发展态势。本报告的作者均为欧洲方面的专家，他们对欧洲与中国在各个领域的发展情况进行了深入地分析和研究，对读者了解和把握中欧关系是非常有益的参考。

地方发展类

地方发展类皮书关注中国各省份、经济区域，
提供科学、多元的预判与资政信息

北京蓝皮书

北京公共服务发展报告（2015~2016）

施昌奎 / 主编   2016 年 1 月出版   估价：69.00 元

◆   本书是由北京市政府职能部门的领导、首都著名高校的教
授、知名研究机构的专家共同完成的关于北京市公共服务发展
与创新的研究成果。

河南蓝皮书

河南经济发展报告（2016）

河南省社会科学院 / 编著   2016 年 12 月出版   估价：79.00 元

◆   本书以国内外经济发展环境和走向为背景，主要分析当前
河南经济形势，预测未来发展趋势，全面反映河南经济发展的
最新动态、热点和问题，为地方经济发展和领导决策提供参考。

京津冀蓝皮书

京津冀发展报告（2016）

文 魁 祝尔娟 / 编著   2016 年 4 月出版   估价：89.00 元

◆   京津冀协同发展作为重大的国家战略，已进入顶层设计、
制度创新和全面推进的新阶段。本书以问题为导向，围绕京
津冀发展中的重要领域和重大问题，研究如何推进京津冀协
同发展。

文化传媒类

文化传媒类皮书透视文化领域、文化产业，
探索文化大繁荣、大发展的路径

新媒体蓝皮书

中国新媒体发展报告 No.7（2016）

唐绪军 / 主编　　2016 年 6 月出版　　估价 :79.00 元

◆　本书是由中国社会科学院新闻与传播研究所组织编写的关于新媒体发展的最新年度报告，旨在全面分析中国新媒体的发展现状，解读新媒体的发展趋势，探析新媒体的深刻影响。

移动互联网蓝皮书

中国移动互联网发展报告（2016）

官建文 / 编著　　2016 年 6 月出版　　估价 :79.00 元

◆　本书着眼于对中国移动互联网 2015 年度的发展情况做深入解析，对未来发展趋势进行预测，力求从不同视角、不同层面全面剖析中国移动互联网发展的现状、年度突破以及热点趋势等。

文化蓝皮书

中国文化产业发展报告（2016）

张晓明　王家新　章建刚 / 主编　　2016 年 4 月出版　　估价 :79.00 元

◆　本书由中国社会科学院文化研究中心编写。从 2012 年开始，中国社会科学院文化研究中心设立了国内首个文化产业的研究类专项资金——"文化产业重大课题研究计划"，开始在全国范围内组织多学科专家学者对我国文化产业发展重大战略问题进行联合攻关研究。本书集中反映了该计划的研究成果。

经济类

G20国家创新竞争力黄皮书
二十国集团（G20）国家创新竞争力发展报告（2016）
著(编)者：李建平　李闽榕　赵新力
2016年11月出版 / 估价：138.00元

产业蓝皮书
中国产业竞争力报告（2016）NO.6
著(编)者：张其仔　2016年12月出版 / 估价：98.00元

城市创新蓝皮书
中国城市创新报告（2016）
著(编)者：周天勇　旷建伟　2016年8月出版 / 估价：69.00元

城市蓝皮书
中国城市发展报告 NO.9
著(编)者：潘家华　魏后凯　2016年9月出版 / 估价：69.00元

城市群蓝皮书
中国城市群发展指数报告（2016）
著(编)者：刘士林　刘新静　2016年10月出版 / 估价：69.00元

城乡一体化蓝皮书
中国城乡一体化发展报告（2015～2016）
著(编)者：汝信　付崇兰　2016年7月出版 / 估价：85.00元

城镇化蓝皮书
中国新型城镇化健康发展报告（2016）
著(编)者：张占斌　2016年5月出版 / 估价：79.00元

创新蓝皮书
创新型国家建设报告（2015～2016）
著(编)者：詹正茂　2016年11月出版 / 估价：69.00元

低碳发展蓝皮书
中国低碳发展报告（2016）
著(编)者：齐晔　2016年3月出版 / 估价：89.00元

低碳经济蓝皮书
中国低碳经济发展报告（2016）
著(编)者：薛进军　赵忠秀　2016年6月出版 / 估价：85.00元

东北蓝皮书
中国东北地区发展报告（2016）
著(编)者：马克　黄文艺　2016年8月出版 / 估价：79.00元

工业化蓝皮书
中国工业化进程报告（2016）
著(编)者：黄群慧　吕铁　李晓华 等
2016年11月出版 / 估价：89.00元

管理蓝皮书
中国管理发展报告（2016）
著(编)者：张晓东　2016年9月出版 / 估价：98.00元

国际城市蓝皮书
国际城市发展报告（2016）
著(编)者：屠启宇　2016年1月出版 / 估价：79.00元

国家创新蓝皮书
中国创新发展报告（2016）
著(编)者：陈劲　2016年9月出版 / 估价：69.00元

金融蓝皮书
中国金融发展报告（2016）
著(编)者：李扬　王国刚　2015年12月出版 / 定价：79.00元

京津冀产业蓝皮书
京津冀产业协同发展报告（2016）
著(编)者：中智科博（北京）产业经济发展研究院
2016年6月出版 / 估价：69.00元

京津冀蓝皮书
京津冀发展报告（2016）
著(编)者：文魁　祝尔娟　2016年4月出版 / 估价：89.00元

经济蓝皮书
2016年中国经济形势分析与预测
著(编)者：李扬　2015年12月出版 / 定价：79.00元

经济蓝皮书·春季号
2016年中国经济前景分析
著(编)者：李扬　2016年5月出版 / 估价：79.00元

经济蓝皮书·夏季号
中国经济增长报告（2015～2016）
著(编)者：李扬　2016年8月出版 / 估价：99.00元

经济信息绿皮书
中国与世界经济发展报告（2016）
著(编)者：杜平　2015年12月出版 / 定价：89.00元

就业蓝皮书
2016年中国本科生就业报告
著(编)者：麦可思研究院　2016年6月出版 / 估价：98.00元

就业蓝皮书
2016年中国高职高专生就业报告
著(编)者：麦可思研究院　2016年6月出版 / 估价：98.00元

临空经济蓝皮书
中国临空经济发展报告（2016）
著(编)者：连玉明　2016年11月出版 / 估价：79.00元

民营经济蓝皮书
中国民营经济发展报告 NO.12（2015～2016）
著(编)者：王钦敏　2016年1月出版 / 估价：75.00元

农村绿皮书
中国农村经济形势分析与预测（2015～2016）
著(编)者：中国社会科学院农村发展研究所
　　　　　国家统计局农村社会经济调查司
2016年4月出版 / 估价：69.00元

农业应对气候变化蓝皮书
气候变化对中国农业影响评估报告 No.2
著(编)者：矫梅燕　2016年8月出版 / 估价：98.00元

企业公民蓝皮书
中国企业公民报告 NO.4
著(编)者:邹东涛　2016年1月出版 / 估价:79.00元

气候变化绿皮书
应对气候变化报告(2016)
著(编)者:王伟光 郑国光　2016年11月出版 / 估价:98.00元

区域蓝皮书
中国区域经济发展报告(2015～2016)
著(编)者:梁昊光　2016年5月出版 / 估价:79.00元

全球环境竞争力绿皮书
全球环境竞争力报告(2016)
著(编)者:李建平 李闽榕 王金南
2016年12月出版 / 估价:198.00元

人口与劳动绿皮书
中国人口与劳动问题报告 NO.17
著(编)者:蔡昉 张车伟　2016年11月出版 / 估价:69.00元

商务中心区蓝皮书
中国商务中心区发展报告 NO.2(2016)
著(编)者:魏后凯 李国红　2016年1月出版 / 估价:89.00元

世界经济黄皮书
2016年世界经济形势分析与预测
著(编)者:王洛林 张宇燕　2015年12月出版 / 定价:79.00元

世界旅游城市绿皮书
世界旅游城市发展报告(2016)
著(编)者:鲁勇 周正宇 宋宇　2016年6月出版 / 估价:88.00元

西北蓝皮书
中国西北发展报告(2016)
著(编)者:孙发平 苏海红 鲁顺元
2015年12月出版 / 估价:79.00元

西部蓝皮书
中国西部发展报告(2016)
著(编)者:姚慧琴 徐璋勇　2016年7月出版 / 估价:89.00元

县域发展蓝皮书
中国县域经济增长能力评估报告(2016)
著(编)者:王力　2016年10月出版 / 估价:69.00元

新型城镇化蓝皮书
新型城镇化发展报告(2016)
著(编)者:李伟 宋敏 沈本雁　2016年11月出版 / 估价:98.00元

新兴经济体蓝皮书
金砖国家发展报告(2016)
著(编)者:林跃勤 周文　2016年7月出版 / 估价:79.00元

长三角蓝皮书
2016年全面深化改革中的长三角
著(编)者:张伟斌　2016年10月出版 / 估价:69.00元

中部竞争力蓝皮书
中国中部经济社会竞争力报告(2016)
著(编)者:教育部人文社会科学重点研究基地
　　　　南昌大学中国中部经济社会发展研究中心
2016年10月出版 / 估价:79.00元

中部蓝皮书
中国中部地区发展报告(2016)
著(编)者:宋亚平　2016年12月出版 / 估价:78.00元

中国省域竞争力蓝皮书
中国省域经济综合竞争力发展报告(2015～2016)
著(编)者:李建平 李闽榕 高燕京
2016年2月出版 / 估价:198.00元

中三角蓝皮书
长江中游城市群发展报告(2016)
著(编)者:秦尊文　2016年10月出版 / 估价:69.00元

中小城市绿皮书
中国中小城市发展报告(2016)
著(编)者:中国城市经济学会中小城市经济发展委员会
　　　　中国城镇化促进会中小城市发展委员会
　　　　《中国中小城市发展报告》编纂委员会
　　　　中小城市发展战略研究院
2016年10月出版 / 估价:98.00元

中原蓝皮书
中原经济区发展报告(2016)
著(编)者:李英杰　2016年6月出版 / 估价:88.00元

自贸区蓝皮书
中国自贸区发展报告(2016)
著(编)者:王力 王吉培　2016年10月出版 / 估价:69.00元

社会政法类

北京蓝皮书
中国社区发展报告(2016)
著(编)者:于燕燕　2017年2月出版 / 估价:79.00元

殡葬绿皮书
中国殡葬事业发展报告(2016)
著(编)者:李伯森　2016年4月出版 / 估价:158.00元

城市管理蓝皮书
中国城市管理报告(2016)
著(编)者:谭维克 刘林　2017年2月出版 / 估价:118.00元

城市生活质量蓝皮书
中国城市生活质量报告(2016)
著(编)者:张连城 张平 杨春学 郎丽华
2016年7月出版 / 估价:89.00元

城市政府能力蓝皮书
中国城市政府公共服务能力评估报告（2016）
著(编)者：何艳玲　2016年7月出版 / 估价:69.00元

创新蓝皮书
中国创业环境发展报告（2016）
著(编)者：姚凯 曹祎遐　2016年1月出版 / 估价:69.00元

慈善蓝皮书
中国慈善发展报告（2016）
著(编)者：杨团　2016年6月出版 / 估价:79.00元

地方法治蓝皮书
中国地方法治发展报告 NO.2（2016）
著(编)者：李林 田禾　2016年1月出版 / 估价:98.00元

法治蓝皮书
中国法治发展报告 NO.14（2016）
著(编)者：李林 田禾　2016年3月出版 / 估价:105.00元

反腐倡廉蓝皮书
中国反腐倡廉建设报告 NO.6
著(编)者：李秋芳 张英伟　2017年1月出版 / 估价:79.00元

非传统安全蓝皮书
中国非传统安全研究报告（2015～2016）
著(编)者：余潇枫 魏志江　2016年5月出版 / 估价:79.00元

妇女发展蓝皮书
中国妇女发展报告 NO.6
著(编)者：王金玲　2016年9月出版 / 估价:148.00元

妇女教育蓝皮书
中国妇女教育发展报告 NO.3
著(编)者：张李玺　2016年10月出版 / 估价:78.00元

妇女绿皮书
中国性别平等与妇女发展报告（2016）
著(编)者：谭琳　2016年12月出版 / 估价:99.00元

公共服务蓝皮书
中国城市基本公共服务力评价（2016）
著(编)者：钟君 吴正杲　2016年12月出版 / 估价:79.00元

公共管理蓝皮书
中国公共管理发展报告（2016）
著(编)者：贡森 李国强 杨维富
2016年4月出版 / 估价:69.00元

公共外交蓝皮书
中国公共外交发展报告（2016）
著(编)者：赵启正 雷蔚真　2016年4月出版 / 估价:89.00元

公民科学素质蓝皮书
中国公民科学素质报告（2016）
著(编)者：李群 许佳军　2016年3月出版 / 估价:79.00元

公益蓝皮书
中国公益发展报告（2016）
著(编)者：朱健刚　2016年5月出版 / 估价:78.00元

国际人才蓝皮书
海外华侨华人专业人士报告（2016）
著(编)者：王辉耀 苗绿　2016年8月出版 / 估价:69.00元

国际人才蓝皮书
中国国际移民报告（2016）
著(编)者：王辉耀　2016年2月出版 / 估价:79.00元

国际人才蓝皮书
中国海归发展报告（2016）NO.3
著(编)者：王辉耀 苗绿　2016年10月出版 / 估价:69.00元

国际人才蓝皮书
中国留学发展报告（2016）NO.5
著(编)者：王辉耀 苗绿　2016年10月出版 / 估价:79.00元

国家公园蓝皮书
中国国家公园体制建设报告（2016）
著(编)者：苏杨 张玉钧 石金莲 刘锋 等
2016年10月出版 / 估价:69.00元

海洋社会蓝皮书
中国海洋社会发展报告（2016）
著(编)者：崔凤 宋宁而　2016年7月出版 / 估价:89.00元

行政改革蓝皮书
中国行政体制改革报告（2016）NO.5
著(编)者：魏礼群　2016年4月出版 / 估价:98.00元

华侨华人蓝皮书
华侨华人研究报告（2016）
著(编)者：贾益民　2016年12月出版 / 估价:98.00元

环境竞争力绿皮书
中国省域环境竞争力发展报告（2016）
著(编)者：李建平 李闽榕 王金南
2016年11月出版 / 估价:198.00元

环境绿皮书
中国环境发展报告（2016）
著(编)者：刘鉴强　2016年5月出版 / 估价:79.00元

基金会蓝皮书
中国基金会发展报告（2016）
著(编)者：刘忠祥　2016年4月出版 / 估价:69.00元

基金会绿皮书
中国基金会发展独立研究报告（2016）
著(编)者：基金会中心网 中央民族大学基金会研究中心
2016年6月出版 / 估价:88.00元

基金会透明度蓝皮书
中国基金会透明度发展研究报告（2016）
著(编)者：基金会中心网 清华大学廉政与治理研究中心
2016年9月出版 / 估价:85.00元

教师蓝皮书
中国中小学教师发展报告（2016）
著(编)者：曾晓东 鱼霞　2016年6月出版 / 估价:69.00元

教育蓝皮书
中国教育发展报告（2016）
著(编)者:杨东平　2016年5月出版 / 估价:79.00元

科普蓝皮书
中国科普基础设施发展报告（2016）
著(编)者:任福君　2016年6月出版 / 估价:69.00元

科学教育蓝皮书
中国科学教育发展报告（2016）
著(编)者:罗晖　王康友　2016年10月出版 / 估价:79.00元

劳动保障蓝皮书
中国劳动保障发展报告（2016）
著(编)者:刘燕斌　2016年8月出版 / 估价:158.00元

连片特困区蓝皮书
中国连片特困区发展报告（2016）
著(编)者:游俊　冷志明　丁建军
2016年3月出版 / 估价:98.00元

民间组织蓝皮书
中国民间组织报告（2016）
著(编)者:黄晓勇　2016年12月出版 / 估价:79.00元

民调蓝皮书
中国民生调查报告（2016）
著(编)者:谢耘耕　2016年5月出版 / 估价:128.00元

民族发展蓝皮书
中国民族发展报告（2016）
著(编)者:郝时远　王延中　王希恩
2016年4月出版 / 估价:98.00元

女性生活蓝皮书
中国女性生活状况报告 NO.10（2016）
著(编)者:韩湘景　2016年4月出版 / 估价:79.00元

汽车社会蓝皮书
中国汽车社会发展报告（2016）
著(编)者:王俊秀　2016年1月出版 / 估价:69.00元

青年蓝皮书
中国青年发展报告（2016）NO.4
著(编)者:廉思　等　2016年4月出版 / 估价:69.00元

青少年蓝皮书
中国未成年人互联网运用报告（2016）
著(编)者:李文革　沈杰　季为民
2016年11月出版 / 估价:89.00元

青少年体育蓝皮书
中国青少年体育发展报告（2016）
著(编)者:郭建军　杨桦　2016年9月出版 / 估价:69.00元

区域人才蓝皮书
中国区域人才竞争力报告 NO.2
著(编)者:桂昭明　王辉耀
2016年6月出版 / 估价:69.00元

群众体育蓝皮书
中国群众体育发展报告（2016）
著(编)者:刘国永　杨桦　2016年10月出版 / 估价:69.00元

人才蓝皮书
中国人才发展报告（2016）
著(编)者:潘晨光　2016年9月出版 / 估价:85.00元

人权蓝皮书
中国人权事业发展报告 NO.6（2016）
著(编)者:李君如　2016年9月出版 / 估价:128.00元

社会保障绿皮书
中国社会保障发展报告（2016）NO.8
著(编)者:王延中　2016年4月出版 / 估价:99.00元

社会工作蓝皮书
中国社会工作发展报告（2016）
著(编)者:民政部社会工作研究中心
2016年8月出版 / 估价:79.00元

社会管理蓝皮书
中国社会管理创新报告 NO.4
著(编)者:连玉明　2016年11月出版 / 估价:89.00元

社会蓝皮书
2016年中国社会形势分析与预测
著(编)者:李培林　陈光金　张翼
2015年12月出版 / 定价:79.00元

社会体制蓝皮书
中国社会体制改革报告（2016）NO.4
著(编)者:龚维斌　2016年4月出版 / 估价:79.00元

社会心态蓝皮书
中国社会心态研究报告（2016）
著(编)者:王俊秀　杨宜音　2016年10月出版 / 估价:69.00元

社会组织蓝皮书
中国社会组织评估发展报告（2016）
著(编)者:徐家良　廖鸿　2016年12月出版 / 估价:69.00元

生态城市绿皮书
中国生态城市建设发展报告（2016）
著(编)者:刘举科　孙伟平　胡文臻
2016年9月出版 / 估价:148.00元

生态文明绿皮书
中国省域生态文明建设评价报告（ECI 2016）
著(编)者:严耕　2016年12月出版 / 估价:85.00元

世界社会主义黄皮书
世界社会主义跟踪研究报告（2015~2016）
著(编)者:李慎明　2016年4月出版 / 估价:258.00元

水与发展蓝皮书
中国水风险评估报告（2016）
著(编)者:王浩　2016年9月出版 / 估价:69.00元

体育蓝皮书
长三角地区体育产业发展报告（2016）
著(编)者:张林　2016年4月出版 / 估价:79.00元

体育蓝皮书
中国公共体育服务发展报告（2016）
著(编)者:戴健　2016年12月出版 / 估价:79.00元

土地整治蓝皮书
中国土地整治发展研究报告 NO.3
著(编)者:国土资源部土地整治中心
2016年5月出版 / 估价:89.00元

土地政策蓝皮书
中国土地政策发展报告（2016）
著(编)者:高延利 李宪文 唐健
2016年12月出版 / 估价:69.00元

危机管理蓝皮书
中国危机管理报告（2016）
著(编)者:文学国 范正青　2016年8月出版 / 估价:89.00元

形象危机应对蓝皮书
形象危机应对研究报告（2016）
著(编)者:唐钧　2016年6月出版 / 估价:149.00元

医改蓝皮书
中国医药卫生体制改革报告（2016）
著(编)者:文学国 房志武　2016年11月出版 / 估价:98.00元

医疗卫生绿皮书
中国医疗卫生发展报告 NO.7（2016）
著(编)者:申宝忠 韩玉珍　2016年4月出版 / 估价:75.00元

政治参与蓝皮书
中国政治参与报告（2016）
著(编)者:房宁　2016年7月出版 / 估价:108.00元

政治发展蓝皮书
中国政治发展报告（2016）
著(编)者:房宁 杨海蛟　2016年5月出版 / 估价:88.00元

智慧社区蓝皮书
中国智慧社区发展报告（2016）
著(编)者:罗昌智 张辉德　2016年7月出版 / 估价:69.00元

中国农村妇女发展蓝皮书
农村流动女性城市生活发展报告（2016）
著(编)者:谢丽华　2016年12月出版 / 估价:79.00元

宗教蓝皮书
中国宗教报告（2016）
著(编)者:邱永辉　2016年5月出版 / 估价:79.00元

行业报告类

保健蓝皮书
中国保健服务产业发展报告 NO.2
著(编)者:中国保健协会 中共中央党校
2016年7月出版 / 估价:198.00元

保健蓝皮书
中国保健食品产业发展报告 NO.2
著(编)者:中国保健协会
　　　中国社会科学院食品药品产业发展与监管研究中心
2016年7月出版 / 估价:198.00元

保健蓝皮书
中国保健用品产业发展报告 NO.2
著(编)者:中国保健协会
　　　国务院国有资产监督管理委员会研究中心
2016年2月出版 / 估价:198.00元

保险蓝皮书
中国保险业创新发展报告（2016）
著(编)者:项俊波　2016年12月出版 / 估价:69.00元

保险蓝皮书
中国保险业竞争力报告（2016）
著(编)者:项俊波　2015年12月出版 / 估价:99.00元

采供血蓝皮书
中国采供血管理报告（2016）
著(编)者:朱永明 耿鸿武　2016年8月出版 / 估价:69.00元

彩票蓝皮书
中国彩票发展报告（2016）
著(编)者:益彩基金　2016年4月出版 / 估价:98.00元

餐饮产业蓝皮书
中国餐饮产业发展报告（2016）
著(编)者:邢颖　2016年4月出版 / 估价:69.00元

测绘地理信息蓝皮书
测绘地理信息转型升级研究报告（2016）
著(编)者:库热西·买合苏提　2016年12月出版 / 估价:98.00元

茶业蓝皮书
中国茶产业发展报告（2016）
著(编)者:杨江帆 李闽榕　2016年10月出版 / 估价:78.00元

产权市场蓝皮书
中国产权市场发展报告（2015～2016）
著(编)者:曹和平　2016年5月出版 / 估价:89.00元

产业安全蓝皮书
中国出版传媒产业安全报告（2016）
著(编)者:北京印刷学院文化产业安全研究院
2016年4月出版 / 估价:69.00元

产业安全蓝皮书
中国文化产业安全报告（2016）
著(编)者:北京印刷学院文化产业安全研究院
2016年4月出版 / 估价:89.00元

产业安全蓝皮书
中国新媒体产业安全报告（2016）
著(编)者:北京印刷学院文化产业安全研究院
2016年5月出版 / 估价:69.00元

大数据蓝皮书
网络空间和大数据发展报告（2016）
著(编)者:杜平　2016年2月出版 / 估价:69.00元

电子商务蓝皮书
中国电子商务服务业发展报告 NO.3
著(编)者:荆林波 梁春晓　2016年5月出版 / 估价:69.00元

电子政务蓝皮书
中国电子政务发展报告（2016）
著(编)者:洪毅 杜平　2016年11月出版 / 估价:79.00元

杜仲产业绿皮书
中国杜仲橡胶资源与产业发展报告（2016）
著(编)者:杜红岩 胡文臻 俞锐
2016年1月出版 / 估价:85.00元

房地产蓝皮书
中国房地产发展报告 NO.13（2016）
著(编)者:魏后凯 李景国　2016年5月出版 / 估价:79.00元

服务外包蓝皮书
中国服务外包产业发展报告（2016）
著(编)者:王晓红 刘德军
2016年6月出版 / 估价:89.00元

服务外包蓝皮书
中国服务外包竞争力报告（2016）
著(编)者:王力 刘春生 黄育华
2016年11月出版 / 估价:85.00元

工业和信息化蓝皮书
世界网络安全发展报告（2016）
著(编)者:洪京一　2016年4月出版 / 估价:69.00元

工业和信息化蓝皮书
世界信息化发展报告（2016）
著(编)者:洪京一　2016年4月出版 / 估价:69.00元

工业和信息化蓝皮书
世界信息技术产业发展报告（2016）
著(编)者:洪京一　2016年4月出版 / 估价:79.00元

工业和信息化蓝皮书
世界制造业发展报告（2016）
著(编)者:洪京一　2016年4月出版 / 估价:69.00元

工业和信息化蓝皮书
移动互联网产业发展报告（2016）
著(编)者:洪京一　2016年4月出版 / 估价:79.00元

工业设计蓝皮书
中国工业设计发展报告（2016）
著(编)者:王晓红 于炜 张立群
2016年9月出版 / 估价:138.00元

互联网金融蓝皮书
中国互联网金融发展报告（2016）
著(编)者: 李东荣　2016年8月出版 / 估价:79.00元

会展蓝皮书
中外会展业动态评估年度报告（2016）
著(编)者:张敏　2016年1月出版 / 估价:78.00元

节能汽车蓝皮书
中国节能汽车产业发展报告（2016）
著(编)者:中国汽车工程研究院股份有限公司
2016年12月出版 / 估价:69.00元

金融监管蓝皮书
中国金融监管报告（2016）
著(编)者:胡滨　2016年4月出版 / 估价:89.00元

金融蓝皮书
中国金融中心发展报告（2016）
著(编)者:王力 黄育华　2017年11月出版 / 估价:75.00元

金融蓝皮书
中国商业银行竞争力报告（2016）
著(编)者:王松奇　2016年5月出版 / 估价:69.00元

经济林产业绿皮书
中国经济林产业发展报告（2016）
著(编)者:李芳东 胡文臻 乌云塔娜 杜红岩
2016年12月出版 / 估价:69.00元

客车蓝皮书
中国客车产业发展报告（2016）
著(编)者:姚蔚　2016年2月出版 / 估价:85.00元

老龄蓝皮书
中国老龄产业发展报告（2016）
著(编)者:吴玉韶 党俊武　2016年9月出版 / 估价:79.00元

流通蓝皮书
中国商业发展报告（2016）
著(编)者:荆林波　2016年5月出版 / 估价:89.00元

旅游安全蓝皮书
中国旅游安全报告（2016）
著(编)者:郑向敏 谢朝武　2016年5月出版 / 估价:128.00元

旅游绿皮书
2015~2016年中国旅游发展分析与预测
著(编)者:宋瑞　2016年1月出版 / 估价:98.00元

煤炭蓝皮书
中国煤炭工业发展报告（2016）
著(编)者:岳福斌　2016年12月出版 / 估价:79.00元

民营企业社会责任蓝皮书
中国民营企业社会责任年度报告（2016）
著(编)者:中华全国工商业联合会
2016年7月出版 / 估价:69.00元

民营医院蓝皮书
中国民营医院发展报告（2016）
著(编)者:庄一强　2016年10月出版 / 估价:75.00元

能源蓝皮书
中国能源发展报告（2016）
著(编)者:崔民选 王军生 陈义和
2016年8月出版 / 估价:79.00元

农产品流通蓝皮书
中国农产品流通产业发展报告（2016）
著(编)者:贾敬敦 张东科 张玉玺 张鹏毅 周伟
2016年1月出版 / 估价:89.00元

期货蓝皮书
中国期货市场发展报告(2016)
著(编)者:李群 王在荣　2016年11月出版 / 估价:69.00元

企业公益蓝皮书
中国企业公益研究报告（2016）
著(编)者:钟宏武 汪杰 顾一 黄晓娟 等
2016年12月出版 / 估价:69.00元

企业公众透明度蓝皮书
中国企业公众透明度报告（2016）NO.2
著(编)者:黄速建 王晓光 肖红军
2016年1月出版 / 估价:98.00元

企业国际化蓝皮书
中国企业国际化报告（2016）
著(编)者:王辉耀　2016年11月出版 / 估价:98.00元

企业蓝皮书
中国企业绿色发展报告 NO.2（2016）
著(编)者:李红玉 朱光辉　2016年8月出版 / 估价:79.00元

企业社会责任蓝皮书
中国企业社会责任研究报告（2016）
著(编)者:黄群慧 钟宏武 张蒽 等
2016年11月出版 / 估价:79.00元

企业社会责任能力蓝皮书
中国上市公司社会责任能力成熟度报告（2016）
著(编)者:肖红军 王晓光 李伟阳
2016年11月出版 / 估价:69.00元

汽车安全蓝皮书
中国汽车安全发展报告（2016）
著(编)者:中国汽车技术研究中心
2016年7月出版 / 估价:89.00元

汽车电子商务蓝皮书
中国汽车电子商务发展报告（2016）
著(编)者:中华全国工商业联合会汽车经销商商会
　　　　北京易观智库网络科技有限公司
2016年5月出版 / 估价:128.00元

汽车工业蓝皮书
中国汽车工业发展年度报告（2016）
著(编)者:中国汽车工业协会 中国汽车技术研究中心
　　　　丰田汽车（中国）投资有限公司
2016年4月出版 / 估价:128.00元

汽车蓝皮书
中国汽车产业发展报告（2016）
著(编)者:国务院发展研究中心产业经济研究部
　　　　中国汽车工程学会 大众汽车集团（中国）
2016年8月出版 / 估价:158.00元

清洁能源蓝皮书
国际清洁能源发展报告（2016）
著(编)者:苏树辉 袁国林 李玉崙
2016年11月出版 / 估价:99.00元

人力资源蓝皮书
中国人力资源发展报告（2016）
著(编)者:余兴安　2016年12月出版 / 估价:79.00元

融资租赁蓝皮书
中国融资租赁业发展报告（2015～2016）
著(编)者:李光荣 王力　2016年1月出版 / 估价:89.00元

软件和信息服务业蓝皮书
中国软件和信息服务业发展报告（2016）
著(编)者:洪京一　2016年12月出版 / 估价:198.00元

商会蓝皮书
中国商会发展报告NO.5（2016）
著(编)者:王钦敏　2016年7月出版 / 估价:89.00元

上市公司蓝皮书
中国上市公司社会责任信息披露报告（2016）
著(编)者:张旺 张杨　2016年11月出版 / 估价:69.00元

上市公司蓝皮书
中国上市公司质量评价报告（2015～2016）
著(编)者:张跃文 王力　2016年11月出版 / 估价:118.00元

设计产业蓝皮书
中国设计产业发展报告（2016）
著(编)者:陈冬亮 梁昊光　2016年3月出版 / 估价:89.00元

食品药品蓝皮书
食品药品安全与监管政策研究报告（2016）
著(编)者:唐民皓　2016年7月出版 / 估价:69.00元

世界能源蓝皮书
世界能源发展报告（2016）
著(编)者:黄晓勇　2016年6月出版 / 估价:99.00元

水利风景区蓝皮书
中国水利风景区发展报告（2016）
著(编)者:兰思仁　2016年8月出版 / 估价:69.00元

私募市场蓝皮书
中国私募股权市场发展报告（2016）
著(编)者:曹和平　2016年12月出版 / 估价:79.00元

碳市场蓝皮书
中国碳市场报告（2016）
著(编)者:宁金彪　2016年11月出版 / 估价:69.00元

体育蓝皮书
中国体育产业发展报告（2016）
著(编)者:阮伟 钟秉枢 2016年7月出版 / 估价:69.00元

投资蓝皮书
中国投资发展报告（2016）
著(编)者:谢平 2016年4月出版 / 估价:128.00元

土地市场蓝皮书
中国农村土地市场发展报告（2016）
著(编)者:李光荣 高传捷 2016年1月出版 / 估价:69.00元

网络空间安全蓝皮书
中国网络空间安全发展报告（2016）
著(编)者:惠志斌 唐涛 2016年4月出版 / 估价:79.00元

物联网蓝皮书
中国物联网发展报告（2016）
著(编)者:黄桂田 龚六堂 张全升
2016年1月出版 / 估价:69.00元

西部工业蓝皮书
中国西部工业发展报告（2016）
著(编)者:方行明 甘犁 刘方健 姜凌 等
2016年9月出版 / 估价:79.00元

西部金融蓝皮书
中国西部金融发展报告（2016）
著(编)者:李忠民 2016年8月出版 / 估价:75.00元

协会商会蓝皮书
中国行业协会商会发展报告（2016）
著(编)者:景朝阳 李勇 2016年4月出版 / 估价:99.00元

新能源汽车蓝皮书
中国新能源汽车产业发展报告（2016）
著(编)者:中国汽车技术研究中心
  日产（中国）投资有限公司 东风汽车有限公司
2016年8月出版 / 估价:89.00元

新三板蓝皮书
中国新三板市场发展报告（2016）
著(编)者:王力 2016年6月出版 / 估价:69.00元

信托市场蓝皮书
中国信托业市场报告（2015～2016）
著(编)者:用益信托工作室
2016年2月出版 / 估价:198.00元

信息安全蓝皮书
中国信息安全发展报告（2016）
著(编)者:张晓东 2016年2月出版 / 估价:69.00元

信息化蓝皮书
中国信息化形势分析与预测（2016）
著(编)者:周宏仁 2016年8月出版 / 估价:98.00元

信用蓝皮书
中国信用发展报告（2016）
著(编)者:章政 田侃 2016年4月出版 / 估价:99.00元

休闲绿皮书
2016年中国休闲发展报告
著(编)者:宋瑞
2016年10月出版 / 估价:79.00元

药品流通蓝皮书
中国药品流通行业发展报告（2016）
著(编)者:佘鲁林 温再兴
2016年8月出版 / 估价:158.00元

医药蓝皮书
中国中医药产业园战略发展报告（2016）
著(编)者:裴长洪 房书亭 吴滌心
2016年3月出版 / 估价:89.00元

邮轮绿皮书
中国邮轮产业发展报告（2016）
著(编)者:汪泓 2016年10月出版 / 估价:79.00元

智能养老蓝皮书
中国智能养老产业发展报告（2016）
著(编)者:朱勇 2016年10月出版 / 估价:89.00元

中国SUV蓝皮书
中国SUV产业发展报告（2016）
著(编)者:靳军 2016年12月出版 / 估价:69.00元

中国金融行业蓝皮书
中国债券市场发展报告（2016）
著(编)者:谢多 2016年7月出版 / 估价:69.00元

中国上市公司蓝皮书
中国上市公司发展报告（2016）
著(编)者:中国社会科学院上市公司研究中心
2016年9月出版 / 估价:98.00元

中国游戏蓝皮书
中国游戏产业发展报告（2016）
著(编)者:孙立军 刘跃军 牛兴侦
2016年4月出版 / 估价:69.00元

中国总部经济蓝皮书
中国总部经济发展报告（2015～2016）
著(编)者:赵弘 2016年9月出版 / 估价:79.00元

资本市场蓝皮书
中国场外交易市场发展报告（2016）
著(编)者:高峦 2016年8月出版 / 估价:79.00元

资产管理蓝皮书
中国资产管理行业发展报告（2016）
著(编)者:智信资产管理研究院
2016年6月出版 / 估价:89.00元

文化传媒类

传媒竞争力蓝皮书
中国传媒国际竞争力研究报告（2016）
著(编)者:李本乾 刘强
2016年11月出版 / 估价:148.00元

传媒蓝皮书
中国传媒产业发展报告（2016）
著(编)者:崔保国 2016年5月出版 / 估价:98.00元

传媒投资蓝皮书
中国传媒投资发展报告（2016）
著(编)者:张向东 谭云明
2016年6月出版 / 估价:128.00元

动漫蓝皮书
中国动漫产业发展报告（2016）
著(编)者:卢斌 郑玉明 牛兴侦
2016年7月出版 / 估价:79.00元

非物质文化遗产蓝皮书
中国非物质文化遗产发展报告（2016）
著(编)者:陈平 2016年5月出版 / 估价:98.00元

广电蓝皮书
中国广播电影电视发展报告（2016）
著(编)者:国家新闻出版广电总局发展研究中心
2016年7月出版 / 估价:98.00元

广告主蓝皮书
中国广告主营销传播趋势报告 NO.9
著(编)者:黄升民 杜国清 邵华冬 等
2016年10月出版 / 估价:148.00元

国际传播蓝皮书
中国国际传播发展报告（2016）
著(编)者:胡正荣 李继东 姬德强
2016年11月出版 / 估价:89.00元

纪录片蓝皮书
中国纪录片发展报告（2016）
著(编)者:何苏六 2016年10月出版 / 估价:79.00元

科学传播蓝皮书
中国科学传播报告（2016）
著(编)者:詹正茂 2016年7月出版 / 估价:69.00元

两岸创意经济蓝皮书
两岸创意经济研究报告（2016）
著(编)者:罗昌智 董泽平 2016年12月出版 / 估价:98.00元

两岸文化蓝皮书
两岸文化产业合作发展报告（2016）
著(编)者:胡惠林 李保宗 2016年7月出版 / 估价:79.00元

媒介与女性蓝皮书
中国媒介与女性发展报告(2015~2016)
著(编)者:刘利群 2016年8月出版 / 估价:118.00元

媒体融合蓝皮书
中国媒体融合发展报告（2016）
著(编)者:梅宁华 宋建武 2016年7月出版 / 估价:79.00元

全球传媒蓝皮书
全球传媒发展报告（2016）
著(编)者:胡正荣 李继东 唐晓芬
2016年12月出版 / 估价:79.00元

少数民族非遗蓝皮书
中国少数民族非物质文化遗产发展报告（2016）
著(编)者:肖远平（彝） 柴立（满）
2016年6月出版 / 估价:128.00元

视听新媒体蓝皮书
中国视听新媒体发展报告（2016）
著(编)者:国家新闻出版广电总局发展研究中心
2016年7月出版 / 估价:98.00元

文化创新蓝皮书
中国文化创新报告（2016）NO.7
著(编)者:于平 傅才武 2016年7月出版 / 估价:98.00元

文化建设蓝皮书
中国文化发展报告（2016）
著(编)者:江畅 孙伟平 戴茂堂
2016年4月出版 / 估价:108.00元

文化科技蓝皮书
文化科技创新发展报告（2016）
著(编)者:于平 李凤亮 2016年10月出版 / 估价:89.00元

文化蓝皮书
中国公共文化服务发展报告（2016）
著(编)者:刘新成 张永新 张旭 2016年10月出版 / 估价:98.00元

文化蓝皮书
中国公共文化投入增长测评报告（2016）
著(编)者:王亚南 2016年12月出版 / 估价:79.00元

文化蓝皮书
中国少数民族文化发展报告（2016）
著(编)者:武翠英 张晓明 任乌晶
2016年9月出版 / 估价:69.00元

文化蓝皮书
中国文化产业发展报告（2016）
著(编)者:张晓明 王家新 章建刚
2016年4月出版 / 估价:79.00元

文化蓝皮书
中国文化产业供需协调检测报告（2016）
著(编)者:王亚南 2016年2月出版 / 估价:79.00元

文化蓝皮书
中国文化消费需求景气评价报告（2016）
著(编)者:王亚南 2016年2月出版 / 估价:79.00元

文化品牌蓝皮书
中国文化品牌发展报告（2016）
著(编)者:欧阳友权　2016年4月出版 / 估价:89.00元

文化遗产蓝皮书
中国文化遗产事业发展报告（2016）
著(编)者:刘世锦　2016年3月出版 / 估价:89.00元

文学蓝皮书
中国文情报告（2015～2016）
著(编)者:白烨　2016年5月出版 / 估价:69.00元

新媒体蓝皮书
中国新媒体发展报告NO.7（2016）
著(编)者:唐绪军　2016年7月出版 / 估价:79.00元

新媒体社会责任蓝皮书
中国新媒体社会责任研究报告（2016）
著(编)者:钟瑛　2016年10月出版 / 估价:79.00元

移动互联网蓝皮书
中国移动互联网发展报告（2016）
著(编)者:官建文　2016年6月出版 / 估价:79.00元

舆情蓝皮书
中国社会舆情与危机管理报告（2016）
著(编)者:谢耘耕　2016年8月出版 / 估价:98.00元

地方发展类

安徽经济蓝皮书
芜湖创新型城市发展报告（2016）
著(编)者:张志宏　2016年4月出版 / 估价:69.00元

安徽蓝皮书
安徽社会发展报告（2016）
著(编)者:程桦　2016年4月出版 / 估价:89.00元

安徽社会建设蓝皮书
安徽社会建设分析报告（2015～2016）
著(编)者:黄家海　王开玉　蔡宪
2016年4月出版 / 估价:89.00元

澳门蓝皮书
澳门经济社会发展报告（2015～2016）
著(编)者:吴志良　郝雨凡　2016年5月出版 / 估价:79.00元

北京蓝皮书
北京公共服务发展报告（2015～2016）
著(编)者:施昌奎　2016年1月出版 / 估价:69.00元

北京蓝皮书
北京经济发展报告（2015～2016）
著(编)者:杨松　2016年6月出版 / 估价:79.00元

北京蓝皮书
北京社会发展报告（2015～2016）
著(编)者:李伟东　2016年7月出版 / 估价:79.00元

北京蓝皮书
北京社会治理发展报告（2015～2016）
著(编)者:殷星辰　2016年6月出版 / 估价:79.00元

北京蓝皮书
北京文化发展报告（2015～2016）
著(编)者:李建盛　2016年5月出版 / 估价:79.00元

北京旅游绿皮书
北京旅游发展报告（2016）
著(编)者:北京旅游学会　2016年7月出版 / 估价:88.00元

北京人才蓝皮书
北京人才发展报告（2016）
著(编)者:于淼　2016年12月出版 / 估价:128.00元

北京社会心态蓝皮书
北京社会心态分析报告（2015～2016）
著(编)者:北京社会心理研究所
2016年8月出版 / 估价:79.00元

北京社会组织管理蓝皮书
北京社会组织发展与管理（2015～2016）
著(编)者:黄江松　2016年4月出版 / 估价:78.00元

北京体育蓝皮书
北京体育产业发展报告（2016）
著(编)者:钟秉枢　陈杰　杨铁黎
2016年10月出版 / 估价:79.00元

北京养老产业蓝皮书
北京养老产业发展报告（2016）
著(编)者:周明明　冯喜良　2016年4月出版 / 估价:69.00元

滨海金融蓝皮书
滨海新区金融发展报告（2016）
著(编)者:王爱俭　张锐钢　2016年9月出版 / 估价:79.00元

城乡一体化蓝皮书
中国城乡一体化发展报告·北京卷（2015～2016)
著(编)者:张宝秀　黄序　2016年5月出版 / 估价:79.00元

创意城市蓝皮书
北京文化创意产业发展报告（2016）
著(编)者:张京成　王国华　2016年12月出版 / 估价:69.00元

创意城市蓝皮书
青岛文化创意产业发展报告（2016）
著(编)者:马达　张丹妮　2016年6月出版 / 估价:79.00元

创意城市蓝皮书
台北文化创意产业发展报告（2016）
著(编)者:陈耀竹 邱琪瑄　2016年11月出版 / 估价:89.00元

创意城市蓝皮书
无锡文化创意产业发展报告（2016）
著(编)者:谭军 张鸣年　2016年10月出版 / 估价:79.00元

创意城市蓝皮书
武汉文化创意产业发展报告（2016）
著(编)者:黄永林 陈汉桥　2016年12月出版 / 估价:89.00元

创意城市蓝皮书
重庆创意产业发展报告（2016）
著(编)者:程宇宁　2016年4月出版 / 估价:89.00元

地方法治蓝皮书
南宁法治发展报告（2016）
著(编)者:杨维超　2016年12月出版 / 估价:69.00元

福建妇女发展蓝皮书
福建省妇女发展报告（2016）
著(编)者:刘群英　2016年11月出版 / 估价:88.00元

甘肃蓝皮书
甘肃经济发展分析与预测（2016）
著(编)者:朱智文 罗哲　2016年1月出版 / 估价:79.00元

甘肃蓝皮书
甘肃社会发展分析与预测（2016）
著(编)者:安文华 包晓霞　2016年1月出版 / 估价:79.00元

甘肃蓝皮书
甘肃文化发展分析与预测（2016）
著(编)者:安文华 周小华　2016年1月出版 / 估价:79.00元

甘肃蓝皮书
甘肃县域社会发展评价报告（2016）
著(编)者:刘进军 柳 民 王建兵
2016年1月出版 / 估价:79.00元

甘肃蓝皮书
甘肃舆情分析与预测（2016）
著(编)者:陈双梅 郝树声　2016年1月出版 / 估价:79.00元

甘肃蓝皮书
甘肃商务发展报告（2016）
著(编)者:杨志武 王福生 王晓芳
2016年1月出版 / 估价:69.00元

广东蓝皮书
广东全面深化改革发展报告（2016）
著(编)者:周林生 涂成林　2016年11月出版 / 估价:69.00元

广东蓝皮书
广东社会工作发展报告（2016）
著(编)者:罗观翠　2016年6月出版 / 估价:89.00元

广东蓝皮书
广东省电子商务发展报告（2016）
著(编)者:程晓 邓顺国　2016年7月出版 / 估价:79.00元

广东社会建设蓝皮书
广东省社会建设发展报告（2016）
著(编)者:广东省社会工作委员会
2016年12月出版 / 估价:99.00元

广东外经贸蓝皮书
广东对外经济贸易发展研究报告（2015~2016）
著(编)者:陈万灵　2016年5月出版 / 估价:89.00元

广西北部湾经济区蓝皮书
广西北部湾经济区开放开发报告（2016）
著(编)者:广西北部湾经济区规划建设管理委员会办公室
　广西社会科学院广西北部湾发展研究院
2016年10月出版 / 估价:79.00元

广州蓝皮书
2016年中国广州经济形势分析与预测
著(编)者:庾建设 沈奎 谢博能　2016年6月出版 / 估价:79.00元

广州蓝皮书
2016年中国广州社会形势分析与预测
著(编)者:张强 陈怡霓 杨秦　2016年6月出版 / 估价:79.00元

广州蓝皮书
广州城市国际化发展报告（2016）
著(编)者:朱名宏　2016年11月出版 / 估价:69.00元

广州蓝皮书
广州创新型城市发展报告（2016）
著(编)者:尹涛　2016年10月出版 / 估价:69.00元

广州蓝皮书
广州经济发展报告（2016）
著(编)者:朱名宏　2016年7月出版 / 估价:69.00元

广州蓝皮书
广州农村发展报告（2016）
著(编)者:朱名宏　2016年8月出版 / 估价:69.00元

广州蓝皮书
广州汽车产业发展报告（2016）
著(编)者:杨再高 冯兴亚　2016年9月出版 / 估价:69.00元

广州蓝皮书
广州青年发展报告（2015~2016）
著(编)者:魏国华 张强　2016年7月出版 / 估价:69.00元

广州蓝皮书
广州商贸业发展报告（2016）
著(编)者:李江涛 肖振宇 荀振英
2016年7月出版 / 估价:69.00元

广州蓝皮书
广州社会保障发展报告（2016）
著(编)者:蔡国萱　2016年10月出版 / 估价:65.00元

广州蓝皮书
广州文化创意产业发展报告（2016）
著(编)者:甘新　2016年8月出版 / 估价:79.00元

广州蓝皮书
中国广州城市建设与管理发展报告（2016）
著(编)者:董皞 陈小钢 李江涛　2016年7月出版 / 估价:69.00元

广州蓝皮书
中国广州科技和信息化发展报告（2016）
著(编)者:邹采荣 马正勇 冯元　2016年8月出版 / 估价:79.00元

广州蓝皮书
中国广州文化发展报告（2016）
著(编)者:徐俊忠 陆志强 顾涧清　2016年7月出版 / 估价:69.00元

贵阳蓝皮书
贵阳城市创新发展报告·白云篇（2016）
著(编)者:连玉明　2016年10月出版 / 估价:89.00元

贵阳蓝皮书
贵阳城市创新发展报告·观山湖篇（2016）
著(编)者:连玉明　2016年10月出版 / 估价:89.00元

贵阳蓝皮书
贵阳城市创新发展报告·花溪篇（2016）
著(编)者:连玉明　2016年10月出版 / 估价:89.00元

贵阳蓝皮书
贵阳城市创新发展报告·开阳篇（2016）
著(编)者:连玉明　2016年10月出版 / 估价:89.00元

贵阳蓝皮书
贵阳城市创新发展报告·南明篇（2016）
著(编)者:连玉明　2016年10月出版 / 估价:89.00元

贵阳蓝皮书
贵阳城市创新发展报告·清镇篇（2016）
著(编)者:连玉明　2016年10月出版 / 估价:89.00元

贵阳蓝皮书
贵阳城市创新发展报告·乌当篇（2016）
著(编)者:连玉明　2016年10月出版 / 估价:89.00元

贵阳蓝皮书
贵阳城市创新发展报告·息烽篇（2016）
著(编)者:连玉明　2016年10月出版 / 估价:89.00元

贵阳蓝皮书
贵阳城市创新发展报告·修文篇（2016）
著(编)者:连玉明　2016年10月出版 / 估价:89.00元

贵阳蓝皮书
贵阳城市创新发展报告·云岩篇（2016）
著(编)者:连玉明　2016年10月出版 / 估价:89.00元

贵州房地产蓝皮书
贵州房地产发展报告NO.3（2016）
著(编)者:武廷方　2016年6月出版 / 估价:89.00元

贵州蓝皮书
册亨经济社会发展报告 (2016)
著(编)者:黄德林　2016年1月出版 / 估价:69.00元

贵州蓝皮书
贵安新区发展报告（2016）
著(编)者:马长青 吴大华　2016年4月出版 / 估价:69.00元

贵州蓝皮书
贵州法治发展报告（2016）
著(编)者:吴大华　2016年5月出版 / 估价:79.00元

贵州蓝皮书
贵州民航业发展报告（2016）
著(编)者:申振东 吴大华　2016年10月出版 / 估价:69.00元

贵州蓝皮书
贵州人才发展报告（2016）
著(编)者:于杰 吴大华　2016年9月出版 / 估价:69.00元

贵州蓝皮书
贵州社会发展报告（2016）
著(编)者:王兴骥　2016年5月出版 / 估价:79.00元

海淀蓝皮书
海淀区文化和科技融合发展报告（2016）
著(编)者:陈名杰 孟景伟　2016年5月出版 / 估价:75.00元

海峡西岸蓝皮书
海峡西岸经济区发展报告（2016）
著(编)者:福建省人民政府发展研究中心
　　　　福建省人民政府发展研究中心咨询服务中心
2016年9月出版 / 估价:65.00元

杭州都市圈蓝皮书
杭州都市圈发展报告（2016）
著(编)者:董祖德 沈翔　2016年5月出版 / 估价:89.00元

杭州蓝皮书
杭州妇女发展报告（2016）
著(编)者:魏颖　2016年4月出版 / 估价:79.00元

河北经济蓝皮书
河北省经济发展报告（2016）
著(编)者:马树强 金浩 刘兵 张贵
2016年3月出版 / 估价:89.00元

河北蓝皮书
河北经济社会发展报告（2016）
著(编)者:周文夫　2016年1月出版 / 估价:79.00元

河北食品药品安全蓝皮书
河北食品药品安全研究报告（2016）
著(编)者:丁锦霞　2016年6月出版 / 估价:79.00元

河南经济蓝皮书
2016年河南经济形势分析与预测
著(编)者:胡五岳　2016年2月出版 / 估价:69.00元

河南蓝皮书
2016年河南社会形势分析与预测
著(编)者:刘道兴 牛苏林　2016年4月出版 / 估价:69.00元

河南蓝皮书
河南城市发展报告（2016）
著(编)者:谷建全 王建国　2016年3月出版 / 估价:79.00元

河南蓝皮书
河南法治发展报告（2016）
著(编)者:丁同民 闫德民　2016年6月出版 / 估价:79.00元

河南蓝皮书
河南工业发展报告（2016）
著(编)者:龚绍东 赵西三　2016年1月出版 / 估价:79.00元

河南蓝皮书
河南金融发展报告（2016）
著(编)者:河南省社会科学院
2016年6月出版 / 估价:69.00元

河南蓝皮书
河南经济发展报告（2016）
著(编)者:河南省社会科学院
2016年12月出版 / 估价:79.00元

河南蓝皮书
河南农业农村发展报告（2016）
著(编)者:吴海峰　　2016年4月出版 / 估价:69.00元

河南蓝皮书
河南文化发展报告（2016）
著(编)者:卫绍生　2016年3月出版 / 估价:79.00元

河南商务蓝皮书
河南商务发展报告（2016）
著(编)者:焦锦淼 穆荣国　2016年4月出版 / 估价:88.00元

黑龙江产业蓝皮书
黑龙江产业发展报告（2016）
著(编)者:于渤　2016年10月出版 / 估价:79.00元

黑龙江蓝皮书
黑龙江经济发展报告（2016）
著(编)者:曲伟　2016年1月出版 / 估价:79.00元

黑龙江蓝皮书
黑龙江社会发展报告（2016）
著(编)者:张新颖　2016年1月出版 / 估价:79.00元

湖南城市蓝皮书
区域城市群整合（主题待定）
著(编)者:童中贤 韩未名　2016年12月出版 / 估价:79.00元

湖南蓝皮书
2016年湖南产业发展报告
著(编)者:梁志峰　　2016年5月出版 / 估价:98.00元

湖南蓝皮书
2016年湖南电子政务发展报告
著(编)者:梁志峰　　2016年5月出版 / 估价:98.00元

湖南蓝皮书
2016年湖南经济展望
著(编)者:梁志峰　　2016年5月出版 / 估价:128.00元

湖南蓝皮书
2016年湖南两型社会与生态文明发展报告
著(编)者:梁志峰　　2016年5月出版 / 估价:98.00元

湖南蓝皮书
2016年湖南社会发展报告
著(编)者:梁志峰　　2016年5月出版 / 估价:88.00元

湖南蓝皮书
2016年湖南县域经济社会发展报告
著(编)者:梁志峰　　2016年5月出版 / 估价:98.00元

湖南蓝皮书
湖南城乡一体化发展报告（2016）
著(编)者:陈文胜 刘祚祥 邝奕轩 等
2016年7月出版 / 估价:89.00元

湖南县域绿皮书
湖南县域发展报告 NO.3
著(编)者:袁准 周小毛　2016年9月出版 / 估价:69.00元

沪港蓝皮书
沪港发展报告（2015～2016）
著(编)者:尤安山　2016年4月出版 / 估价:89.00元

吉林蓝皮书
2016年吉林经济社会形势分析与预测
著(编)者:马克　2016年2月出版 / 估价:89.00元

济源蓝皮书
济源经济社会发展报告（2016）
著(编)者:喻新安　2016年4月出版 / 估价:69.00元

健康城市蓝皮书
北京健康城市建设研究报告（2016）
著(编)者:王鸿春　2016年4月出版 / 估价:79.00元

江苏法治蓝皮书
江苏法治发展报告 NO.5（2016）
著(编)者:李力 龚廷泰　2016年9月出版 / 估价:98.00元

江西蓝皮书
江西经济社会发展报告（2016）
著(编)者:张勇 姜玮 梁勇　2016年10月出版 / 估价:79.00元

江西文化产业蓝皮书
江西文化产业发展报告（2016）
著(编)者:张圣才 汪春翔　2016年10月出版 / 估价:128.00元

经济特区蓝皮书
中国经济特区发展报告（2016）
著(编)者:陶一桃　2016年12月出版 / 估价:89.00元

辽宁蓝皮书
2016年辽宁经济社会形势分析与预测
著(编)者:曹晓峰 张晶 梁启东
2016年12月出版 / 估价:79.00元

拉萨蓝皮书
拉萨法治发展报告（2016）
著(编)者:车明怀　2016年7月出版 / 估价:79.00元

洛阳蓝皮书
洛阳文化发展报告（2016）
著(编)者:刘福兴 陈启明　2016年7月出版 / 估价:79.00元

南京蓝皮书
南京文化发展报告（2016）
著(编)者:徐宁　2016年12月出版 / 估价:79.00元

内蒙古蓝皮书
内蒙古反腐倡廉建设报告 NO.2
著(编)者:张志华 无极　2016年12月出版 / 估价:69.00元

浦东新区蓝皮书
上海浦东经济发展报告（2016）
著(编)者:沈开艳 陆沪根　2016年1月出版 / 估价:69.00元

青海蓝皮书
2016年青海经济社会形势分析与预测
著(编)者:赵宗福　2015年12月出版 / 估价:69.00元

人口与健康蓝皮书
深圳人口与健康发展报告（2016）
著(编)者:陆杰华 罗乐宣 苏杨
2016年11月出版 / 估价:89.00元

山东蓝皮书
山东经济形势分析与预测（2016）
著(编)者:李广杰　2016年11月出版 / 估价:89.00元

山东蓝皮书
山东社会形势分析与预测（2016）
著(编)者:涂可国　2016年6月出版 / 估价:89.00元

山东蓝皮书
山东文化发展报告（2016）
著(编)者:张华 唐洲雁　2016年6月出版 / 估价:98.00元

山西蓝皮书
山西资源型经济转型发展报告（2016）
著(编)者:李志强　2016年5月出版 / 估价:89.00元

陕西蓝皮书
陕西经济发展报告（2016）
著(编)者:任宗哲 白宽犁 裴成荣
2016年1月出版 / 估价:69.00元

陕西蓝皮书
陕西社会发展报告（2016）
著(编)者:任宗哲 白宽犁 牛昉
2016年1月出版 / 估价:69.00元

陕西蓝皮书
陕西文化发展报告（2016）
著(编)者:任宗哲 白宽犁 王长寿
2016年1月出版 / 估价:65.00元

陕西蓝皮书
丝绸之路经济带发展报告（2016）
著(编)者:任宗哲 石英 白宽犁
2016年8月出版 / 估价:79.00元

上海蓝皮书
上海传媒发展报告（2016）
著(编)者:强荧 焦雨虹　2016年1月出版 / 估价:69.00元

上海蓝皮书
上海法治发展报告（2016）
著(编)者:叶青　2016年5月出版 / 估价:69.00元

上海蓝皮书
上海经济发展报告（2016）
著(编)者:沈开艳　2016年1月出版 / 估价:69.00元

上海蓝皮书
上海社会发展报告（2016）
著(编)者:杨雄 周海旺　2016年1月出版 / 估价:69.00元

上海蓝皮书
上海文化发展报告（2016）
著(编)者:荣跃明　2016年1月出版 / 估价:74.00元

上海蓝皮书
上海文学发展报告（2016）
著(编)者:陈圣来　2016年1月出版 / 估价:69.00元

上海蓝皮书
上海资源环境发展报告（2016）
著(编)者:周冯琦 汤庆合 任文伟
2016年1月出版 / 估价:69.00元

上饶蓝皮书
上饶发展报告（2015～2016）
著(编)者:朱寅健　2016年3月出版 / 估价:128.00元

社会建设蓝皮书
2016年北京社会建设分析报告
著(编)者:宋贵伦 冯虹　2016年7月出版 / 估价:79.00元

深圳蓝皮书
深圳法治发展报告（2016）
著(编)者:张骁儒　2016年5月出版 / 估价:69.00元

深圳蓝皮书
深圳经济发展报告（2016）
著(编)者:张骁儒　2016年6月出版 / 估价:89.00元

深圳蓝皮书
深圳劳动关系发展报告（2016）
著(编)者:汤庭芬　2016年6月出版 / 估价:79.00元

深圳蓝皮书
深圳社会建设与发展报告（2016）
著(编)者:张骁儒 陈东平　2016年6月出版 / 估价:79.00元

深圳蓝皮书
深圳文化发展报告(2016)
著(编)者:张骁儒　2016年1月出版 / 估价:69.00元

四川法治蓝皮书
四川依法治省年度报告 NO.2（2016）
著(编)者:李林 杨天宗 田禾
2016年3月出版 / 估价:108.00元

四川蓝皮书
2016年四川经济形势分析与预测
著(编)者:杨钢　2016年1月出版 / 估价:89.00元

四川蓝皮书
四川城镇化发展报告（2016）
著(编)者:侯水平 范秋美　2016年4月出版 / 估价:79.00元

四川蓝皮书
四川法治发展报告（2016）
著(编)者:郑泰安　2016年1月出版 / 估价:69.00元

四川蓝皮书
四川企业社会责任研究报告（2015~2016）
著(编)者:侯水平 盛毅　2016年4月出版 / 估价:79.00元

四川蓝皮书
四川社会发展报告（2016）
著(编)者:郭晓鸣　2016年4月出版 / 估价:79.00元

四川蓝皮书
四川生态建设报告（2016）
著(编)者:李晟之　2016年4月出版 / 估价:79.00元

四川蓝皮书
四川文化产业发展报告（2016）
著(编)者:侯水平　2016年4月出版 / 估价:79.00元

体育蓝皮书
上海体育产业发展报告（2015~2016）
著(编)者:张林 黄海燕　2016年10月出版 / 估价:79.00元

体育蓝皮书
长三角地区体育产业发展报告（2015~2016）
著(编)者:张林　2016年4月出版 / 估价:79.00元

天津金融蓝皮书
天津金融发展报告（2016）
著(编)者:王爱俭 孔德昌　2016年9月出版 / 估价:89.00元

图们江区域合作蓝皮书
图们江区域合作发展报告（2016）
著(编)者:李铁　2016年4月出版 / 估价:98.00元

温州蓝皮书
2016年温州经济社会形势分析与预测
著(编)者:潘忠强 王春光 金浩　2016年4月出版 / 估价:69.00元

扬州蓝皮书
扬州经济社会发展报告（2016）
著(编)者:丁纯　2016年12月出版 / 估价:89.00元

长株潭城市群蓝皮书
长株潭城市群发展报告（2016）
著(编)者:张萍　2016年10月出版 / 估价:69.00元

郑州蓝皮书
2016年郑州文化发展报告
著(编)者:王哲　2016年9月出版 / 估价:65.00元

中医文化蓝皮书
北京中医药文化传播发展报告（2016）
著(编)者:毛嘉陵　2016年5月出版 / 估价:79.00元

珠三角流通蓝皮书
珠三角商圈发展研究报告（2016）
著(编)者:王先庆 林至颖　2016年7月出版 / 估价:98.00元

遵义蓝皮书
遵义发展报告（2016）
著(编)者:曾征 龚永育　2016年12月出版 / 估价:69.00元

国别与地区类

阿拉伯黄皮书
阿拉伯发展报告（2015~2016）
著(编)者:罗林　2016年11月出版 / 估价:79.00元

北部湾蓝皮书
泛北部湾合作发展报告（2016）
著(编)者:吕余生　2016年10月出版 / 估价:69.00元

大湄公河次区域蓝皮书
大湄公河次区域合作发展报告（2016）
著(编)者:刘稚　2016年9月出版 / 估价:79.00元

大洋洲蓝皮书
大洋洲发展报告（2015~2016）
著(编)者:喻常森　2016年10月出版 / 估价:89.00元

德国蓝皮书
德国发展报告（2016）
著(编)者:郑春荣 伍慧萍
2016年5月出版 / 估价:69.00元

东北亚黄皮书
东北亚地区政治与安全（2016）
著(编)者:黄凤志 刘清才 张慧智 等
2016年5月出版 / 估价:69.00元

东盟黄皮书
东盟发展报告（2016）
著(编)者:杨晓强 庄国土　2016年12月出版 / 估价:75.00元

东南亚蓝皮书
东南亚地区发展报告（2015~2016）
著(编)者:厦门大学东南亚研究中心　王勤
2016年4月出版 / 估价:79.00元

俄罗斯黄皮书
俄罗斯发展报告（2016）
著(编)者:李永全　2016年7月出版 / 估价:79.00元

非洲黄皮书
非洲发展报告 NO.18（2015~2016）
著(编)者:张宏明　2016年9月出版 / 估价:79.00元

国际形势黄皮书
全球政治与安全报告（2016）
著(编)者:李慎明 张宇燕
2015年12月出版 / 定价:69.00元

韩国蓝皮书
韩国发展报告（2016）
著(编)者:牛林杰 刘宝全
2016年12月出版 / 估价:89.00元

加拿大蓝皮书
加拿大发展报告（2016）
著(编)者:仲伟合 2016年4月出版 / 估价:89.00元

拉美黄皮书
拉丁美洲和加勒比发展报告（2015～2016）
著(编)者:吴白乙 2016年5月出版 / 估价:89.00元

美国蓝皮书
美国研究报告（2016）
著(编)者:郑秉文 黄平
2016年6月出版 / 估价:89.00元

缅甸蓝皮书
缅甸国情报告（2016）
著(编)者:李晨阳 2016年8月出版 / 估价:79.00元

欧洲蓝皮书
欧洲发展报告（2015～2016）
著(编)者:周弘 黄平 江时学
2016年7月出版 / 估价:89.00元

日本经济蓝皮书
日本经济与中日经贸关系研究报告（2016）
著(编)者:王洛林 张季风
2016年5月出版 / 估价:79.00元

日本蓝皮书
日本研究报告（2016）
著(编)者:李薇 2016年4月出版 / 估价:69.00元

上海合作组织黄皮书
上海合作组织发展报告（2016）
著(编)者:李进峰 吴宏伟 李伟
2016年7月出版 / 估价:98.00元

世界创新竞争力黄皮书
世界创新竞争力发展报告（2016）
著(编)者:李闽榕 李建平 赵新力
2016年1月出版 / 估价:148.00元

土耳其蓝皮书
土耳其发展报告（2016）
著(编)者:郭长刚 刘义 2016年7月出版 / 估价:69.00元

亚太蓝皮书
亚太地区发展报告（2016）
著(编)者:李向阳 2016年1月出版 / 估价:69.00元

印度蓝皮书
印度国情报告（2016）
著(编)者:吕昭义 2016年5月出版 / 估价:89.00元

印度洋地区蓝皮书
印度洋地区发展报告（2016）
著(编)者:汪戎 2016年5月出版 / 估价:89.00元

英国蓝皮书
英国发展报告（2015～2016）
著(编)者:王展鹏 2016年10月出版 / 估价:89.00元

越南蓝皮书
越南国情报告（2016）
著(编)者:广西社会科学院 罗梅 李碧华
2016年8月出版 / 估价:69.00元

越南蓝皮书
越南经济发展报告（2016）
著(编)者:黄志勇 2016年10月出版 / 估价:69.00元

以色列蓝皮书
以色列发展报告（2016）
著(编)者:张倩红 2016年9月出版 / 估价:89.00元

中东黄皮书
中东发展报告 No.18（2015～2016）
著(编)者:杨光 2016年10月出版 / 估价:89.00元

中欧关系蓝皮书
中欧关系研究报告（2016）
著(编)者:周弘 2016年12月出版 / 估价:98.00元

中亚黄皮书
中亚国家发展报告（2016）
著(编)者:孙力 吴宏伟 2016年8月出版 / 估价:89.00元

❖ 皮书起源 ❖

"皮书"起源于十七、十八世纪的英国，主要指官方或社会组织正式发表的重要文件或报告，多以"白皮书"命名。在中国，"皮书"这一概念被社会广泛接受，并被成功运作、发展成为一种全新的出版形态，则源于中国社会科学院社会科学文献出版社。

❖ 皮书定义 ❖

皮书是对中国与世界发展状况和热点问题进行年度监测，以专业的角度、专家的视野和实证研究方法，针对某一领域或区域现状与发展态势展开分析和预测，具备原创性、实证性、专业性、连续性、前沿性、时效性等特点的公开出版物，由一系列权威研究报告组成。

❖ 皮书作者 ❖

皮书系列的作者以中国社会科学院、著名高校、地方社会科学院的研究人员为主，多为国内一流研究机构的权威专家学者，他们的看法和观点代表了学界对中国与世界的现实和未来最高水平的解读与分析。

❖ 皮书荣誉 ❖

皮书系列已成为社会科学文献出版社的著名图书品牌和中国社会科学院的知名学术品牌。2011年，皮书系列正式列入"十二五"国家重点出版规划项目；2012~2015年，重点皮书列入中国社会科学院承担的国家哲学社会科学创新工程项目；2016年，46种院外皮书使用"中国社会科学院创新工程学术出版项目"标识。

中国皮书网

www.pishu.cn

发布皮书研创资讯，传播皮书精彩内容
引领皮书出版潮流，打造皮书服务平台

栏目设置：

☐ 资讯：皮书动态、皮书观点、皮书数据、
　　皮书报道、皮书发布、电子期刊
☐ 标准：皮书评价、皮书研究、皮书规范
☐ 服务：最新皮书、皮书书目、重点推荐、在线购书
☐ 链接：皮书数据库、皮书博客、皮书微博、在线书城
☐ 搜索：资讯、图书、研究动态、皮书专家、研创团队

中国皮书网依托皮书系列"权威、前沿、原创"的优质内容资源，通过文字、图片、音频、视频等多种元素，在皮书研创者、使用者之间搭建了一个成果展示、资源共享的互动平台。

自 2005 年 12 月正式上线以来，中国皮书网的 IP 访问量、PV 浏览量与日俱增，受到海内外研究者、公务人员、商务人士以及专业读者的广泛关注。

2008 年、2011 年，中国皮书网均在全国新闻出版业网站荣誉评选中获得"最具商业价值网站"称号；2012 年，获得"出版业网站百强"称号。

2014 年，中国皮书网与皮书数据库实现资源共享，端口合一，将提供更丰富的内容，更全面的服务。

权威报告　热点资讯　海量资源

当代中国与世界发展的高端智库平台

皮书数据库 www.pishu.com.cn

　　皮书数据库是专业的人文社会科学综合学术资源总库，以大型连续性图书——皮书系列为基础，整合国内外相关资讯构建而成。包含六大子库，涵盖两百多个主题，囊括了近十几年间中国与世界经济社会发展报告，覆盖经济、社会、政治、文化、教育、国际问题等多个领域。

　　皮书数据库以篇章为基本单位，方便用户对皮书内容的阅读需求。用户可进行全文检索，也可对文献题目、内容提要、作者名称、作者单位、关键字等基本信息进行检索，还可对检索到的篇章再做二次筛选，进行在线阅读或下载阅读。智能多维度导航，可使用户根据自己熟知的分类标准进行分类导航筛选，使查找和检索更高效、便捷。

　　权威的研究报告，独特的调研数据，前沿的热点资讯，皮书数据库已发展成为国内最具影响力的关于中国与世界现实问题研究的成果库和资讯库。

皮书俱乐部会员服务指南

1. 谁能成为皮书俱乐部成员？
- 皮书作者自动成为俱乐部会员
- 购买了皮书产品（纸质书/电子书）的个人用户

2. 会员可以享受的增值服务
- 免费获赠皮书数据库100元充值卡
- 加入皮书俱乐部，免费获赠该纸质图书的电子书
- 免费定期获赠皮书电子期刊
- 优先参与各类皮书学术活动
- 优先享受皮书产品的最新优惠

3. 如何享受增值服务？

（1）免费获赠100元皮书数据库体验卡

第1步 刮开皮书附赠充值的涂层（右下）；

第2步 登录皮书数据库网站（www.pishu.com.cn），注册账号；

第3步 登录并进入"会员中心"—"在线充值"—"充值卡充值"，充值成功后即可使用。

（2）加入皮书俱乐部，凭数据库体验卡获赠该书的电子书

第1步 登录社会科学文献出版社官网（www.ssap.com.cn），注册账号；

第2步 登录并进入"会员中心"—"皮书俱乐部"，提交加入皮书俱乐部申请；

第3步 审核通过后，再次进入皮书俱乐部，填写页面所需图书、体验卡信息即可自动兑换相应电子书。

4. 声明

解释权归社会科学文献出版社所有

皮书俱乐部会员可享受社会科学文献出版社其他相关免费增值服务，有任何疑问，均可与我们联系。

图书销售热线：010-59367070/7028 图书服务QQ：800045692 图书服务邮箱：duzhe@ssap.cn

数据库服务热线：400-008-6695 数据库服务QQ：2475522410 数据库服务邮箱：database@ssap.cn

欢迎登录社会科学文献出版社官网（www.ssap.com.cn）和中国皮书网（www.pishu.cn）了解更多信息

皮书大事记
（2015）

☆ 2015年11月9日，社会科学文献出版社2015年皮书编辑出版工作会议召开，会议就皮书装帧设计、生产营销、皮书评价以及质检工作中的常见问题等进行交流和讨论，为2016年出版社的融合发展指明了方向。

☆ 2015年11月，中国社会科学院2015年度纳入创新工程后期资助名单正式公布，《社会蓝皮书：2015年中国社会形势分析与预测》等41种皮书纳入2015年度"中国社会科学院创新工程学术出版资助项目"。

☆ 2015年8月7~8日，由中国社会科学院主办，社会科学文献出版社和湖北大学共同承办的"第十六次全国皮书年会（2015）：皮书研创与中国话语体系建设"在湖北省恩施市召开。中国社会科学院副院长李培林，国家新闻出版广电总局原副总局长、中国出版协会常务副理事长邬书林，湖北省委宣传部副部长喻立平，中国社会科学院科研局局长马援，国家新闻出版广电总局出版管理司司长许正明，中共恩施州委书记王海涛，社会科学文献出版社社长谢寿光，湖北大学党委书记刘建凡等相关领导出席开幕式。来自中国社会科学院、地方社会科学院及高校、政府研究机构的领导及近200个皮书课题组的380多人出席了会议，会议规模又创新高。会议宣布了2016年授权使用"中国社会科学院创新工程学术出版项目"标识的院外皮书名单，并颁发了第六届优秀皮书奖。

☆ 2015年4月28日，"第三届皮书学术评审委员会第二次会议暨第六届优秀皮书奖评审会"在京召开。中国社会科学院副院长李培林，蔡昉出席会议并讲话，国家新闻出版广电总局原副局长、中国出版协会常务副理事长邬书林也出席本次会议。会议分别由中国社会科学院科研局局长马援和社会科学文献出版社社长谢寿光主持。经分学科评审和大会汇评，最终匿名投票评选出第六届"优秀皮书奖"和"优秀皮书报告奖"书目。此外，该委员会还根据《中国社会科学院皮书管理办法》，审议并投票评选出2015年纳入中国社会科学院创新工程项目的皮书和2016年使用"中国社会科学院创新工程学术出版项目"标识的院外皮书。

☆ 2015年1月30~31日，由社会科学文献出版社皮书研究院组织的2014年版皮书评价复评会议在京召开。皮书学术评审委员会部分委员、相关学科专家、学术期刊编辑、资深媒体人等近50位评委参加本次会议。中国社会科学院科研局局长马援、社会科学文献出版社社长谢寿光出席开幕式并发表讲话，中国社会科学院科研成果处处长薛增朝出席闭幕式并做发言。

皮书数据库
www.pishu.com.cn

皮书数据库三期

- 皮书数据库（SSDB）是社会科学文献出版社整合现有皮书资源开发的在线数字产品，全面收录"皮书系列"的内容资源，并以此为基础整合大量相关资讯构建而成。

- 皮书数据库现有中国经济发展数据库、中国社会发展数据库、世界经济与国际政治数据库等子库，覆盖经济、社会、文化等多个行业、领域，现有报告30000多篇，总字数超过5亿字，并以每年4000多篇的速度不断更新累积。

- 新版皮书数据库主要围绕存量+增量资源整合、资源编辑标引体系建设、产品架构设置优化、技术平台功能研发等方面开展工作，并将中国皮书网与皮书数据库合二为一联体建设，旨在以"皮书研创出版、信息发布与知识服务平台"为基本功能定位，打造一个全新的皮书品牌综合门户平台，为您提供更优质更到位的服务。

更多信息请登录

中国皮书网
http://www.pishu.cn

皮书微博
http://weibo.com/pishu

中国皮书网的BLOG [编辑]
http://blog.sina.com.cn/pishu

皮书博客
http://blog.sina.com.cn/pishu

皮书微信
皮书说

请到各地书店皮书专架/专柜购买，也可办理邮购

咨询/邮购电话：010-59367028　59367070　　　邮　　箱：duzhe@ssap.cn
邮购地址：北京市西城区北三环中路甲29号院3号楼华龙大厦13层读者服务中心
邮　　编：100029
银行户名：社会科学文献出版社
开户银行：中国工商银行北京北太平庄支行
账　　号：0200010019200365434
网上书店：010-59367070　qq：1265056568
网　　址：www.ssap.com.cn　　www.pishu.cn